新时代万有文库

刘跃进 主编

杨阿敏 韩 星·校点

公羊传

辽海出版社

图书在版编目（CIP）数据

公羊传 / 杨阿敏，韩星校点. —沈阳：辽海出版
社，2025.1
（新时代万有文库 / 刘跃进主编）
ISBN 978-7-5451-6934-8

Ⅰ.①公…　Ⅱ.①杨…②韩…　Ⅲ.①《公羊传》
Ⅳ.①K225.04

中国国家版本馆CIP数据核字（2024）第018692号

出 版 者：辽海出版社
　　　　　　（地址：沈阳市和平区十一纬路25号　邮编：110003）
印 刷 者：辽宁新华印务有限公司
发 行 者：辽海出版社
幅面尺寸：160mm×230mm
印　　张：25.75
字　　数：260千字
出版时间：2025年1月第1版
印刷时间：2025年1月第1次印刷
责任编辑：范高强　海美丽
装帧设计：新思维设计　刘清霞
责任校对：张　柠

书　　号：ISBN 978-7-5451-6934-8
定　　价：130.00元

出版委员会

主　任: 邬书林

副主任: 郭义强　李　岩　焦万伟　张东平

委　员（以姓氏笔画为序）:

◎唐开成石经《春秋公羊传》拓片

漢司空掾任城樊何休序（陸氏音義曰：掾，弋絹反。○持論同。）

昔者孔子有云：吾志在春秋，行在孝經。此二學者聖人之極致，治世（治，直吏反）之要務也。傳春秋者非一，本據亂而作，其中多非常異義可怪之論（論，盧困反，持論同），說者疑惑，至有倍經任意反傳違戾者，其勢雖問不得不廣，是以講誦師言至於百萬猶有不解。時加釀嘲辭（嘲，陟交反，讓嘲反），援引他經失其句讀，以無爲有，其可閔笑者不可勝記也。是以治古學貴文章者謂之俗儒，至使賈逵緣隙，奮筆以爲公羊可奪，左氏可興，恨先師觀聽不決，多隨二刱，此卜之餘事，斯豈非守文持論敗

◎南宋绍熙二年（1191）余仁仲万卷堂刻本《春秋公羊经传解诂》

故从在國辭。

疏：云正以隱二年此在塗而不稱婦在其國辭也。其解

國稱女故如此其稱王后者無外者柏八年傳云女在其國
稱女此其稱王后何注云王后無外者此其辭成矣是也

注：據國滅來歸不書酅非紀國而言歸國而言歸

十有二年春王三月紀叔姬歸于酅傳 其言歸于酅何

注：云郊上四年紀侯大去其國不書叔姬來歸者此
姬來歸所以不書者是也然則紀國之滅在莊四年至此入于酅
且非大歸云非江熙云紀侯既有酅鄙信拍公得申其德行方

鄭者宣於天下二然以襄公豹狼未可聞矣季雉有酅入于酅志也

注：不敢懷二是以襄公豹狼于酅鄙喜拍女得申其德行方

鄭。如此注非者國意決而隱言七年叔姬歸謂于非紀之都今矣又屬隱

◎明隆庆二年（1568）重刊嘉靖李元阳刻本《春秋公羊传注疏》

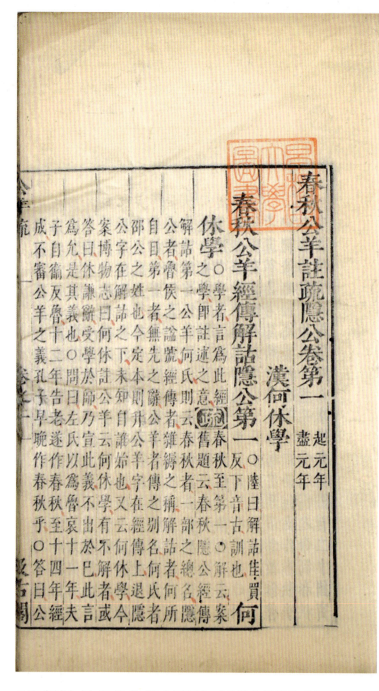

春秋公羊經傳解詁隱公第一

漢何休學

休學○學者言爲此經○陸曰解詁佳買何
氏則云春秋者一部之總名經傳者別名上隱者何氏退隱者反下音古訓也

春秋者何氏所名案
公詁第一者公羊經傳稱之別名經傳
目之弟一者無先之稱名何休者何氏
自公之姓也令定本則云何休不出於已
邵博物志曰何休註公羊乃以義不
公在解詁之下未知誰是又有不解者或
答曰是其兼受問於師或言今
爲允休謙受也○學問曰師老晚遂作
成不審反魯之義孔子早暮遂作春秋予
子自僞公羊之十二年告春秋至哀十四年經

总　序

刘慧晏

新时代、新征程、新伟业，更加迫切地需要"两个结合"提供支撑和滋养。辽宁出版集团贯彻落实习近平文化思想，着眼于服务"第一个结合"，集海内百余位专家之力，分国内传播、世界传播两辑，出版《马克思主义经典文献传播通考》。巨著皇皇，总二百卷，被誉为当代马克思主义基础研究扛鼎之作。着眼于服务"第二个结合"，辽宁出版集团博咨众意，精研覃思，决定出版《新时代万有文库》。

自古迄今，中华文化著述汗牛充栋。早在战国时，庄子就发"以有涯随无涯，殆已"的感慨。即使在知识获取手段高度发达的今天，我想，也绝对没有人敢夸海口：可尽一生精力遍读古今文化著述。清末好读书、真读书的曾国藩，在写给儿子的家书里，做过统计分析，有清一代善于读书且公认读书最多的王念孙、王引之父子，每人一生熟稔的书也不过十几种，而他本人于四书五经之外，最好的也不过《史记》、《汉书》、《庄子》、韩愈文四种。因此，给出结论："看书不可不知所择。"

高邮王氏父子也罢，湘乡曾国藩也罢，他们选择熟读的每一本书，当然都是经典。先秦以降，经典之书，积累亦多矣。虽然尽读为难，但每一本经典，一旦选择，都值得花精力去细读细研细悟。

中华文化经典，是中华优秀传统文化的物质载体和精神表达，凝聚着中华先贤的思想智慧，民族文化自信在焉。书海茫茫，典籍浩瀚，何为经典？何为经典之善本？何为经典之优秀注本？迷津得渡，知所择读，端赖方家指引。正缘于此，辽宁出版集团邀约海内古典文史专家，不惧艰辛，阅时积日，甄择不同历史时段文化经典，甄择每部文化经典的善本和优秀注本，拟分期分批予以整理出版，以助广大读者在创造性转化和创新性发展中赓续中华文脉。

《马克思主义经典文献传播通考》的美誉度，已实至名归。《新时代万有文库》耕耘功至，其叶蓁蓁、其华灼灼、下自成蹊，或非奢望！

出版说明

一、《新时代万有文库》（以下简称"《文库》"）拟收录中华传统文化典籍中具有根脉性的元典（即"最要之书"）500种，选择具有重要学术价值和版本价值的经典版本，给予其富有鲜明时代特征的整理与解读，致力于编纂一部兼具时代性、经典性、学术性、系统性、开放性的中华优秀传统文化经典丛书，深入挖掘和阐发中华优秀传统文化的精神内涵和时代价值，激活经典，熔古铸今，为"第二个结合"提供助力，满足新时代读者对中华文化经典的需求。

二、为满足不同读者的需求，《文库》收录的典籍拟采取"一典多版本"和"一版三形式"的方式出版。"一典多版本"是指每种典籍选择一最精善之版本予以重点整理，同时选择二至三种有代表性的经典版本直接刊印，以便读者比较阅读，参照研究。"一版三形式"是指每种典籍选择一最精善之版本，分白文本、古注本、今注本三种形式出版。各版本及出版形式，根据整理进度，分批出版。

三、典籍白文本仅保留经典原文，并对其进行严谨校勘，使其文句贯通、体量适宜，便于读者精析原文，独立思考，涵泳经典。考虑到不同典籍原文字数相差悬殊的实际情况，典籍白文本拟根据字数多少，或一种典籍单独出版，或几种典籍合为一册出版。合出者除考虑字数因素外，同时兼顾以类相从的原则，按照四部书目"部、类、属"三级分类体系，同一部、同一类或同一属的典籍合为一册出版。如子部中，同为"道家类"的《老子》与《庄子》合为一册出版。

四、典籍古注本选取带有前人注疏的经典善本整理出版。所选注本多有较精善的、学术界耳熟能详的汉、唐、宋、元人古注，如《老子》选三国魏王弼注，《论语》选三国魏何晏集解，《尔雅》选晋代郭璞注，等等。

五、典籍今注本在整理典籍善本基础上，对典籍进行重新注释，包括为生僻字、多音字注音；给难解的词语如古地名、职官、典制、典故等做注，为读者阅读、学习经典扫清障碍。

六、每部典籍卷首以彩色插页的形式放置若干面重要版本的书影，以直观展现典籍的历史样貌及版本源流。

七、每部典籍均撰写"导言"一篇，主要包括作者简介、创作背景、内容简介、时代价值、版本考释等方面内容。其中重点是时代价值，揭示每一种中华传统文化经典所蕴含的优秀基因和至今仍有借鉴意义的思想观念、人文精神、道德规范等，展示中华民族的独特精神标识，彰显中华传统文化经典的"魂"，满足读者借鉴、弘扬其积极内涵的需求，找准中华传统文化与社会主义核心价值观之间的深度契合点，指明每种经典在建设中华民族现代文明中能提供哪些宝贵资源。同时，对部分经典中存在的陈旧过时或已成为糟粕性的内容，予以明确揭示，提醒读者正确取舍，有鉴别地对待，有扬弃地继承，避免厚古薄今、以古非今。

八、校勘整理以对校为主，兼采他书引文、相关文献及前人成说，不做烦琐考证。选择一种或多种重要版本与底本对勘，以页下注的形式出校勘记，对讹、脱、衍、倒等重要异文进行说明，并适当指出旧注存在的明显问题。鉴于不同典籍在内容、体例、底本准确性等方面存在较大差异，《文库》对是否校改原文及具体校勘方式不作严格统一，每种典籍依具体情况灵活处理，并在书前列"整理说明"。

九、《文库》原则上采用简体横排的形式，施以现代新式标点，不使用古籍整理中的专名号。古注本的注文依底本排在正文字句间，改为单行，变更字体字号与正文相区别。

十、《文库》原则上使用规范简化字，依原文具体语境、语义酌情保留少量古体字、异体字、俗体字。《说文解字》《尔雅》等古代字书则全文使用繁体字排印。

《新时代万有文库》编辑委员会

2023年10月

目　录

导　言

一

何休（129—182），字邵公，东汉任城樊（今山东济宁市兖州区西南）人。东汉时期今文经学家，儒学大师。其父何豹，曾任少府。何休出身官宦世家，自幼受过良好的教育，为人质朴，讷言聪慧，"雅有心思，精研'六经'，世儒无及者"❶。他从小博览群书，对"《三坟》《五典》，阴阳算术，河洛谶纬，及远年古谚，历代图籍，莫不咸诵也"❷。因口讷，不善讲说，门徒有问者，辄以书面作答。诏拜郎中，因不合自己志向，以病辞去。太傅陈蕃召请，参与政事。后党锢事起，陈蕃被害，何休也受牵连废官，"覃思不窥门，十有七年"❸。党禁解除，被召为司徒，拜议郎，再迁谏议大夫。废官期间，他闭门不出，用功十余年，作《春秋公羊经传解诂》十二卷。又注《孝经》《论语》等。还著有《春秋公羊文谥例》《春秋公羊墨守》《春秋左氏膏肓》《春秋榖梁废疾》等。另作《春秋汉议》十三卷，以春秋大义，驳汉朝

---

❶ ［南朝宋］范晔：《后汉书·何休传》，中华书局，1965，第2582页。

❷ 王兴芬译注：《拾遗记·后汉》，中华书局，2019，第250页。

❸ ［南朝宋］范晔：《后汉书·何休传》，中华书局，1965，第2583页。

政事六百多条，"妙得《公羊》本意"❶。董仲舒以后，何休是最著名的公羊学者，又是今文经学的集大成者。

二

西汉经学以今文经学为主，特别是公羊学。其在发展过程中形成两种偏向，其一是繁琐化。经有数家，家有数说，支离蔓延，使学者莫衷一是。由于经说的增多，且解说日益繁琐，互相歧异，不利于思想的统一。其二是阴阳五行化和谶纬化。董仲舒利用阴阳五行家的学说来解释《公羊春秋》，提倡天人感应，君权神授，建立了一套神学性很强的思想体系，甚合统治者的政治需要。为了受到统治者的重视，经学家们还把经学谶纬化，结果越来越荒谬怪诞。至东汉古文经学兴盛起来，学习《左氏春秋》成了热点，公羊学出现了日趋衰微的严峻形势，不断遭到古文经学家的批评。同时，治公羊学的学者本身也有不少弊病，如只贵文章而不重义理，偏重谶纬之学等，"至有倍经任意、反传违戾者。其势虽问，不得不广，是以讲诵师言，至于百万，犹有不解，时加酝嘲辞，援引他经，失其句读，以无为有，甚可闵笑者，不可胜记也"（《春秋公羊经传解诂序》）。这些"俗儒"就为反对公羊学的人提供了借口。至东汉末年，"以为《公羊》可夺，《左氏》可兴"的呼声甚嚣尘上，何休感叹不已："余窃悲之久矣！"因此，决心继承汉初以来公羊学的事业，"略依胡毋生条例，多得其正，故遂隐

---

❶ ［南朝宋］范晔：《后汉书·何休传》，中华书局，1965，第2583页。

括，使就绳墨焉"（《春秋公羊经传解诂序》），遂撰成《春秋公羊经传解诂》。该书作为两汉公羊学之集大成者，博采众家精华，是公羊学从西汉到东汉的总结和发挥。由于这部书保存了公羊家的许多条例、义旨，被后世公羊学者奉为经典，一直流传至今，完整地保留于《十三经注疏》中。汉代之后，公羊学派没有大的发展。至唐代，徐彦为何休的《春秋公羊经传解诂》作了义疏。

三

《春秋公羊经传解诂》是何休公羊学的代表作。何休解《公羊》，形式是典型的章句训诂，内容可分两方面：一是对文字、器用、草木虫鱼、礼乐制度等的训释；一是对《公羊》义例、大义的总结与发挥。在总汇前辈公羊学成果的基础上，何休仿左氏《春秋》五十凡例，为公羊《春秋》制定"条例"，把《公羊》的义例、大义概括为五始、三科九旨、七等、六辅、二类等，其中以"三科九旨"最为重要，可视为整套公羊学说的基础。所谓"条例"，就是根据孔子"寓入"经典中的"微言大义"，加以畅通，从而提出一系列待人处事的行为准则。"条例"大约有三类：一是承袭先师的条例，二是串解畅通经文之后提出的条例，三是何休自设的条例。他在《文谥例》中说："新周，故宋，以《春秋》当新王，此一科三旨也；所见异辞，所闻异辞，所传闻异辞，二科六旨也；内其国而外诸夏，内诸夏而外夷狄，是三科九旨也。"❶公羊家以为，"三科"是孔子作《春秋》遵循的"存三统""张三世""异内外"的三个原则；而"九旨"是三个原则所包含的九个要旨。其中"二科六旨""三科九旨"出自《公羊传》，"一科三旨"则是何休根据董仲舒"通三统"说提炼出来的。"三科九旨"是何休思想体系的基本构架，也是其历史哲学观的核心内容。此外，又有五始、七等、六辅、二类。依据这些凡例，公羊《春秋》才成为严整缜密、系统性强的今文经学经典，反映了何休企图重振公羊学昔日盛况的努力。何休《解诂》重视《春秋》行文遣词用句"文字凡例"的归纳，这种经文文字条例之整理，随着"注经体"的版本体式而流传，被视为《春秋》书法之研究，而成为后世春秋学者研治《公羊春秋》的主要途径和方法。

四

西汉董仲舒倡《公羊春秋》，为汉代儒宗，之后公羊学绵延不绝、瓜蔓相寻，演为今文经学派。其授受线索清晰可循，何休作《春秋公羊经传解诂》，亦承继此风，一脉相传。董仲舒、何休的经学被后世冠以"董何之学"，上承孔孟，下启程朱，即先秦子学、汉唐经学、宋明理学一脉相承，属于中国哲学、中国思想文化的主流，尤其影响了近代中国思想乃至政治，至今仍然有重要的时代价值。其主要思想如下：

---

❶ 董治安主编：《两汉全书·春秋文谥例》，山东大学出版社，2009，第13347页。

（一）大一统说

提到"大一统"，人们常常把"大一统"解释为是自上而下地建立一个地域宽广、民族众多、君主专制、中央集权、整齐划一的庞大帝国，意味着思想、观念、文化、制度等方面的一致性或统一性。这样，把"大一统"的"大"理解为"大小"的"大"，"一统"理解为"统一"。其实"一统"与"统一"是有根本差异的，蒋庆说："一统是通过道德的力量（王化）来维系整个政治社会，来召感周围的不同民族，最后达到大小远近若一的王道理想；统一则是通过强制的力量（征服）来划一整个政治社会，来强迫不同的民族同一，将社会硬性地捆在一起。"❶一统是王道的一统，其基础在道德；统一则只是政治的统一，其基础在武力。正本清源地理解"大一统"，"大"本是尊崇、重视，有褒奖、尊美之义；"一"是元，本源、根本之意；"统"本来是指丝之头绪，后引申为总领、统管、统合、纲纪等义。"大一统"的本意就是尊崇自下而上的立元正始。从公羊家的解释来看，一是元，统是始，一统就是元始，元始就是天地万物，包括政治社会的形而上根基，用今天的话就是指本体。❷

"大一统"概念首见于《公羊传》，"大一统"思想也成为公羊学派的核心思想。鲁隐公元年，《春秋》："元年，春，王正月。"《公羊传》曰："元年者何？君之始年也。

---

❶ 蒋庆：《公羊学引论》，辽宁教育出版社，1995，第293页。

❷ 韩星：《"大一统"辩证》，《北京日报》，2021年1月4日"理论周刊文史"版。

春者何？岁之始也。王者孰谓？谓文王也。曷为先言王而后言正月？王正月也。何言乎王正月？大一统也。"元年是什么意思？是诸侯国国君执政的第一年。春是什么意思？是一年的开始。王指的是谁？是假设的符合道德礼义的"文王"。为什么先说王然后才说正月？因为是文王所颁布的历法之正月。为什么说是"王正月"，在"正月"之前加"王"字？"正月"是历法概念，将"王"放在"正月"之前是为了强调各诸侯国国君在国内必须采取"王"的历法，而不能自行其是。《春秋》经文为了突出"王"的重要性，所以在书法上将"王"放在"正月"之前。

何休在《解诂》中说："元者，气也，无形以起，有形以分，造起天地，天地之始也。""统者，始也，总系之辞。夫王者始受命改制，布政施教于天下，自公侯至于庶人，自山川至于草木昆虫，莫不一一系于正月，故云政教之始。"唐朝徐彦疏："所以书正月者，王者受命制正月以统天下，令万物无不一一皆奉之以为始，故言大一统也。"❶颜师古也说："一统者，万物之统皆归于一也……此言诸侯皆系统天子，不得自专也。"❷所以，公羊家的"大一统"就是尊崇宇宙初始的天地万物和人类社会本源、本始的"元"（道），具体到政治上就是指王者（天子）秉受天命，归依于形而上的本体（元）来推行政教，从而使错综复杂的政治活动能够一统于超

---

❶ ［清］阮元校刻：《十三经注疏·春秋公羊传注疏》，中华书局，1980，第2196页。

❷ ［汉］班固：《汉书·董仲舒传》，中华书局，1962，第2523页。

越的价值源头，获得超越的存在价值，以此作为新的一统天下的开端（始），所以何休继续注云："政莫大于正始，故《春秋》以元之气，正天之端；以天之端，正王之政；以王之政，正诸侯之即位；以诸侯之即位，正竟内之治。诸侯不上奉王之政，则不得即位，故先言正月，而后言即位。政不由王出，则不得为政，故先言王而后言正月也。王者不承天以制号令则无法，故先言春而后言王。天不深正其元，则不能成其化，故先言元，而后言春。五者同日并见，相须成体，乃天人之大本，万物之所系，不可不察也。"何休此说，一言以蔽之，曰"正五始"。"五始"者，即天地之始（元）、四时之始（春）、人道之始（王）、政教之始（正月）和一国之始（公即位）。"五始"是不可分割的整体，是天人的大本大根，万事万物因此而连属维系。"政莫大于正始"，为政最重要的是以此端正这"五始"。其中"元"统天地、岁时、人道、政教、国家，是始中之始。"五始"正，则天地、四时、人道、政教与一国之治皆正，从而化育流行、天下大治。如果"五始"不正，则政治的根源就不正，合理合法的政治秩序就建立不起来，以暴力建立起来的政治秩序就不合理合法。"故立元正始即意味着以人之元为天地立心，为宇宙正位，为人类历史确立一形上的价值基础，使形而下的世界上通于'天元'（"天元"为史迁语），亦具有纯正的意义和价值"❶。"大一统"是推崇、重视建立一个具有天道和王道合法性、秩序化政治社会的基础，"这种统一必须是符合道统的王道大一统，而不是霸道或强道

---

❶ 蒋庆：《公羊学引论》，辽宁教育出版社，1995，第282页。

的大一统"❶。蒋庆认为，大一统有形上、形下两重含义。形上的大一统就是以元统天、立元正始。元是宇宙万物的本体，是一切存在的基始。"所谓一统，就是要统于元，以元为宇宙万物和历史政治的本体基始"。另一方面，"大一统的形下含义是尊王，是在天下无王的时代建立王道政治，通过王来统系天下，实现六合同风，九州共贯的一统局面"。❷"大一统"的思想实质是尊崇王道，高扬王道政治理想。公羊家认为，在天下无道、王道衰微的时代，要重建王道政治理想。

（二）王道政治理想

王道政治是儒家的政治理想，也是孔子作《春秋》的主旨，即批评现实政治，重建王道理想。《史记·太史公自序》云：

上大夫壶遂曰："昔孔子何为而作《春秋》哉？"太史公曰："余闻董生曰：'周道衰废，孔子为鲁司寇，诸侯害之，大夫壅之。孔子知言之不用，道之不行也，是非二百四十二年之中，以为天下仪表，贬天子，退诸侯，讨大夫，以达王事而已矣。'子曰：'我欲载之空言，不如见之于行事之深切著明也。'夫《春秋》，上明三王之道，下辨人事之纪，别嫌疑，明是非，定犹豫，善善恶恶，贤贤贱不肖，

❶ 俞荣根：《儒言治世——儒学治国之术》，四川人民出版社，1995，第30页。

❷ 蒋庆：《公羊学引论》，辽宁教育出版社，1995，第283-284页。

存亡国，继绝世，补敝起废，王道之大者也。"❶ 说明孔子生活在"周道衰废"的时代，他有志于改变现实，然而"干七十余君"，不为所用，"道之不行"，于是退而作《春秋》，"贬天子，退诸侯，讨大夫"，对社会政治批判，目的是"达王事"，即构建王道思想体系。孔子在《春秋》中上明三王之道，下辨人事之纪，对历史上的人物事件、是非善恶有着清醒的评判，目的是存亡国，继绝世，补敝起废，这体现了王道的大旨。

《公羊传·哀公十四年》云："何以终乎哀十四年？曰：'备矣。'"《春秋》至此，所载所论已经很完备了。但为什么完备呢？何休注曰："人道浃，王道备。"这一解说来自董仲舒，《春秋繁露·玉杯》曰："《春秋》论十二世之事，人道浃而王道备。"❷就是说，"王道"之"义"已完备地见于《春秋》之事中，无须再求。

《公羊传·哀公十四年》指出："君子曷为为《春秋》？拨乱世，反诸正，莫近诸《春秋》，则未知其为是与？其诸君子乐道尧、舜之道与？末不亦乐乎尧、舜之知君子也？制《春秋》之义以俟后圣，以君子之为亦有乐乎此也。"这里"君子"是指孔子，孔子乐尧、舜之道，他作《春秋》，意在拨乱反正，重建以尧、舜时代为理想模板的天下大治、和谐昌盛的王道理想。

---

❶ ［汉］司马迁：《史记·太史公自序》，中华书局，1959，第3297页。

❷ 钟肇鹏：《春秋繁露校释》，河北人民出版社，2005，第50页。

何休提出"新周，故宋，以《春秋》当新王"，作为其"三科九旨"中的"一科三旨"。

《春秋》新王说是公羊家以孔子《春秋》当新王的微言。《公羊传·宣公十六年》："夏，成周宣榭灾。成周者何？东周也。宣榭者何？宣宫之榭也。何言乎成周宣榭灾？乐器藏焉尔。成周宣榭灾，何以书？记灾也。外灾不书，此何以书？新周也。"位于成周城中周宣王的庙失火，但是《春秋》一般不记鲁国之外的失火，为什么这次例外？《公羊传》的解释是"新周"，周已经成为一个新的前朝了，对此何休解释说："新周故分别有灾，不与宋同也。孔子以《春秋》当新王，上黜杞，下新周而故宋，因天灾中兴之乐器，示周不复兴。"这是讲孔子通过《春秋》宣布了一个新王和一个新王朝的出现。原来是夏（杞）商周，古代政治有一个很好的传统，一个新王朝将旧王朝替代后，要善待前两个旧王朝的后代。周封夏的后代于杞，殷的后代于宋，使其保持自己的历史文化。但因为新朝出现了，夏（杞）就要退出了，周就变成了一个新的前朝。这样，一个全新的王和时代诞生了，这是所谓新王说。何休"以《春秋》当新王"体现了他强烈的批判精神，"《春秋》登新王之位，行新王之权贬天子，退诸侯，讨大夫，立一新王之法拨乱世返之正，对《春秋》二百四十二年的历史（代表整个人类历史）进行了批判，在天下无王的时代标出了新的王道，行使了新的王权，恢复了历史中的公正。孔子以《春秋》代周，即是以新王批判旧王；孔子加王心作《春秋》，即是以用圣王批判俗王，这在君主专制时代确实是一非常异义，具有强烈的批判精神"❶，寄托了他试图以理想的王取代现实的王，表达了在乱世中重建王道秩序的愿望。陈柱《公羊家哲学》甚至指出："《公羊传》之说《春秋》，甚富于革命思想。汉何休注《公羊》，复立《春秋》'新周王鲁'之说，革命之义益著。"❷

但《春秋》毕竟只是一本书，不可能成为真正的王者，所以何休又提出了"王鲁"说。据刘逢禄《公羊何氏释例》一书所录"王鲁"说就达二十多处。如《公羊传·隐公元年》："元年者何？君之始年也。"何休注："不言公，言君之始年者，王者、诸侯皆称君，所以通其义于王者，惟王者然后改元立号。《春秋》托新王受命于鲁，故因以录即位，明王者当继天奉元，养成万物。"公羊家认为只有王者才能改元立号，因此何休认为传文用"君之始年"而不言"公之始年"，是因为"公"只指向诸侯，而"君"既可指天子，又可指诸侯，所以传文的"君"字是"通其义于王者"，"王者当继天奉元，养成万物"，因为"《春秋》托新王受命于鲁"，此即"王鲁"之意。何休突出"王鲁"，是一种"借事明义"的假设，意在拨乱反正，重建王道理想。公羊学家认为，孔子《春秋》是借二百四十二年的鲁国史，假托鲁国十二公的治国行事，表明在当时天下无道的时代仍然存在着王道王义，这是一种"历史中的信仰"，"是建立在历史应当如此的信仰上和王道必定实现的信心上，而不是建立在历史发展的理性逻辑上和历史事实

---

❶ 蒋庆：《公羊学引论》，辽宁教育出版社，1995，第100页。
❷ 陈柱：《公羊家哲学》，台北：中华书局，1980，第7页。

的客观依据上"❶。因为"在公羊家看来，王有一种特殊的身份，可以参通天地人，是连接形上世界与形下世界的枢纽；王可以通过建立王道政治来统一天下，使天元贯穿到人类历史与政治社会中，或者说使人类历史与政治社会上系于天元"❷，以实现天下一统、天人合一、六合同风、九州共贯的王道政治理想。

（三）经世致用思想

"经世致用"是儒家的重要思想，关注社会现实，针对社会矛盾，用自己的思想学说解决社会政治问题，以求达到国治民安的实效。孔子创立的儒家学说是一种积极入世的思想学说，孔子面对春秋时代天下无道、礼崩乐坏、社会动乱的局面，他带领弟子周游列国，孜孜以求，试图重建礼乐文明秩序，实现"大道之行，天下为公"的大同理想。儒家思想不作纯粹的思辨玄想，不是坐在屋内凭空构建出来的，正如司马迁《太史公自序》中引孔子所说："我欲载之空言，不如见之于行事之深切著明也。"孔子一生很实用地教人们如何做人，如何行事，教统治者如何治国。这样就形成了儒家经世致用的传统，对中国古代士人产生了重大影响。历代儒家士大夫传承了这种经世精神，自觉地担负起关心时政、关注国事、针砭时弊、挽救世道、救正人心，甚至救国于危难之中的历史使命。

何休所处的东汉末年，皇帝昏聩，外戚宦官争权夺利，

---

❶ 蒋庆：《公羊学引论》，辽宁教育出版社，1995，第113页。
❷ 蒋庆：《公羊学引论》，辽宁教育出版社，1995，第284页。

朝廷乌烟瘴气，社会政治黑暗，国家面临分崩离析。他因党锢事起，遭禁锢在家，不能直接参与政事，只能闭门不出，在学术思想上摸索救世之道。作为公羊学者，他主要从公羊学中寻找答案。在《左氏膏肓》中他说："《左氏》……尤非衰世救失之宜。"❶可见，衰世救失、匡正时弊是何休作《解诂》的出发点和重要原则。他通过发挥经文大义，表达其重建天人关系和社会伦理政治秩序的渴望。在《解诂》中他注重把公羊学义理与当时社会政治实际联系起来，在发挥公羊学"微言大义"时"借事托义"，针对当时政治，着力于经世致用。在《解诂》自序中，何休强调《春秋》乃"圣人之极致，治世之要务"（《春秋公羊经传解诂序》），徐彦对此疏解道："凡诸经艺等皆治世所须，但此经或是惩恶劝善，或是尊祖爱亲，有国家者最所急行，故云'治世之要务也'，言治世之精要急务矣。"❷强调以圣人的经义解决当时面临的国家治理方面存在的诸多问题。东汉桓、灵之际，主荒政谬，宦官独揽朝政，加深了社会的动荡不安，劳动人民生活困顿，农民起义此起彼伏，东汉王朝陷入风雨飘摇之中，一些正直的官僚和士人深感忧虑。何休以强烈的现实关怀，通过《解诂》，揭露桓、灵之际君权旁落的景况，斥责宦官专政的腐败与暴虐，批判统治者"不恤民"，不行"德治"，如果继续下去等待他们的只能是"民人将去，国丧无日"（《春秋公羊经传解诂·桓公三

---

❶ ［汉］何休：《左氏膏肓》，《汉魏遗书钞》（第三集），清刻本，第3页。

❷ ［清］阮元校刻：《十三经注疏·春秋公羊传注疏》，中华书局，1980，第2190页。

年》)。如成公三年经:"大雩。"《解诂》曰:"成公幼少,大臣秉政,变乱政教,先是作丘甲,为鞌之战,伐郑围棘,不恤民之所生。"他反对豪强兼并土地与搜刮民财,提出以德治国、选贤与能、休宽民力、轻徭薄赋的主张,他说:"先王之所以治天下者有五:贵有德,为其近于道也;贵臣,为其近于君也;贵老,为其近于父也;敬长,为其近于兄也;慈幼,为其近于子弟也。"(《春秋公羊经传解诂·桓公四年》)还主张君主应该注重民生和教育,并通过选拔有才能的人才来管理国家。对于僖公元年经文:"夏,六月,邢迁于陈仪。"他注曰:"王者封诸侯,必居土中,所以教化者平,贡赋者均,在德不在险。"表达了一种"有德者天下无敌"的意思。他还强调了法律的作用,认为法律应该公正、公平,维护社会秩序和稳定。

(四)"《春秋》三世"说与太平理想

何休对公羊家的"《春秋》三世"说也进行了新的阐释和发挥,提出"衰乱世""升平世""太平世"的历史进化思想。

《公羊传·隐公元年》:"何以不日?远也。所见异辞,所闻异辞,所传闻异辞。"公子益师去世,但去世的日子没有写明,为什么?《传》文解释说:此经不书日,是由于隐公初年至春秋末年年代久远,所以没法记下确切的日子。接着,《传》文还总结出了《春秋》一条重要的用字体例:"所见异辞,所闻异辞,所传闻异辞。"就是说,孔子作《春秋》所记二百四十二年历史中,有"所见世、所闻世、所传闻世",因而用词有亲疏抑扬之异。西汉大儒董仲舒将这一说法加以发展，在《春秋繁露·楚庄王》中说："《春秋》分十二世以为三等：有见，有闻，有传闻；有见三世，有闻四世，有传闻五世。故哀、定、昭，君子之有见也；襄、成、宣、文，君子之所闻也；僖、闵、庄、桓、隐，君子之所传闻也。所见六十一年，所闻八十五年，所传闻九十六年。于所见，微其辞；于所闻，痛其祸；于传闻，杀其恩与情俱也。"❶所见世，当事人或其近亲都在世，容易招祸，记事忌讳多，故用词隐晦；所闻世，对于事件造成的祸害感受真切，故记载明确详细；所传闻世，恩惠和感情都已减弱，故记载简略。在这个基础上形成了他"张三世"的变易观。

到了东汉，何休注《春秋公羊传》进一步发挥说："所见者，谓昭、定、哀，己与父时事也。所闻者，谓文、宣、成、襄，王父时事也。所传闻者，谓隐、桓、庄、闵、僖，高祖曾祖时事也。异辞者，见恩有厚薄，义有深浅，时恩衰义缺，将以理人伦，序人类，因制治乱之法。故于所见之世，恩己与父之臣尤深，大夫卒，有罪无罪，皆日录之……于所闻之世，王父之臣恩少杀，大夫卒，无罪者日录，有罪者不日略之……于所传闻之世，高祖曾祖之臣恩浅，大夫卒，有罪无罪皆不日略之也……于所传闻之世，见治起于衰乱之中，用心尚粗粗，故内其国而外诸夏，先详内而后治外，录大略小，内小恶书，外小恶不书，大国有大夫，小国略称人，内离会书，外离会不书是也。于所闻之世，见治升平，内诸夏而外夷狄，书外离会，

---

❶ 钟肇鹏：《春秋繁露校释》，河北人民出版社，2005，第17页。

小国有大夫……至所见之世，著治大平，夷狄进至于爵，天下远近小大若一，用心尤深而详，故崇仁义，讥二名。"（《春秋公羊经传解诂·隐公元年》）何休受董仲舒启发，将《春秋》划分为三世：以昭定哀三公为所见世、文宣成襄四公为所闻世、隐桓庄闵僖五公为所传闻世。所谓"三世"是公羊家们所构想的孔子"《春秋》王朝"发展的三个阶段：

第一个阶段就是《春秋》中所说的"所传闻世"，是指所谓的"衰乱世"。其时就是《春秋》"内其国而外诸夏"，表达的意思是《春秋》先从治理本国做起，以本国为"内"；以别的属于"中国"的诸侯国为外（"内其国而外诸夏"）。

第二个阶段就是《春秋》中所说的"所闻世"，是指所谓的"升平世"。其时就是《春秋》"内诸夏而外夷狄"，表达的意思就是说应该按照《春秋》规定的治理及其教化方式治理国家，已经普及了"中国"范围内的所有诸侯国。在这个阶段要实现以"中国"范围内的各个诸侯国为"内"，而以其他的文化相对落后的周边各少数民族为"外"（"内诸夏而外夷狄"）。

第三个阶段就是《春秋》中所说的"所见世"，是指所谓的"太平世"。其时"天下"都统一了（"夷狄进至于爵，天下远近小大若一"）。在这个阶段，如同《礼记·礼运》中所描绘的一种人人称道的"大道之行，天下为公"的景象一样，其时便能实现"天下为一家，中国为一人"，天下就再也没有国家和种族的界限了。维持社会秩序的规则一类的东西也就只有全社会都认可和遵循的公共道德原则（"崇仁义"），因而根本没有任何暴力，也用不着什么暴力了。

何休认为，孔子通过对鲁国历史的三种不同记述方法，表明历史发展过程中由衰乱→升平→太平三个不同而又前后递进的发展层次，后世读《春秋》，言治道，也必须以这三个层次为线索、为依据。在何休看来，历史不可能倒退，而是由低级阶段逐渐向高级阶段演进，人类社会总的趋势是进化，即从衰乱走向升平，再从升平走向太平。到了太平世，整个"中国"境内便没有了国家和民族的界限，天下一家，仁义之道大行。通过这一历史哲学的解释，何休向人们明确地揭示出：人类的历史与世界其他事物一样，都是发展的。这种发展是有规律可循的，是由乱到治，从低级到高级，由野蛮到文明，一步一步，循序渐进，不断进步，最终会进入天下"大同"。这种由衰乱而升平，由升平而太平的历史进化理论的提出，是何休对《公羊》先师"三世说"的创造性发展，代表了儒家历史哲学理论在东汉时期的最新成就，体现了何休对人类社会的终极关怀，曾深深地鼓舞了后世追求社会进步的儒生，启发了清代公羊学者沿着何休的思路，结合当时社会，从事维新活动，在中国近代史上留下了辉煌的印记，也为儒学的现代化提供了新启示。

何休还在《解诂》中多次对太平理想进行阐述：

《公羊传·哀公十四年》："其诸君子乐道尧、舜之道与？"何休解曰："作传者谦不敢斥夫子所为作意也。尧、舜当古历象日月星辰，百兽率舞，凤皇来仪，《春秋》亦以王次春，上法天文，四时具然后为年，以敬授民时，崇德致麟，乃得称大平，道同者相称，德合者相友，故曰乐道尧、舜之道。"

《公羊传·僖公三十一年》："鲁郊，非礼也。"何休解曰："昔武王既没，成王幼少，周公居摄，行天子事，制礼作乐，致大平，有王功。"

这是结合历史事实以古代圣王德治仁政为典范来体现自己的"太平"理想。

不过何休也承认就事实而言，鲁国历史与衰乱→升平→太平的发展情况并不相符，并未按照王化一世比一世普及，德治一世比一世施行好，一世比一世图治的历史逻辑发展。特别是定、哀之间，远未达到太平世，公羊学只是"文致太平"："《春秋》定、哀之间，文致太平，欲见王者治定，无所复为讥，唯有二名，故讥之，此《春秋》之制也。"❶疏云："'《春秋》定、哀之间，文致太平'者，实不太平，但作太平文而已，故曰'文致太平'也。"❷依历史事实，定、哀是所见之世，其时陪臣执国命，礼坏乐崩达到极致，天下实不太平之极，然《春秋》之文无远近内外之别，大恶不书，小恶亦不书，唯有二名可讥，所以为"文致太平"，非历史的真实。这就是刘逢禄在其《公羊何氏释例·张三世例》中概括的"鲁愈微而《春秋》之化益广"，"世愈乱而《春秋》之文益治"❸，蒋庆注："《春秋》之化即王化。""《春秋》之文

---

❶ ［清］阮元校刻：《十三经注疏·春秋公羊传注疏》，中华书局，1980，第2339页。

❷ ［清］阮元校刻：《十三经注疏·春秋公羊传注疏》，中华书局，1980，第2339页。

❸ ［清］刘逢禄：《公羊何氏释例·张三世例》，清刻本，第4页。

即《经》《传》之文。"❶因此，"何休的确不是在准确忠实地记载历史事实本身，而不过是假托鲁史表达自己的历史演进观念"❷，借"《春秋》三世说"提出了"太平盛世"的社会政治理想。

对于怎样实现太平，何休认为社会太平的基础是"民以食为本"。《公羊传·宣公十五年》载："什一者，天下之中正也。什一行而颂声作矣。"意思是说，统治者向农民收税，应该以他们总收成的十分之一作为税率最为合理。如果统治者真正实行"什一税"的话，农民就会歌颂他们了。何休解释说："颂声者，太平歌颂之声，帝王之高致也。《春秋》经传数万，指意无穷状，相须而举，相待而成，至此独言颂声作者，民以食为本也。夫饥寒并至，虽尧、舜躬化，不能使野无寇盗。贫富兼并，虽皋陶制法，不能使强不陵弱，是故圣人制井田之法，而口分之：一夫一妇，受田百亩，以养父母妻子，五口为一家，公田十亩，即所谓什一而税也。庐舍二亩半，凡为田一顷十二亩半，八家而九顷，共为一井，故曰井田。庐舍在内，贵人也。公田次之，重公也。私田在外，贱私也。井田之义：一曰无泄地气，二曰无费一家，三曰同风俗，四曰合巧拙，五曰通财货。因井田以为市，故俗语曰市井。种谷，不得种一谷，以备灾害。田中不得有树，以妨五谷。还庐舍种桑荻杂菜，畜五母鸡，两母豕，瓜果种疆畔，女工蚕织，老者得衣

❶ 蒋庆：《公羊学引论》，辽宁教育出版社，1995，第102页。
❷ 黄朴民：《何休历史哲学理论探析》，《求是学刊》，1999年第1期，第101页。

帛焉，得食肉焉，死者得葬焉。多于五口名曰余夫，余夫以率受田二十五亩。十井共出兵车一乘。司空谨别田之高下善恶，分为三品：上田一岁一垦，中田二岁一垦，下田三岁一垦。肥饶不得独乐，墝埆不得独苦，故三年一换土易居，财均力平，兵车素定，是谓均民力，强国家。在田曰庐，在邑曰里。一里八十户，八家共一巷。中里为校室，选其耆老有高德者，名曰父老，其有辩护伉健者为里正，皆受倍田，得乘马。父老比三老孝弟官属，里正比庶人在官之吏。民春夏出田，秋冬入保城郭。田作之时，春，父老及里正旦开门坐塾上，晏出后时者不得出，莫不持樵者不得入。五谷毕入，民皆居宅，里正趋缉绩，男女同巷，相从夜绩，至于夜中，故女功一月，得四十五日作，从十月尽正月止。男女有所怨恨，相从而歌，饥者歌其食，劳者歌其事。男年六十，女年五十，无子者，官衣食之，使之民间求诗，乡移于邑，邑移于国，国以闻于天子，故王者不出牖户尽知天下所苦，不下堂而知四方。十月事讫，父老教于校室，八岁者学小学，十五者学大学，其有秀者移于乡学，乡学之秀者移于庠，庠之秀者移于国学。学于小学，诸侯岁贡小学之秀者于天子，学于大学，其有秀者命曰造士，行同而能偶，别之以射，然后爵之。士以才能进取，君以考功授官。三年耕余一年之畜，九年耕余三年之积，三十年耕有十年之储，虽遇唐尧之水，殷汤之旱，民无近忧，四海之内，莫不乐其业，故曰颂声作矣。"这段文字比较长，描绘了他心目中"太平盛世"的美好图景，"民以食为本"，先要解决老百姓的吃饭问题。如果老百姓饥寒并至，即使是尧、舜亲身教化，也不可能使"野无寇盗"；如果以富辱贫、诈贫，即使是皋陶亲自制法，也不可能使强不凌弱。显然，有寇盗的根本原因是两极分化加剧，农民吃不饱穿不暖，而饥寒生盗贼，社会不公加剧矛盾冲突。要真正地解决这一根本性的社会问题，何休认为应该尽快实行古代圣人制定的"井田之法"，按人口分田，一夫一妇，受田百亩，五口为一家，公田十亩，实行"什一而税"制，使每一个人都能吃饱穿暖，解决温饱问题。温饱问题解决了，老百姓当然就不会以身犯险。在此基础上还要提高老百姓的生活质量，所以需要有集市，"通财货"，进行产品交换；还要种植五谷杂粮，桑麻瓜果，畜养鸡猪牛羊，使老者能够衣帛食肉；还要选德高望重的耆老为乡三老，进行孝悌之道的教化；建立从乡学到国学的教育体系，为国家层层培养和选拔人才；丰富老百姓的业余文化生活，饥者歌其食，劳者歌其事。这样四海之内，民无近忧，安居乐业，自然颂声作矣。何休提出以公平为基础的均田制，人们互相之间做到互通有无，互相周济，并形成共同的风俗习惯。在他设想的太平社会，虽然还有天子、司空、里正等官员存在，但这些官员并不享受特权，显然太平世是何休对于国家和社会的理想化表述。

"太平"后来逐渐成为重要的政治哲学概念，太平理想成为儒家乃至中华民族孜孜以求的社会政治理想，经常与"大同"连在一起称为"太平大同"，历代大儒都致力于"致太平"，但是由于种种原因，太平大同理想实在没有得到圆满实现。张载提出"为万世开太平"，是在新的历史时期对儒家理想社会的重申和发挥。"开"，期待之谓；"万世"，古人常以之表示永久。这说明张载不但重视重建当下"太平"秩序，而且要为更高远的"万世太平"打下基础。

何休注《公羊》，《隋书·经籍志》著录汉谏议大夫何休注《春秋公羊解诂》十一卷，《旧唐书·经籍志》著录何休注《春秋公羊经传》十三卷，《新唐书·艺文志》著录何休《公羊解诂》十三卷。何休《春秋公羊经传解诂》现存宋本两种，一为淳熙抚州公使库刊本，现藏中国国家图书馆（后称"国图"）；一为宋绍熙二年余仁仲万卷堂刊本，此本今存两部，一存国图，一存台北故宫博物院。何休《春秋公羊解诂》在两宋之后，传本渐希。除注疏刊本外，行世绝少。主要依靠《十三经注疏》中的《春秋公羊传注疏》而流传于世。

关于抚州公使库刊本，傅增湘《藏园群书经眼录》卷一云："宋淳熙抚州公使库刊本，十行十六字，注双行二十三字，白口，四周双阑。版心上方阳记大字数，阴记小字数，书名下间记'癸丑重刊'，盖绍熙四年重修本也。版心下记刊工姓名，有陈忻、陈英、吴生、余元、余丁、郑才、沈于、李大亨、范从、高定、刘彦明、安国、吴茂、陈浩、黎友直、虞大全、江坦、李果、余安、高文显诸人。（只记首册。）前有何休序，序后接连本文。各卷后注经若干字，注若干字。卷中宋讳完、桓、让，皆缺末笔。"❶此书为《春秋公羊经传解诂》现存最早的本子。此本有《古逸丛书三编》及《中华再造善本》影印本。

关于宋绍熙二年余仁仲万卷堂刊本，傅增湘《藏园群书

---

❶ 傅增湘：《藏园群书经眼录·春秋类》，中华书局，1983，第73-74页。

经眼录》卷一云："宋绍熙二年余仁仲万卷堂刊本，半叶十一行，行十九字，注双行二十七字，细黑口，左右双阑，版心双鱼尾，记大小字数。首何休序，序后有绍熙辛亥建安余仁仲题记六行。卷一后有余仁仲刊于家塾一行。钤有季振宜、徐乾学、汪喜孙各印。按：此建本之至精者，袁寒云以三千金得之李新吾。"❶此本卷首有何休序，序末有余仁仲刊书识语："《公羊》《榖梁》二书，书肆苦无善本，谨以家藏监本及江浙诸处官本参校，颇加厘正。惟是陆氏释音字或与正文字不同，如此序'醸嘲'，陆氏'醸'作'讓'；隐元年'嫡子'作'適归'；'含'作'唅'；'召公'作'邵'；桓四年'曰蒐'作'廋'。若此者众，皆不敢以臆见更定，姑两存之，以俟知者。绍熙辛亥孟冬朔日，建安余仁仲敬书。"绍熙辛亥即南宋光宗绍熙二年。各卷末镌经传、注、音义字数，及"余氏刊于万卷堂""余仁仲刊于家塾""仁仲比校讫"等刊记。张寿林认为余仁仲刊本诚不愧何氏之功臣："余氏据家藏监本及江浙官本，参校付梓，颇多厘正。以校注疏本，异同甚多，而往往以此本为优。"❷

　　余仁仲万卷堂刊本《春秋公羊经传解诂》今存世两部。国图藏本为绍熙二年的初印本，此本在清代先后为季振宜、徐乾学、汪喜孙收藏，道光四年汪氏问礼堂据此本影摹付刊，行款悉依原本，纤毫毕肖，宛然宋椠。后归李新吾。1915年，袁

---

❶ 傅增湘：《藏园群书经眼录·春秋类》，中华书局，1983，第74页。

❷ 中国科学院图书馆整理：《续修四库全书总目提要·经部》，中华书局，1993，第714页。

克文以三千金自李新吾处将其购入。袁克文手书跋文云："余仁仲所刻经传于世者，曰《周礼》，卢雅雨、陈仲鱼皆有之；曰《礼记》，曾见于《天禄目》；曰《公羊》，惟此及铁琴铜剑楼所藏；曰《穀梁》，瞿氏有残本，完者在日本阿波侯家。此《公羊》即汪刻祖本、阮元所见缺两叶者。慕邢为予购致，爰据瞿氏校勘记校定此本补叶之脱误。十月二十四日，文记。"❶半年之后，袁克文又题一跋："此叶所据决非出自余氏原本，又不若卷六补叶之旧。因依瞿氏校勘记为改定之。兹取瞿校与此本细参，而瞿本颇多增改，且尾有'重校讫'一行，是必为重修本，此则初印本也。故此尾叶之异同，则两存之。丙辰四月十五日，寒云又记于瓶盫。"❷袁克文后转让此书给潘宗周宝礼堂，潘氏后人潘世兹将宝礼堂藏书捐献，现入藏国图，今有《中华再造善本》影印本。

台北故宫博物院藏本为重修本。卷十二末镌有"余仁仲刊于家塾""癸丑仲秋重校"二行，癸丑即绍熙四年（1193）。此本有清代黄丕烈跋："《九经三传沿革例》载有建余氏本，余所见残本《穀梁》，在周香严家，即万卷堂余仁仲校刻者也。此外有《周礼》，亦缺《秋官》，藏顾抱冲所。今秋得此《春秋公羊经传解诂》十二卷，完善无缺，实为至宝，得之价白金一百二十两，不特书估居奇，亦余之爱书有以致此。初，是书出镇江蒋春农家，书估以贱直购之，携至吾郡，叠为有识

---

❶ ［汉］何休撰，［唐］陆德明音义：《宋本春秋公羊经传解诂》（第2册），国家图书馆出版社，2020，第190页。

❷ ［汉］何休撰，［唐］陆德明音义：《宋本春秋公羊经传解诂》（第2册），国家图书馆出版社，2020，第190页。

者称赞，故索价竟至不减。余务在必得，惜书而不惜钱物，书魔故智有如是者。《春秋》五传，邹、夹已亡。左、穀二家，仅存晋人之注，惟《公羊》注犹汉人，安得不以至宝视之？倘有余力，尚当付诸剞劂，以广其传焉。嘉庆戊辰秋七月，黄丕烈识。"此后辗转归汪士钟艺芸书舍、文登于氏小谟觞馆及铁琴铜剑楼收藏。《四部丛刊初编》即据此本影印，其《春秋公羊经传解诂》卷首云："上海涵芬楼借常熟瞿氏铁琴铜剑楼藏宋刊本景印。"瞿氏书散，此书为沈仲涛研易楼所收。1980年底，沈氏将此书捐赠台北故宫博物院。

张丽娟研究了南宋余仁仲万卷堂刻《春秋公羊经传解诂》今存的两个传本，指出两本之间的文字差异，源自初印本与修订后印本的差别。后印本修订了初印本中的讹误之处，文字反胜于初印本。因此，本次整理选择《四部丛刊初编》影印的绍熙四年后印本为底本，整理过程中，也参考了国图藏初印本。限于学识，标点校勘工作肯定存在不足之处，还望读者予以批评指正！

整理说明

一、南宋余仁仲万卷堂刻《春秋公羊经传解诂》今存两个传本，重校本修订了初印本中的讹误之处，文字反胜于初印本。本次整理选择《四部丛刊初编》影印的绍熙四年重校本为底本，整理过程中，也参考了国图藏初印本。

二、文字校勘以阮元主持刊刻的南昌府学本《十三经注疏》之《春秋公羊传注疏》为主要校本，校勘记中简称"阮刻本"；部分内容参校了武英殿本《十三经注疏》之《春秋公羊传注疏》，校勘记中简称"武英殿本"。

三、凡底本有讹、脱、衍、倒而校本不误者，据改，出校记。底本不误而校本误者，不改，亦不出校。

四、本次整理原则上使用简体字，但在个别影响阅读理解之处，保留了部分繁体字，如陆氏音义中的"酖毒，本亦作'鸩'"，此处"酖"字不宜简化成"鸩"。

五、余仁仲万卷堂刻《春秋公羊经传解诂》的经文全部有断句，武英殿本《春秋公羊传注疏》对经注疏也全部进行了断句。在标点时，参考今人标点之外，全面吸取了二者的断句成果。

春秋公羊经传解诂序

汉司空掾任城樊何休

○陆氏《音义》曰：掾，弋绢反。

　　昔者孔子有云："吾志在《春秋》，行在《孝经》。"此二学者，圣人之极致，治世之要务也。○治，直吏反。传《春秋》者非一。本据乱而作，其中多非常异义可怪之论，○论，卢困反，下"持论"同。说者疑惑，至有倍经任意、反传违戾者。其势虽问，不得不广，是以讲诵师言，至于百万，犹有不解，时加釀嘲辞，○釀嘲，陟交反。援引他经，失其句读，以无为有，甚可闵笑者，不可胜记也。是以治古学、贵文章者，谓之俗儒，至使贾逵缘隙奋笔，以为《公羊》可夺，《左氏》可兴。恨先师观听不决，多随二创。此世之余事，斯岂非守文、持论、败绩、失据之过哉！余窃悲之久矣！往者略依胡毋生条例，○毋音无。多得其正，故遂隐括，使就绳墨焉。○隐括，古夺反，结也。

　　《公羊》《穀梁》二书，书肆苦无善本，谨以家藏监本及江浙诸处官本参校，颇加厘正。惟是陆氏释音字或与正文字不同，如此序"釀嘲"，陆氏"釀"作"讓"；隐元年"嫡子"作"適归"；"含"作"唅"；"召公"作"邵"；桓四年"曰蒐"作"廋"。若此者众，皆不敢以臆见更定，姑两存之，以俟知者。绍熙辛亥孟冬朔日，建安余仁仲敬书。

卷
一

隐公第一[1]

元年，春，王正月。○正月，音征，又音政，后放此。
元年者何？诸据疑，问所不知，故曰者何。**君之始年也。** 以常录即位，知君之始年。君，鲁侯隐公也。年者，十二月之总号，《春秋》书十二月称年是也。变一为元，元者，气也，无形以起，有形以分，造起天地，天地之始也，故上无所系，而使春系之也。不言公，言君之始年者，王者、诸侯皆称君，所以通其义于王者，惟王者然后改元立号。《春秋》托新王受命于鲁，故因以录即位，明王者当继天奉元，养成万物。**春者何？** 独在王上，故执不知问。**岁之始也。** 以上系"元年"在"王正月"之上，知岁之始也。春者，天地开辟之端，养生之首，法象所出，四时本名也。昏斗指东方曰春，指南方曰夏，指西方曰秋，指北方曰冬。岁者，总号其成功之称，《尚书》"以闰月定四时成岁"是也。○辟，婢亦反，本亦作"闢"。称，尺证反，下"之称""卑称"同。**王者孰谓？** 孰，谁也。欲言时王则无事，欲言先王又无谥，故问谁

---

[1] "隐公第一"，原作"春秋公羊经传解诂隐公第一"，下有"陆曰：解诂，佳买反；下音古，训也。"十二字；并"何休学""学者，言为此经之学，即注述之意。"十六字。

谓。**谓文王也。**以上系王于春，知谓文王也。文王，周始受命之王，天之所命，故上系天端。方陈受命制正月，故假以为王法。不言谥者，法其生，不法其死。与后王共之，人道之始也。**曷为先言王而后言正月？**据下"秋，七月，天王"，先言月而后言王。**王正月也。**以上系于王，知王者受命，布政施教所制月也。王者受命，必徙居处，改正朔，易服色，殊徽号，变牺牲，异器械，明受之于天，不受之于人。夏以斗建寅之月为正，平旦为朔，法物见，色尚黑；殷以斗建丑之月为正，鸡鸣为朔，法物牙，色尚白；周以斗建子之月为正，夜半为朔，法物萌，色尚赤。○徽，许韦反。械，户戒反。夏以，户雅反，后放此，以意求之。见，贤遍反，下"并见"同。

何言乎王正月？据定公有王无正月。**大一统也。**统者，始也，总系之辞。夫王者始受命改制，布政施教于天下，自公侯至于庶人，自山川至于草木昆虫，莫不一一系于正月，故云政教之始。**公何以不言即位？**据文公言即位也。即位者，一国之始，政莫大于正始，故《春秋》以元之气，正天之端；以天之端，正王之政；以王之政，正诸侯之即位；以诸侯之即位，正竟内之治。诸侯不上奉王之政，则不得即位，故先言正月，而后言即位。政不由王出，则不得为政，故先言王而后言正月也。王者不承天以制号令则无法，故先言春而后言王。天❶不深正其元，则不能成其化，故先言元，而后言春。五者同日并见，相须成体，乃天人之大本，万物之所系，不可不察也。○治，直吏反。夫，音扶。**成公意也。**以不有正月而

---

❶ "天"，原作"夫"，据阮刻本改。

去即位，知其成公意。○而去，起吕反，下"去"同。**何成乎公之意？**据刺❶欲救纪而后不能。○刺欲，七赐反。后皆同，更不音。**公将平国而反之桓。**平，治也。时废桓立隐不平，故曰平反还之。**曷为反之桓？**据已立也。**桓幼而贵，隐长而卑。**长者，已冠也。礼，年二十见正而冠。《士冠礼》曰："嫡子冠于阼，以著代也。醮于客位，加有成也。三加弥尊，谕其志也。冠而字之，敬其名也。""公侯之有冠礼，夏之末造也。天子之元子犹士也，天下无生而贵者。"○隐长，丁丈反，注及下皆同。已冠，工乱反，下同。适子，丁历反，下同。醮，子笑反。**其为尊卑也微，**母俱媵也。○媵，以证反，又绳证反。**国人莫知，**国人，谓国中凡人。莫知者，言惠公不早分别也。男子年六十闭房，无世子，则命贵公子。将薨亦如之。**隐长又贤，**此以上皆道立隐所缘。○以上，时掌反，他皆放此。**诸大夫扳隐而立之。**扳，引也。诸大夫立隐不起者，在春秋前，明王者受命不追治前事。孔子曰："不教而杀谓之虐，不戒视成谓之暴"。○扳，普颜反，又必颜反，引也；旧敷间反。**隐于是焉而辞立，**辞，让也。言隐欲让。**则未知桓之将必得立也。**是时公子非一。**且如桓立，**且如，假设之辞。**则恐诸大夫之不能相幼君也。**隐见诸大夫背正而立己不正，恐其不能相之。○相，息亮反。背正，步内反，下同。**故凡隐之立，为桓立也。**凡者，凡上所虑二事皆不可，故于是己立，欲须桓长大而归之，故曰为桓立，明其本无受国之心，故不书即位，所以起其让也。○为，于伪反，注

---

❶ "刺"，全书此字原皆作"剌"，按文意当作"刺"，后皆改。

同。**隐长又贤，何以不宜立？**据贤缪公与大夫，獂且长以得立，○缪，音穆。獂且，俱缚反；下子余反。**立適以长不以贤，立子以贵不以长。**適，谓適夫人之子，尊无与敌，故以齿。子，谓左右媵及侄娣之子，位有贵贱，又防其同时而生，故以贵也。礼，適夫人无子，立右媵；右媵无子，立左媵；左媵无子，立嫡侄娣；嫡侄娣无子，立右媵侄娣；右媵侄娣无子，立左媵侄娣。质家亲亲，先立娣；文家尊尊，先立侄。嫡子有孙而死，质家亲亲，先立弟；文家尊尊，先立孙。其双生也，质家据见，立先生，文家据本意，立后生。皆所以防爱争。○侄娣，大结反；下大计反。争，争斗之争，下同。**桓何以贵？**据俱公子也。**母贵也。**据桓母右媵。**母贵则子何以贵？**据俱言公子。**子以母贵，**以母秩次立也。**母以子贵。**礼，妾子立，则母得为夫人。夫人成风是也。

三月，公及邾娄仪父盟于眛。

及者何？与也。若曰公与邾娄盟也。○邾，音诛。娄，力俱反。邾人语声后曰娄，故曰邾娄，《礼记》同，《左氏》《穀梁》无"娄"字。仪父，音甫，本亦作"甫"，人名字放此。眛，亡结反，《穀梁》同，《左氏》作"蔑"。**会、及、暨皆与也。**都解经上会、及、暨也。○暨，其器反。下皆同。**曷为或言会，或言及，或言暨？会，犹最也。**最，聚也。直自若平时聚会，无他深浅意也。最之为言聚，若今聚民为投最。○曷为，如字，或于伪反，后皆同此。**及，犹汲汲也。暨，犹暨暨也。及，我欲之。暨，不得已也。**我者，谓鲁也。内鲁，故言我。举及、暨者，明当随意善恶而原之。欲之者，善重恶深；不得已者，善轻恶浅，所以原心定

035

罪。**仪父者何？邾娄之君也。**以言"公及"不讳，知为君也。**何以名？**据齐侯以禄父为名。**字也。**以当褒，知为字。**曷为称字？**据诸侯当称爵。**褒之也。**以宿与微者盟书卒，知与公盟当褒之。有土嘉之曰褒，无土建国曰封。称字所以为褒之者，仪父本在春秋前失爵，在名例尔。○褒之，保刀反。**曷为褒之？**据功不见。○不见，贤遍反，下皆同。**为其与公盟也。**为其始与公盟。盟者，杀生歃血，诅命相誓，以盟约束也。传不足言托始者，仪父比宿、滕、薛最在前，嫌独为仪父发始，下三国意不见，故顾之。○为其，于伪反，注"为其""独为"皆同。歃，所洽反，又所甲反。诅，庄虑反。约束，并如字，一音上於妙反；下音戍。**与公盟者众矣，曷为独褒乎此？**据戎、齐侯、莒人皆与公盟，传不足托始，故复据众也。○复，扶又反，下"复为"同。**因其可褒而褒之。**《春秋》王鲁，托隐公以为始受命王，因仪父先与隐公盟，可假以见褒赏之法，故云尔。○王鲁，于况反，下"而王"同，一音如字。后"王鲁"皆放此。**此其为可褒奈何？渐进也。**渐者，物事之端，先见之辞。去恶就善曰进。譬若隐公受命而王，诸侯有倡始先归之者，当进而封之，以率其后。不言先者，亦为所褒者法，明当积渐，深知圣德灼然之后，乃往，不可造次陷于不义。○倡，尺亮反。造，七报反。**眜者何？地期也。**会、盟、战，皆录地其所期处，重期也。凡书盟者，恶之也。为其约誓大甚，朋党深背之，生患祸重，胥命于蒲，善近正是也。君大夫盟例日，恶不信也。此月者，隐推让以立，邾娄慕义而来相亲信，故为小信辞也。大信者时，柯之盟是也。鲁称公者，臣子心所欲尊号其君父。公者，五等之爵最尊，王者探臣子心欲尊其君父，使得称公，故《春秋》以臣子书葬者皆称公。于者，於也。凡以事定地者加于例，以地定事者不加于例。○处，昌虑反。恶之，乌路反，下"恶不""恶其"皆同。大甚，音泰，或敕贺反。近正，附近之近。柯，音歌。

夏，五月，郑伯克段于鄢。

克之者何？加之者，问训诂，并问施于之为。○段，徒乱反。鄢，音偃。**杀之也。杀之则曷为谓之克？大郑伯之恶也。**以弗克纳，大郤缺之善。知加克，大郑伯之恶也。○郤缺，去逆反；下起悦反。**曷为大郑伯之恶？**据晋侯杀其世子申生，不加克以大之。**母欲立之，己杀之，如勿与而已矣。**如，即不如，齐人语也。加克者，有嫌也。段无弟文，称君甚之不明；又段当国，嫌郑伯杀之无恶，故变杀言克，明郑伯为人君，当如传辞，不当自己行诛杀，使执政大夫当诛之。克者，诂为杀，亦为能，恶其能忍戾母而亲杀之。礼，公族有罪，有司谳于公，公曰宥之；及三宥，不对，走出，公又使人赦之，以不及反命；公素服不举，而为之变，如其伦之丧，无服，亲哭之。○戾，力计反。谳，鱼列反。宥之，音又，赦也。**段者何？郑伯之弟也。**杀母弟，故直称君。**何以不称弟？**据天王杀其弟年夫，称弟。**当国也。**欲当国为之君，故如其意，使如国君氏，上郑所以见段之逆。**其地何？**据齐人杀无知不地。**当国也。齐人杀无知，何以不地？**据俱欲当国也。**在内也。在内，虽当国，不地也。**其不当国而见杀者，当以杀大夫书，无取于地也。其当国者，杀于国内，祸已绝，故亦不地。**不当国，虽在外，亦不地也。**明当国者，在外乃地尔，为其将交连邻国，复为内难，故录其地，明当急诛之。不当国，虽在外，祸轻，故不地也。月者，责臣子不以时讨，与杀州吁同例。不从讨贼辞者，主恶以失亲亲，故书之。○难，乃旦反，下"此难"同。吁，况于反。

秋，七月，天王使宰咺来归惠公仲子之赗。

宰者何？官也。以周公加宰，知为官也。○咺，况阮反，一音况元反。赗，芳仲反。**咺者何？名也。**别何之者，以有宰周公，本嫌宰为官。**曷为以官氏？**据石尚。**宰，士也。**天子上士以名氏通，中士以官录，下士略称人。**惠公者何？隐之考也。**生称父，死称考，入庙称祢。○祢，乃礼反。**仲子者何？桓之母也。**以无谥也。仲，字。子，姓。妇人以姓配字，不忘本也，因示不适同姓。生称母，死称妣。○妣，必履反。**何以不称夫人？**此难生时之称也。据秦人来归僖公成风之襚，成风称谥，今仲子无谥，知生时不称夫人。**桓未君也。赗者何？丧事有赗。赗者，盖以马，以乘马束帛。**此道周制也。以马者，谓士不备四也。《礼·既夕》曰"公赗，玄纁束帛、两马"是也。乘马者，谓大夫以上备四也。礼，大夫以上至天子，皆乘四马，所以通四方也。天子马曰龙，高七尺以上；诸侯曰马，高六尺以上；卿大夫、士曰驹，高五尺以上。束帛，谓玄三纁二，玄三法天，纁二法地，因取足以共事。○乘马，绳证反，注"乘马"同。纁，许云反。共，音恭。**车马曰赗，货财曰赙，衣被曰襚。**此者春秋制也。赗，犹覆也；赙，犹助也，皆助生送死之礼。襚，犹遗也。遗是助死之礼。知生者赗赙，知死者赠襚。○赙，音附。襚，音遂。犹遗，唯季反。**桓未君，则诸侯曷为**

来赗之？据非礼。**隐为桓立，故以桓母之丧告于诸侯。**经言王者赗，赴告王者可知，故传但言诸侯。○隐为，于伪反，下注"为"并年末注同。告，古毒反，一音古报反。**然则何言尔？成公意也。**尊贵桓母，以赴告天子、诸侯，彰桓当立，得事之宜。故善而书仲子，所以起其意，成其贤。**其言来何？**据归含且赗，不言来。○归唅，本又作"含"，户暗反，下同。**不及事也。**比于去来为不及事，时以葬事毕，无所复施，故云尔。去来所以为及事者，若已在于内者。**其言惠公仲子何？**据归含且赗，不言主名。**兼之。兼之，非礼也。**礼不赗妾，既善而赗之，当各使一使，所以异尊卑也。言之赗者，起两赗也。○一使，所吏反。**何以不言及仲子？**据及者，别公夫人尊卑文也。仲子即卑称也。○别，彼列反。**仲子，微也。**比夫人微，故不得并及公也。月者，为内恩录之也。诸侯不月，比于王者轻，会葬皆同例。言天王者，时吴楚上僭称王，王者不能正，而上自系于天也。《春秋》不正者，因以广是非。称使者，王尊敬诸侯之意也。王者据土❶与诸侯分职，俱南面而治，有不纯臣之义，故异姓谓之伯舅叔舅，同姓谓之伯父叔父。言归者，与使有之辞也。天地所生，非一家之有，有无当相通。所传闻之世，外小恶不书，书者来接内也。《春秋》王鲁，以鲁为天下化首，明亲来被王化渐渍礼义者，在可备责之域，故从内小恶举也。主书者，从不及事也。○僭，子念反。而治，直吏反，下皆同。所传，直专反，下文"所传"并注同。被，皮寄反。

---

❶ "土"，原作"上"，据阮刻本改。

九月，及宋人盟于宿。

孰及之？内之微者也。内者，谓鲁也。微者，谓士也。不名者，略微也。大者正，小者治，近者说，远者来，是以《春秋》上刺王公，下讥卿大夫而逮士庶人。宋称人者，亦微者也。鲁不称人者，自内之辞也。宿不出主名者，主国主名与可知，故省文，明宿当自首其荣辱也。微者，盟例时，不能专正，故责略之。此月者，隐公贤君，虽使微者，有可采取，故录也。○于宿，音夙，国名。说，音悦。逮，音代，又大计反。故省，所景反，后"省文"皆同。

冬，十有二月，祭伯来。

祭伯者何？天子之大夫也。以无所系言来也。○祭伯，侧界反，五年注放此。**何以不称使？**据凡伯称使。**奔也。**奔者，走也。以不称使而无事，知其奔。**奔则曷为不言奔？**据齐庆封来言奔。**王者无外，言奔，则有外之辞也。**言奔则与外大夫来奔同文，故去奔，明王者以天下为家，无绝义。主书者，以罪举。内外皆书者，重乖离之祸也。当春秋时，废选举之务，置不肖于位，辄退绝之以生过失，至于君臣忿争出奔，国家之所以昏乱，社稷之所以危亡，故皆录之。录所奔者为受义者，明当受贤者，不当受恶人也。祭者，采邑也。伯者，字也。天子上大夫字，尊尊之义也。月者，为下卒也，当案下例，当蒙上月，日不也。奔例时。一月二事，月当在上。十言有二者，起十复有二，非十中之二。○选，息变反。肖，音笑。采，七代反。

公子益师卒。

何以不日？据臧孙辰书日。○不日，人实反。此传皆以日月为例，后放此。**远也。**孔子所不见。**所见异辞，所闻异辞，所传闻异辞。**所见者，谓昭、定、哀，己与父时事也。所闻者，谓文、宣、成、襄，王父时事也。所传闻者，谓隐、桓、庄、闵、僖，高祖曾祖时事也。异辞者，见恩有厚薄，义有深浅，时恩衰义缺，将以理人伦，序人类，因制治乱之法。故于所见之世，恩已与父之臣尤深，大夫卒，有罪无罪，皆日录之，"丙申，季孙隐如卒"是也。于所闻之世，王父之臣恩少杀，大夫卒，无罪者日录，有罪者不日略之，"叔孙得臣卒"是也。于所传闻之世，高祖曾祖之臣恩浅，大夫卒，有罪无罪皆不日略之也，"公子益师、无骇卒"是也。于所传闻之世，见治起于衰乱之中，用心尚粗粗，故内其国而外诸夏，先详内而后治外，录大略小，内小恶书，外小恶不书，大国有大夫，小国略称人，内离会书，外离会不书是也。于所闻之世，见治升平，内诸夏而外夷狄，书外离会，小国有大夫，宣十一年"秋，晋侯会狄于攒函"，襄二十三年"邾娄劓我来奔"是也。至所见之世，著治大平，夷狄进至于爵，天下远近小大若一，用心尤深而详，故崇仁义，讥二名，晋魏曼多、仲孙何忌是也。所以三世者，礼，为父母三年，为祖父母期，为曾祖父母齐衰三月，立爱自亲始，故《春秋》据哀录隐，上治祖祢。所以二百四十二年者，取法十二公，天数备足，著治法式，又因周道始坏绝于惠、隐之际。主所以卒大夫者，明君当隐痛之也。君敬臣则臣自重，君爱臣则臣自尽。公子者，氏❶也。益师者，名也。诸侯之子称公子，公子之子称公孙。○见恩，贤

---

❶ "氏"，原作"氐"，据阮刻本改。

遍反，下"见治"皆同。杀，所介反。粗粗，才古反，又七奴反，《说文》：大也。诸夏，户雅反，凡"诸夏"皆放此。攒函，才官反；下音咸。大平，音泰。期，音基。齐衰，音咨，本亦作"齍"；下七雷反。尽，津忍反。

二年，春，公会戎于潜。凡书会者，恶其虚内务，恃外好也。古者诸侯非朝时不得逾竟。所传闻之世，外离会不书，书内离会者，《春秋》王鲁，明当先自详正，躬自厚而薄责于人，故略外也。王者不治夷狄，录戎者，来者勿拒，去者勿追。东方曰夷，南方曰蛮，西方曰戎，北方曰狄。朝聘会盟，例皆时。○恶，乌路反。好，呼报反。非朝，直遥反，凡此字不音者皆同。逾竟，音境，今本多即作"境"字，更不音。所传，直专反，年末"相传"同。

夏，五月，莒人入向。

入者何？得而不居也。入者，以兵入也。已得其国而不居，故云尔。凡书兵者，正不得也。外内深浅皆举之者，因重兵害众，兵动则怨结祸构，更相报偿，伏尸流血无已时。诸侯擅兴兵不为大恶者，保伍连帅，本有用兵征伐之道，鲁入杞不讳是也。入例时，伤害多则月。○莒，音举。向，舒亮反，国名。更，音庚。偿，时亮反。擅，市战反。

无骇帅师入极。

无骇者何？展无骇也。何以不氏？据公子遂帅师入杞，氏公子也。○骇，户楷反。贬。贬，犹损也。○贬，彼检反，损也。曷为贬？据公子遂俱用兵入杞不贬也。疾始灭也。以下终其身不氏，知贬。疾始灭，非但起入为灭。始灭昉于此乎？昉，适也，齐人语。据传言拨乱世。○昉，甫往反，适也。**前此矣。**前此者，在春秋前，谓宋灭郜是也。○郜，古报反。**前此，则曷为始乎此？托始焉尔。**焉尔，犹于是也。**曷为托始焉尔？**据战伐不言托始。**《春秋》之始也。**《春秋》托王者始，起所当诛也。言疾始灭者，诸灭复见不复贬，皆从此取法，所以省文也。○复见，扶又反，下"不复"同。见，音贤遍反。**此灭也。其言入何？**据齐师灭谭不言入。**内大恶，讳也。**明鲁臣子当为君父讳。灭例月，不复出月者，与上同月，常案下例，当蒙上月，日不。○当为，于伪反，下"为后背隐"同。

秋，八月，庚辰，公及戎盟于唐。后不相犯。日者，为后背隐而善桓，能自复为唐之盟。○背，音佩。

九月，纪履緰来逆女。

纪履緰者何？纪大夫也。以逆女不称使，知为大夫。○履緰，音须，《左氏》为"裂繻"。**何以不称使？**据宋公使公孙寿来纳币称使。**婚礼不称主人。**为养廉远耻也。**然则曷称？称诸父兄师友。宋公使公孙寿来纳币，则其称主人何？辞穷也。辞穷者何？无母也。**礼，有母，母当命诸父兄师友，称诸父兄师友以行。宋公无母，莫使命之。辞穷，故自命之。自命之，则不得不称使。**然则纪有母乎？曰：有。**以不称使知有母。**有则何以不称母？**据非主人，何不称母通使文。**母不通也。**礼，妇人无外事，但得命诸父兄师友，称诸父兄师友以行耳。母命不得达，故不得称母通使文，所以远别也。○别，彼列反。**外逆女不书，此何以书？**据伯姬归于宋不书逆人。**讥。**讥，犹谴也。○谴，遣战反。**何讥尔？讥始不亲迎也。**礼所以必亲迎者，所以示男先女也。于庙者，告本也。夏后氏逆于庭，殷人逆于堂，周人逆于户。○亲迎，鱼敬反，注及下同。先，悉荐反。**始不亲迎，昉于此乎？前此矣。**以惠公妃匹不正，不嫌无前也。○妃，音配，又芳非反。**前此，则曷为始乎此？托始焉尔。**焉尔，犹于是也。**曷为托始焉尔？**据纳币不托始。**《春秋》之始也。**《春秋》正夫妇之始也。夫妇正则父子亲，父子亲则君臣和，君臣和则天下治，故夫妇者，人道之始，王教之端。内逆女常书，外逆女但疾始不常书者，明当先自详❶正，躬自厚而薄责于人，故略外也。○治，直吏反。**女曷为或称女，或称妇，或称夫人？女在其国称女，**未离父母之辞，"纪履緰来逆女"是也。○未离，力智反，下同。**在途称妇，**在途见夫服从之辞，"公子结媵陈人之妇"是也。**入国称夫人。**入国则尊，尊有臣子之辞，夫人姜氏入是也。纪无大夫，书纪履緰者，重婚礼也。月者，不亲迎例月，重录之。亲迎例时。

冬，十月，伯姬归于纪。

伯姬者何？内女也。以无所系也。不称公子者，妇人外成，不得独系父母。**其言归何？**据去父母国也。**妇人谓嫁曰归。**妇人生以父母为家，嫁以夫为家，故谓嫁曰归。明有二归之道。书者，父母恩录之也。礼，男之将取，三日不举乐，思嗣亲也；女之将嫁，三夜不息烛，思相离也。内女归例月，恩录之。○取，七住反。

纪子伯、莒子盟于密。

---

❶ "详"字原本无，据阮刻本校勘记补。

纪子伯者何？无闻焉尔。言无闻者，《春秋》有改周受命之制，孔子畏时远害，又知秦将燔《诗》《书》，其说口授相传，至汉公羊氏及弟子胡毋生等，乃始记于竹帛，故有所失也。○纪子伯，《左氏》作"子帛"。远，于万反。燔，扶元反。毋，音无。

十有二月，乙卯，夫人子氏薨。

夫人子氏者何？隐公之母也。以不书葬。何以不书葬？据姒氏书葬。○姒，音似。**成公意也。何成乎公之意？**据已去即位。○去，起吕反。**子将不终为君，故母亦不终为夫人也。**时隐公卑屈❶其母，不以夫人礼葬之，以妾礼葬之，以卑下桓母，无终为君之心，得事之宜，故善而不书葬，所以起其意而成其贤。子者，姓也。夫人以姓配号。义与仲子同。书薨者，为隐公恩录痛之也。日者，恩录之，公夫人皆同例也。○下，遐嫁反。

郑人伐卫。书者，与入向同。侵、伐、围、入例皆时。

三年，春，王二月。二月、三月皆有王者，二月，殷之正月也；三月，夏之正月也。王者存二王之后，使统其正朔，服其服色，行其礼乐，所以尊先圣，通三统，师法之义，恭让之礼，于是可得而观之。

己巳，日有食之。

何以书？诸言何以书者，问主书。**记异也。**异者，非常可怪。先事而至者，是后卫州吁弑其君完，诸侯初僭，鲁隐系获，公子翚进谄谋。○杀其，申志反，下"杀其君"同。翚，

---

❶ "卑屈"，原本作"屈卑"，据阮刻本改。

许韦反。诣，敕检反。**日食，则曷为或日，或不日？或言朔，或不言朔？曰：某月某日朔，日有食之者，食正朔也。**桓三年"秋，七月，壬辰，朔，日有食之"是也。此象君行外强内虚，是故日月之行无迟疾，食不失正朔也。**其或日，或不日，或失之前，或失之后。失之前者，朔在前也。**谓二日食，己巳日有食之是也。此象君行暴急，外见畏，故日行疾，月行迟，过朔乃食，失正朔于前也。**失之后者，朔在后也。**谓晦日食，庄公十八年"三月，日有食之"是也。此象君行懦弱见陵，故日行迟，月行疾，未至朔而食，失正朔于后也。不言月食之者，其形不可得而睹也，故疑言曰❶有食之。孔子曰："多闻阙疑，慎言其余，则寡尤。"不传天下异者，从王内录可知也。○懦，乃乱反，又乃卧反。

三月，庚戌，天王崩。平王也。

何以不书葬？据书葬桓王。**天子记崩不记葬，必其时也。**至尊无所屈也。**诸侯记卒记葬，有天子存，**存，在。**不得必其时也。**设有王后崩，当越绋而奔丧，不得必其时，故恩录之。○绋，音弗。**曷为或言崩，或言薨？天子曰崩，**大毁坏之辞。**诸侯曰薨，**小毁坏之辞。**大夫曰卒，**卒，犹终也。**士曰不禄。**不禄，无禄也。皆所以别尊卑也。葬不别者，从恩杀略也。书崩者，为天下恩痛王者也。记诸侯卒葬者，王者亦当加之以恩礼，故为恩录。○以别，彼列反，下同。恩杀，所界反。为天，于伪反，下"故为"、"主❷

---

❶ "日"，原作"曰"，据阮刻本校勘记改。
❷ "主"，原作"王"，据阮刻本改。

为”、传“所为”同。

夏，四月，辛卯，尹氏卒。

尹氏者何？天子之大夫也。以尹氏立王子朝也。○尹氏，《左氏》作“君氏”。朝，如字。**其称尹氏何？**据宰渠氏官，刘卷卒名。○卷，音权。**贬。曷为贬？**据俱卒也。**讥世卿。**世卿者，父死子继也。贬去名言氏者，起其世也❶，若曰世世尹氏也。○去，起吕反。**世卿，非礼也。**礼，公卿、大夫、士，皆选贤而用之。卿大夫任重职大，不当世，为其秉政久，恩德广大。小人居之，必夺君之威权。故尹氏世，立王子朝；齐崔氏世，弑其君光，君子疾其末则正其本。见讥于卒者，亦不可造次无故驱逐，必因其遇卒绝之。明君案见劳授赏，则众誉不能进无功；案见恶行诛，则众谗不能退无罪。○见讥，贤遍反，下同。造，七报反。**外大夫不卒，此何以卒？**据原仲不卒。**天王崩，诸侯之主也。**时天王崩，鲁隐往奔丧，尹氏主傧赞诸侯，与隐交接而卒，恩隆于王者，则加礼录之，故为隐恩录痛之。日者，恩录之，明当有恩礼。

秋，武氏子来求赙。

武氏子者何？天子之大夫也。**其称武氏子何？**据宰渠氏官，仍叔不称氏，尹氏不称子。**讥。何讥尔？父卒，子未命也。**时虽世大夫，缘孝子之心，不忍便当父位，故顺古先试一年，乃命于宗庙。武氏子父新死，未命而便为大夫，薄父子之恩，故称氏言子，见未命以讥之。**何以不称使？**据南

---

❶ “贬去名言氏者，起其世也”，阮刻本作“贬去名者氏，者起其世也”，校勘记认为，后“者”字当作“言”。

季称使。**当丧，未君也。**当丧，谓天子也。未君者，未三年也。未可居君位称使也。故绝正其义，与毛伯同。**武氏子来求赙，何以书？**不但言何以书者，嫌以主覆问上所以说二事，不问求赙。○覆，芳服反。**讥。何讥尔？丧事无求。求赙，非礼也。**主为求赙书也。礼本为有财者制，有则送之，无则致哀而已，不当求，求则皇皇伤孝子之心。**盖通于下。**云尔者，嫌天子财多不当求，下财少可求，故明皆不当求之。

八月，庚辰，宋公和卒。不言薨者，《春秋》王鲁，死当有王文。圣人之为文辞孙顺，不可言崩，故贬外言卒，所以褒内也。宋称公者，殷后也。王者封二王后，地方百里，爵称公，客待之而不臣也。《诗》云"有客宿宿，有客信信"是也。○孙，音逊。

冬，十有二月，齐侯、郑伯盟于石门。

癸未，葬宋缪公。

葬者曷为或日，或不日？不及时而日，渴葬也。不及时，不及五月也。礼，天子七月而葬，同轨毕至。诸侯五月而葬，同盟至。大夫三月而葬，同位至。士逾月，外姻至。孔子曰："葬于北方，北首，三代之达礼也，之幽之故也。"渴，喻急也，乙未葬齐孝公是也。○宋缪公，音穆，《左氏》作"穆"。凡此后放此。首，手又反。**不及时而不日，慢葬也。**慢葬，不能以礼葬也，八月葬蔡宣公是也。**过时而日，隐之也。**隐，痛也。痛贤君不得以时葬，丁亥葬齐桓公是也。**过时而不日，谓之不能葬也。**解缓不能以时葬，夏四月葬卫桓公是也。○解，古邂反，又古卖反。**当时而不日，正**

也。六月葬陈惠公是也。○当时，丁浪反，又如字，下同。当时而日，危不得葬也。此当时，何危尔？宣公谓缪公曰："以吾爱与夷，则不若爱女。以为社稷宗庙主，则与夷不若女，盍终为君矣。"与夷者，宣公之子。缪公者，宣公之弟。○与夷，如字，又音余，凡人名字及地名之类皆放首音，借假字则时复重出。爱女，音汝，下及注同。盍终，户腊反，四年传同。宣公死，缪公立。缪公逐其二子庄公冯与左师勃。左师，官。勃，名也。○冯，皮冰反。曰："尔为吾子，生毋相见，死毋相哭。"所以远绝之。○生毋，音无，下同。与夷复曰：复，报。"先君之所为不与臣国，而纳国乎君者，以君可以为社稷宗庙主也。今君逐君之二子，而将致国乎与夷，此非先君之意也。且使子而可逐，则先君其逐臣矣。"缪公曰："先君之不尔逐，可知矣。尔，女也。可知者，欲使我反国。吾立乎此，摄也。"暂摄行君事，不得传与子也。谦辞。○传与，直专反；下音与。终致国乎与夷。庄公冯弑与夷。冯与督共弑殇公在桓二年，危之于此者，死乃反国，非至贤之君，不能不争也。○冯弑，音试，注同。争，争斗之争。故君子大居正。明修法守正，最计之要者。宋之祸，宣公为之也。言死而让，开争原也。缪公亦死而让，得为功者，反正也。外小恶不书，录渴隐者，明诸侯卒，王者当加恩意，忧劳其国，所以哀死闵患也。

四年，春，王二月，莒人伐杞，取牟娄。

牟娄者何？杞之邑也。以上有伐杞。○牟，武侯反。外取邑不书，此何以书？据楚子伐宋取彭城不书。疾始取邑也。外小恶不书，以外见疾始，著取邑以自广大，比于贪利差为重，故先治之也。内取邑常书，外但疾始，不常书者，义与上逆女同。不传托始者，前此有灭，不嫌无取邑，当托始明，故省文也。取邑例时。○见疾，贤遍反，年末"见众"同。差，初卖反。

戊申，卫州吁弑其君完。

曷为以国氏？据齐公子商人弑其君舍，氏公子。○弑其，申志反。弑字从式，杀字从殳，不同也。君父言弑，积渐之名也。臣子云杀，卑贱之意也。字多乱，故时复音之；可知，则不重出也。完，音丸。**当国也。**与段同义。日者，从外赴辞，以贼闻例。

夏，公及宋公遇于清。

遇者何？不期也。一君出，一君要之也。古者有遇礼，为朝天子。若朝罢朝，卒相遇于涂，近者为主，远者为宾，称先君以相接，所以崇礼让，绝慢易也。当春秋时，出入无度，祸乱奸宄，多在不虞，无故卒然相要，小人将以生心，故重而书之，所以防祸原也。言及者，起公要之，明非常遇也。地者，重录之。遇例时。○要之，一遥反，注同。易，以豉反。

宋公、陈侯、蔡人、卫人伐郑。

秋，翚师师会宋公、陈侯、蔡人、卫人伐郑。

翚者何？公子翚也。以入桓称公子。何以不称公子？贬。曷为贬？据叔老会郑伯伐许不贬。**与弑公也。**弑者，杀也，臣弑君之辞。以终隐之篇贬，知与弑公也。○与弑，音预，下及注同。其与弑公奈何？公子翚谄乎隐公，谄犹佞也。谓隐公曰："百姓安子，诸侯说子，盍终为君矣。"

隐曰：“吾否！否，不也。○说，音悦。**吾使修涂裘，吾将老焉。**”涂裘者，邑名也。将老焉者，将辟桓居之以自终也，故南面之君，势不可复为臣，故云尔。不以成公意者，隐本为桓守国，国邑皆桓之有，不当取以自为也。○将辟，音避，今本多即作"辟"字，后不更音。复，扶又反。本为，于伪反，下"自为"、传"吾为"皆同。**公子翚恐若其言闻乎桓，于是谓桓曰："吾为子口隐矣。**口，犹口语，相发动也。**隐曰：'吾不反也。'"桓曰："然则奈何？"曰："请作难，**难，兵难也。○难，乃旦反，注同。**弑隐公。"**谥者，传家所加。**于钟巫之祭焉，弑隐公也。**钟者，地名也。巫者，事鬼神祷解以治病请福者也，男曰觋，女曰巫。传道此者，以起淫祀之无福。○祷解，丁老反，或丁报反；下古卖反，又古买反。觋，户狄反。

九月，卫人杀州吁于濮。

其称人何？据晋杀大夫里克，俱弑君贼，不称人。○濮，音卜，一音剥。**讨贼之辞也。**讨者，除也。明国中人人得讨之，所以广忠孝之路。书者，善之也。讨贼例时，此月者，久之也。

冬，十有二月，卫人立晋。

晋者何？公子晋也。以下有卫侯晋卒，又言立。**立者何？立者，不宜立也。**诸侯立不言立，此独言立，明不宜立之辞。**其称人何？**据尹氏立王子朝也。**众立之之辞也。**晋得众，国中人人欲立之。**然则孰立之？石碏立之。石碏立之，则其称人何？**据尹氏立王子朝不称人。○碏，七略反，一音七洛反。**众之所欲立也。众虽欲立之，其立之非也。**

凡立君为众，众皆欲立之，嫌得立无恶，故使称人，见众言立也，明下无废上之义，听众立之，为立篡也。不刺嗣子失位者，时未当丧，典主得权重也。月者，大国篡例月，小国时。立、纳、入皆为篡，卒日，葬月，达于《春秋》，为大国例。主书从受位也。○篡，初患反。

五年，春，公观鱼于棠。

何以书？讥。何讥尔？远也。公曷为远而观鱼？ 据浚洙也。○观鱼，《左氏》作"矢鱼"。浚，思俊反。洙，常朱反。**登来之也。** 登，读言得❶。得来之者，齐人语也。齐人名求得为得来，作登来者，其言大而急，由口授也。○登来，依注登音得。**百金之鱼，公张之。** 解言登来之意也。百金，犹百万也。古者以金重一斤，若今万钱矣。张，谓张罔罟障谷之属也。○罟，音古。鄣，之尚反，又音章。**登来之者何？** 弟子未解其言大小缓急，故复问之。○解，户买反，或佳买反。故复，扶又反，下"不得复"同。**美大之之辞也。** 其言大而急者，美大多得利之辞也。实讥张鱼而言观讥远者，耻公去南面之位，下与百姓争利，匹夫无异，故讳使若以远观为讥也。诸讳主书者，从实也。观例时，从行贱略之。**棠者何？济上之邑也。** 济者，四渎之别名。江、河、淮、济为四渎。○济上，子礼反，注❷同，济水之上。

夏，四月，葬卫桓公。

秋，卫师入盛。

---

❶ "得"字后原有"来"字，阮校为衍字，据删。

❷ "注"，原作"住"，据阮刻本改。

曷为或言率师，或不言率师？**将尊师众称某率师，将尊者，谓大夫也。师众者，满二千五百人以上也。二千五百人称师，无骇率师入极是也。礼，天子六师，方伯二师，诸侯一师。○入盛，音成，《左氏》作"郕"。将尊，子匠反，注及下皆同。**将尊师少称将，**师少者，不满二千五百人也，卫孙良夫伐廧咎如是也。○咎，音羔。**将卑师众称师，**将卑者，谓士也。卫师入盛是也。**将卑师少称人。**郑人伐卫是也。**君将不言率师，书其重者也。**分别之者，责元帅，因录功恶有小大，救徐、从王伐郑是也。○分别，彼列反。元率，所类反，本又作"帅"。

九月，考仲子之宫。

考宫者何？考犹入室也，始祭仲子也。考，成也。成仲子之宫庙而祭之，所以居其鬼神，犹生人入宫室，必有饮食之事。不就惠公庙者，妾母卑，故虽为夫人，犹特庙而祭之。礼，妾庙，子死则废矣。不言立者，得变礼也。加之者，宫庙尊卑共名，非配号称之辞，故加之以绝也。**桓未君，则曷为祭仲子？**据无子不庙也。**隐为桓立，故为桓祭其母也。然则何言尔？成公意也。**尊桓之母，为立庙，所以彰桓当立，得事之宜，故善而书之，所以起其意，成其贤也。○隐为，于伪反。下注同。

初献六羽。

初者何？始也。六羽者何？舞也。持羽而舞。**初献六羽何以书？讥。何讥尔？讥始僭诸公也。**僭，齐也。下效上之辞。○效，户教反。**六羽之为僭奈何？天子八佾，**佾者，列也。八人为列，八八六十四人，法八风。○佾，音逸，列也。**诸公六，**六❶人为列，六六三十六人，法六律。**诸侯四。**四人为列，四四十六人，法四时。**诸公者何？诸侯者何？天子三公称公，王者之后称公，其余大国称侯，**大国，谓百里也。**小国称伯、子、男。**小国，谓伯七十里，子、男五十里。**天子三公者何？天子之相也。**相，助也。○之相，息亮反，注及下同。**天子之相，则何以三？**据经但有祭公、周公。**自陕而东者，周公主之；自陕而西者，召公主之；一相处乎内。**陕者，盖今弘农陕县是也。礼，司马主兵，司徒主教，司空主土。《春秋》拨乱世，以绌陟为本，故举绌陟以所主❷者言之。○陕，失冉反，何云"弘农陕县"也；一云当作郏，古洽反，王城郏鄏。召❸公，上照反，又作"邵❹"，音同。绌，敕律反。**始僭诸公，昉于此乎？前此矣。前此则曷为始乎此？僭诸公犹可言也，僭天子不可言也。**传云尔者，解不托始也。前僭八佾于惠公庙，大恶不可言也。还从僭六羽讥，本所当托者非但六也。故不得复传上也。加初者，以为常也。献者，下奉上之辞。不言六佾者，言佾则干舞在其中，明妇人无武事，独奏文乐。羽者，鸿羽也，所以象文德之风化疾也。夫乐本起于和顺，和顺积于中，然后荣华发于外，是故八音者，德之华也；歌者，德之言也；舞者，德之容也。故听其音可以知其德，察其诗可以达其意，论其数可以正其容，荐之宗庙足以享鬼神，用之朝廷足以序群臣，立之

---

❶ "六"，原作"八"，据阮刻本改。

❷ "主"，原作"土"，据阮刻本改。

❸ "召"，原作"邵"，据阮刻本改。

❹ "邵"，原作"召"，据阮刻本改。

学官足以协万民。凡人之从上教也，皆始于音，音正则行正，故闻宫声，则使人温雅而广大；闻商声，则使人方正而好义；闻角声，则使人恻隐而好仁；闻徵声，则使人整齐而好礼；闻羽声，则使人乐养而好施，所以感荡血脉，通流精神，存宁正性，故乐从中出，礼从外作也。礼乐接于身，望其容而民不敢慢，观其色而民不敢争，故礼乐者，君子之深教也，不可须臾离也。君子须臾离礼，则暴慢袭之；须臾离乐，则奸邪入之。是以古者天子诸侯，雅乐钟磬未曾离于庭，卿大夫御琴瑟未曾离于前，所以养仁义而除淫辟也。《鲁诗传》曰：天子食日举乐，诸侯不释县，大夫、士日琴瑟。王者治定制礼，功成作乐，未制作之时，取先王之礼乐宜于今者用之。尧曰《大章》，舜曰《箫韶》，夏曰《大夏》，殷曰《大护》，周曰《大武》，各取其时民所乐者名之。尧时民乐其道章明也，舜时民乐其修绍尧道也，夏时民乐大其三圣相承也，殷时民乐大其护己也，周时民乐其伐讨也：盖异号而同意，异歌而同归。失礼鬼神例日，此不日者，嫌独考宫以非礼书，故从末言初可知。○夫乐，音扶，发句之端放此。朝廷，徒佞反。好义，呼报反，下同。徵，张里反。施，式豉反。争，争斗之争。离也，力智反，下同。邪，似嗟反。未曾，在能反，下同。淫辟，匹亦反。县，音玄。治定，直吏反。韶，常昭反。夏日，户雅反，下同。护，户故反。纣，直久反。

邾娄人、郑人伐宋。邾娄小国，序上者，主会也。

螟。

何以书？记灾也。灾者，有害于人物，随事而至者。先是隐公张百金之鱼，设苛令急法，以禁民之所致。○螟，亡丁反，虫食苗心。苛，音河。

冬，十有二月，辛巳，公子彄卒。日者，隐公贤君，宜有恩礼于大夫。益师始见法，无骇有罪，据侠又未命也，故独得于此日。○彄，苦侯反。见，贤遍反。

宋人伐郑，围长葛。

邑不言围，此其言围何？据伐於馀丘不言围。强也。全邑虽围当言伐，恶其强而无义也。必欲为得邑，故如其意言围也。所以不知郑强者，公以楚师伐宋围缗不言强也。○强，渠羌反，下同。恶，乌路反。

六年，春，郑人来输平。

输平者何？输平，犹堕成也。何言乎堕成？据翚会诸侯伐郑后未道平也，何道堕成？○输平，式朱反，堕也，《左氏》作"渝平"。堕，许规反。败其成也。翚伐郑后，已相与平，但外平不书，故云尔。曰：吾成败矣。吾，鲁也。吾与郑人末有成也。末，无也。此传发者，解郑称人为共国辞。吾与郑人则曷为末有成？据无战伐之文。狐壤之战，隐公获焉。时与郑人战于狐壤，为郑所获。○壤，如丈反。然则何以不言战？战者，内败文也。据鄑战君获言师败绩。讳获也。君获不言师败绩，故以输平讳也，与鄑战辞内败文异。战例时，偏战日，诈战月。不日者，郑诈之。不月者，正月也，见隐终无奉正月之意。不地者，深讳也，使若实输平，故不地也。称人共国辞者，嫌来输平独恶郑，明郑擅获诸侯，鲁不能死难，皆当绝之。○见，贤遍反。恶，乌路反。难，乃旦反。

夏，五月，辛酉，公会齐侯盟于艾。

秋，七月。

此无事何以书？《春秋》虽无事，首时过则书。首，始也。时，四时也。过，历也。春以正月为始，夏以四月为始，秋以七月为始，冬以十月为始。历一时无事，则书其始月也。○艾，五❶盖反。**首时过则何以书？**据无事也。**《春秋》编年，四时具，然后为年。**明王者，当奉顺四时之正也。《尚书》曰"钦若昊天，历象日月星辰，敬授民时"是也。有事不月者，人道正则天道定矣。○编，必连反，《字林》《声类》皆布千反，一音甫连反。昊，户老反。

冬，宋人取长葛。

外取邑不书，此何以书？久也。古者师出不逾时，今宋更年取邑，久暴师苦众居外，故书以疾之。不系郑举伐者，明因上伐围取也。○更，音庚。暴，步卜反。

七年，春，王三月，叔姬归于纪。叔姬者，伯姬之媵也。至是乃归者，待年父母国也。妇人八岁备数，十五从嫡，二十承事君子。媵贱书者，后为嫡，终有贤行。纪侯为齐所灭，纪季以酅入于齐，叔姬归之，能处隐约，全竟妇道，故重录之。○从适，丁历反，本亦作"嫡"，下同。贤行，下孟反，下"异行"同。酅，户圭反。

滕侯卒。

何以不名？据蔡侯考父卒名。**微国也。**小国，故略不名。**微国则其称侯何？**据大国称侯，小国称伯、子、男。**不嫌也。**滕侯卒不名，下常称子，不嫌称侯为大国。**《春秋》**

---

❶ "五"，原作"王"，据阮刻本改。

贵贱不嫌同号，贵贱不嫌者，通同号称也。若齐亦称侯，滕亦称侯；微者亦称人，贬亦称人。皆有起文，贵贱不嫌同号是也。○号称，尺证反。**美恶不嫌同辞。**若继体君亦称即位，继弑君亦称即位，皆有起文，美恶不嫌同辞是也。滕，微国，所传闻之世未可卒，所以称侯而卒者，《春秋》王鲁，托隐公以为始受命王，滕子先朝隐公，《春秋》褒之以礼，嗣子得以其礼❶祭，故称侯见其义。○恶，乌路反，又如字，注同。传，直专反。见，贤遍反。

夏，城中丘。

中丘者何？内之邑也。城中丘何以书？上言❷中丘者何，指问邑也，欲❸因言何以书，嫌但问书中丘，故复言城中丘何以书也。○复，扶又反。**以重书也。**以功重，故书也。当稍稍补完之，至令大崩弛坏败，然后发众城之，猥苦百姓，空虚国家，故言城，明其功重，与始作城无异。城邑例时。○令，力呈反。弛，户尔反，又式氏反。

齐侯使其弟年来聘。

其称弟何？据诸侯之子称公子。**母弟称弟，母兄称兄。**母弟，同母弟。母兄，同母兄。不言同母，言母弟者，若谓不如为如矣，齐人语也。分别同母者，《春秋》变周之文，从殷之质。质家亲亲，明当亲厚异于群公子也。聘者，问也。来聘书者，皆喜内见聘事也。古者诸侯朝罢朝聘，为慕贤考

---

❶ "礼"，原作"禄"，据阮刻本改。
❷ "言"，原作"问"，据阮刻本校勘记改。
❸ "欲"，原作"故"，据阮刻本校勘记改。

礼，一法度，尊天子。不言聘公者，礼，聘受之于大庙，孝子谦，不敢以己当之，归美于先君，且重宾也。○别，彼列反。大庙，音泰，下同。

秋，公伐邾娄。

冬，天王使凡伯来聘。书者，喜之也。古者诸侯有较德殊风异行，天子聘问之，当北面称臣，受之于大庙，所以尊王命，归美于先君，不敢以己当之。

戎伐凡伯于楚丘以归。

凡伯者何？上言聘，此言伐，嫌其异，故执不知问。**天子之大夫也。此聘也，其言伐之何？**据出聘与郊、柳异，不得言伐也。问伐加之者，辟问轻重两举之。**执之也。执之则其言伐之何？**据执季孙隐如不言伐。**大之也。**尊大王命，责当死位，故使与国同。**曷为大之？**据王子突系诸人。**不与夷狄之执中国也。**因地不接京师，故以中国正之。中国者，礼义之国也。执者，治文也。君子不使无礼义制治有礼义，故绝不言执，正之言伐也。执天子大夫而以中国正之者，执中国尚不可，况执天子之大夫乎？所以降夷狄，尊天子，为顺辞。**其地何？**据执季孙隐如不地。**大之也。**顺上伐文，使若楚丘为国者，犹庆父伐於馀丘也。不地以卫者，天子大夫衔王命至尊，顾在所诸侯有出入，所在赴其难，当与国君等也。录以归者，恶凡伯不死位，以辱王命也。○难，乃旦反。恶，乌路反。

八年，春，宋公、卫侯遇于垂。宋公序上者，时卫侯要宋公，使不虞者为主，明当戒慎之。无主者，遇在其间，置上则嫌为事出，置下则嫌无天法，可以制月，文不可施也。○

要，一遥反。为事，于伪反，下"欲为鲁""为小国""为桓"并年末注皆同。

三月，郑伯使宛来归邴。

宛者何？郑之微者也。邴者何？郑汤沐之邑也。天子有事于泰山，诸侯皆从泰山之下，诸侯皆有汤沐之邑焉。有事者，巡守祭天告至之礼也。当沐浴洁齐以致其敬，故谓之汤沐邑也，所以尊待诸侯而共其费也。礼，四井为邑，邑方二里，东方二州四百二十国，凡为邑广四十里，袤四十二里，取足舍止，共槁谷而已。归邴书者，甚恶郑伯无尊事天子之心，专以汤沐邑归鲁，背叛当诛也。录使者，重尊汤沐邑也。王者所以必巡守者，天下虽平，自不亲见，犹恐远方独有不得其所，故三年一使三公绌陟，五年亲自巡守。巡，犹循也；守，犹守也，循行守视之辞，亦不可国至人见为烦扰，故至四岳，足以知四方之政而已。《尚书》曰"岁二月，东巡守，至于岱宗，柴望秩于山川，遂觐东后，协时月正日，同律度量衡，修五礼，五玉，三帛，二生，一死贽，如五器，卒乃复。五月南巡守，至于南岳，如岱礼。八月西巡狩，至于西岳，如初。十有一月朔巡守，至于北岳，如西礼；还至嵩，如初礼。归，格于祢祖，用特"是也。○宛，於阮反，人名也；一音乌卵反，又乌勉反。邴，彼命反，又音丙，郑邑，《左氏》作"祊"。从，才用反。巡守，手又反，本又作"狩"，下除"犹守""守视"以外同。洁齐，侧皆反，本多即作"齐"字，后放此，更不音。而共，音恭，下同。费，芳味反。广，古圹反。袤，音茂。槁，古老反。甚恶，乌路反，下同。背，步内反。使，所吏反。行，下孟反。量，音亮。贽，音至。

嵩，夙忠反。格，本又作"假"，同，古百反。袮，乃礼反，
本又作"艺"。

庚寅，我入邴。

其言入何？ 据上书归，取邑已明，无事复书入也。○复
书，扶又反，下"故复"同。**难也。** 入者，非已至之文，难辞
也。此鲁受邴，与郑同罪当诛，故书入，欲为鲁见重难辞。○
难也，乃旦反，一音如字，注及下同。见重，贤遍反，下同。
其日何？ 据取邑不日。**难也。** 以归后乃日也。言时重难，
不可即入，至此日乃入。**其言我何？** 据吴伐我，以吴伐故言
我。**言我者，非独我也，** 自入邑不得言我，有他人在其中，
乃得言我，故能起其非独我。**齐亦欲之。** 时齐与郑、鲁比聘
会者，亦欲得之，故以非独我起齐恶。齐恶起，则鲁蒙欲邑见
于恶愈矣。

夏，六月，己亥，蔡侯考父卒。

辛亥，宿男卒。 宿本小国，不当卒，所以卒而日之者，
《春秋》王鲁，以隐公为始受命王，宿男先与隐公交接，故卒
褒之也。不名不书葬者，与微者盟功薄，当褒之为小国，故从
小国例。

秋，七月，庚午，宋公、齐侯、卫侯盟于瓦屋。

八月，葬蔡宣公。

卒何以名而葬不名？ 卒从正，卒当赴告天子，君前臣
名，故从君臣之正义言也。**而葬从主人。** 至葬者有常月可
知，不赴告天子，故自从蔡臣子辞称公。**卒何以日而葬不
日？** 卒赴，赴天子也。缘天子闵伤，欲其知之。又臣子疾
痛，不能不具以告。**而葬不告。** 不告天子也。发传于葬者，

从正也。

九月，辛卯，公及莒人盟于包来。

公曷为与微者盟？据与齐高傒盟讳之。○包来，《左氏》作"浮来"。傒，音兮。**称人则从，不疑也。**从者，随从也，实莒子也。言莒子，则嫌公行微不肖，诸侯不肯随从公盟，而公反随从之，故使称人，则随从公不疑矣。隐为桓立，狐壤之战不能死难，又受汤沐邑，卒无廉耻，令翚有缘谄，为桓所疑，故著其不肖，仅能使微者随从之耳，盖痛录隐所以失之。又见获受邑，皆讳不明，因与上相起也。○行，户孟反。难，乃旦反。令，力呈反。仅，其靳反。

螟。先是有狐壤之战，中丘之役，又受郕田，烦扰之应。○应，应对之应。

冬，十有二月，无骇卒。

此展无骇也，何以不氏？据公子彄卒，氏公子。**疾始灭也，故终其身不氏。**嫌上贬主起入为灭，不为疾始，故复为疾始灭，终身贬之，足见上贬为疾始灭。

九年，春，天王使南季来聘。

三月，癸酉，大雨震电。

何以书？记异也。何异尔？不时也。震雷电者，阳气也。有声名曰雷，无声名曰电。周之三月，夏之正月，雨当水雪杂下，雷当闻于地中，其雉雊电未可见，而大雨震电，此阳气大失其节，犹隐公久居位不反于桓，失其宜也。日者，一日之中也。凡灾异一日者日，历日者月，历月者时，历时者加自文为异。发于九年者，阳数可以极，而不还国于桓之所致。○震电，徒练反。雊，古豆反。见，贤遍反。

庚辰，大雨雪。

何以书？记异也。何异尔？俶甚也。俶，始怒也。始怒甚，犹大甚也。盖师说以为平地七尺雪者，盛阴之气也。八日之间，先示隐公以不宜久居位，而继以盛阴之气大怒，此桓将怒而弑隐公之象。○雨，于付反。俶甚，尺❶叔反，始也。大甚，音泰。

侠卒。

侠者何？吾大夫之未命者也。以无氏而卒之也。未命所以卒之者，赏疑从重。无氏者，少略也。○侠卒，音协，《穀梁》云"所侠"。少，诗照反。

夏，城郎。

秋，七月。

冬，公会齐侯于邴。○于邴，《左氏》作"防"。

十年，春，王二月，公会齐侯、郑伯于中丘。月者，隐前为郑所获，今始与相见，故危录内，明君子当犯而不校也。

夏，翚帅师会齐人、郑人伐宋。

此公子翚也，何以不称公子？据楚公子婴齐贬，后复称公子。○复，扶又反，又音服。**贬，曷为贬？隐之罪人也，故终隐之篇贬也。**嫌上一贬可移于他事者，故终隐之篇贬之，明为隐贬，所以起隐之罪人也。○明为，于伪反，下"先为"同。

六月，壬戌，公败宋师于菅。○公败，必迈反，凡临

---

❶ "尺"，原作"天"，据阮刻本改。

佗曰败，皆同此音。菅，古颜反。**辛未，取郜。**○郜，古报反。**辛巳，取防。**

取邑不日，此何以日？据取阚不日也。○阚，苦暂反。**一月而再取也。**欲起一月而再取，故日。**何言乎一月而再取？**据取潹东田及沂西田，亦一月再取两邑，不日。○潹，火虢反，又音郭。沂，鱼依反。**甚之也。**甚鲁因战见利生事，利心数动。○数，所角反。**内大恶讳，此其言甚之何？《春秋》录内而略外，于外大恶书，小恶不书，于内大恶讳，小恶书。**明取邑为小恶，一月再取，小恶中甚者耳，故书也。于内大恶讳，于外大恶书者，明王者起当先自正，内无大恶，然后乃可治诸夏大恶，因见臣子之义，当先为君父讳大恶也。内小恶书，外小恶不书者，内有小恶，适可治诸夏大恶，未可治诸夏小恶，明当先自正然后正人。小恶不讳者，罪薄耻轻。败宋师日者，见结日偏战也。不言战者，托王于鲁，故不以敌辞言之，所以强王义也。○见，贤遍反，下同。

秋，宋人、卫人入郑。

宋人、蔡人、卫人伐载，郑伯伐取之。

其言伐取之何？据国言灭，邑言取。又徐人取舒不言伐。**易也。其易奈何？因其力也。因谁之力？因宋人、蔡人、卫人之力也。**载属为上三国所伐，郑伯无仁心，因其困而灭之，易若❶取邑，故言取。欲起其易，因上伐力，故同其文言伐，就上载言取之也。不月者，移恶上三国。○易，以豉反，下及注同。属，音烛，适也。

---

❶ "若"，原似作"君"字，据阮刻本改。

冬，十月，壬午，齐人、郑人入盛。日者，盛鲁同姓。于隐篇再见入者，明当忧录之。○入盛，《左氏》作"郕"，后皆放此。

十有一年，春，滕侯、薛侯来朝。

其言朝何？据内言如。诸侯来曰朝，大夫来曰聘。传言来者，解内外也。《春秋》王鲁，王者无朝诸侯之义，故内适外言如，外适内言朝聘，所以别外尊内也。不言朝公者，礼，朝受之于大庙，与聘同义。○别，彼列反。其兼言之何？据邓、穀来朝不兼言朝。微国也。略小国也。称侯者，《春秋》托隐公以为始受命王，滕、薛先朝隐公，故褒之。已于仪父见法。复出滕、薛者，仪父盟功浅，滕、薛朝功大。宿与微者盟功尤小，起行之当各有差也。滕序上者，《春秋》变周之文，从殷之质，质家亲亲，先封同姓。○见法，贤遍反，年末注同。复出，扶又反，下文"不复"、注"故复"同。

夏，五月，公会郑伯于祁黎。○祁黎，祁音巨之反，又上之反；黎音力兮反，又力私反，《左氏》作"时来"。

秋，七月，壬午，公及齐侯、郑伯入许。日者，危录隐公也，为弟守国，不尚推让，数行不义，皇天降灾，谄臣进谋，终不觉悟。又复构怨入许，危亡之衅，外内并生，故危录之。○为弟，于伪反，年末注同。数，所角反。衅，许靳反。

冬，十有一月，壬辰，公薨。

何以不书葬？据庄公书葬。隐之也。何隐尔？弑也。为桓公所弑。○弑，申志反，注及下并同。弑则何以不书葬？据桓公书葬。《春秋》君弑贼不讨，不书葬，以为无臣子也。道《春秋》通例，与文、武异。子沈子曰："君弑，臣不讨贼，非臣也。子不复仇，非子也。葬，生者之事也。《春秋》君弑贼不讨，不书葬，以为不系乎臣子也。"子沈子，后师。明说此意者，明臣子不讨贼当绝，君丧无所系也。沈子称子，冠氏上者，著其为师也。不但言子曰者，辟孔子也。其不冠子者，他师也。○冠氏，古乱反，下同。公薨何以不地？据庄公薨于路寝。不忍言也。不忍言其僵尸之处。○僵，居良反。处，昌虑反。隐何以无正月？据六年输平不月。隐将让乎桓，故不有其正月也。嫌上诸成公意，适可见始让，不能见终，故复为终篇去正月，明隐终无有国之心，但桓疑而弑之。公薨主书者，为臣子恩痛之。他国自从王者恩例录也。○去，起吕反。

《春秋公羊》卷第一

经传叁阡壹伯陆拾肆字
注壹万贰拾肆字
音义贰阡壹伯贰拾字
余氏刊于万卷堂

卷二

桓公第二

元年，春，王正月，公即位。

继弑君，不言即位，此其言即位何？ 据庄公不言即位。○继弑，申志反，注皆同，二年放此。**如其意也。** 弑君欲即位，故如其意，以著其恶，直而不显，讳而不盈。桓本贵当立，所以为篡者，隐权立，桓北面君事隐也。即者，就也。先谒宗庙，明继祖也。还之朝，正君臣之位也。事毕而反凶服焉。

三月，公会郑伯于垂。 桓公会皆月者，危之也。桓弑贤君，篡慈兄，专易朝宿之邑，无王而行，无仁义之心，与人交接，则有危也，故为臣子忧之。不致之者，为下去王，适足以起无王，未足以见无王罪之深浅，故复夺臣子辞，成诛文也。○为下，于伪反，下"为告"同。去，起吕反。见，贤遍反。故复，扶又反，下同。**郑伯以璧假许田。**

其言以璧假之何？ 据实假不当持璧也。**易之也。易之则其言假之何？为恭也。** 为恭孙之辞，使若暂假借之辞。○孙，音逊。**曷为为恭？** 据取邑不为恭敬辞。**有天子存，则诸侯不得专地也。许田者何？** 地皆不得专，而此独为恭辞，疑非凡邑，故更问之。**鲁朝宿之邑也。诸侯时朝乎天子，天子之郊，诸侯皆有朝宿之邑焉。** 时朝者，顺四时而朝也，缘臣子之心，莫不欲朝朝莫夕。王者与诸侯别治，势不得自专朝，故即位比年使大夫小聘，三年使上卿大聘，四年又使大夫小聘，五年一朝。王者亦贵得天下之欢心，以事其先王，因助祭以述其职，故分四方诸侯为五部，部有四辈，辈主一时。《孝经》曰"四海之内，各以其职来助祭"，《尚书》曰"群后四朝，敷奏以言，明试以功，车服以庸"是也。宿者，先诫之辞。古者天子邦畿千里，远郊五百里，诸侯至远郊，不敢便入，必先告至，由如他国，至竟而假涂也。皆所以防未然，谨事上之敬也。王者以诸侯远来朝，亦加殷勤之礼以接之。为告至之须，当有所住止，故赐邑于远郊，其实天子地，诸侯不得专也。桓公无尊事天子之心，专以朝宿之邑与郑，背叛当诛，故深讳，使若暂假借之者，不举假为重，复举上会者，方讳言许田。不举会，无以起从鲁假之也。○朝朝，上如字；下直遥反。莫，音暮。治，直吏反。背叛，音佩，凡"背叛"之类皆放此。**此鲁朝宿之邑也，则曷为谓之许田？讳取周田也。讳取周田，则曷为谓之许田？系之许也。曷为系之许？近许也。此邑也，其称田何？田多邑少称田，邑多田少称邑。**分别之者，古有分土无分民，明当察民多少，课功德。○近，附近之近。别，彼列反。

夏，四月，丁未，公及郑伯盟于越。○越，本亦作"粤"，音同。

秋，大水。

何以书？记灾也。灾伤二谷以上，书灾也。经曰"秋，大水，无麦、苗"，传曰"待无麦，然后书无苗"是也。先是桓篡隐，百姓痛伤，悲哀之心既蓄积，而复专易朝宿之邑，阴逆而与怨气并之所致。○以上，时掌反，凡言"以上"皆放此。蓄，敕六反。

冬，十月。

二年，春，王正月，戊申，宋督弑其君与夷，及其大夫孔父。贤者不名，故孔父称字。督，未命之大夫，故国氏之。

及者何？以公夫人言及，仲子微不得及君，上下大夫言及，知君尊亦不得及臣，故问之。**累也。**累，累从君而死，齐人语也。**弑君多矣，舍此无累者乎？曰：有。仇牧、荀息皆累也。舍仇牧、荀息无累者乎？曰：有。叔仲惠伯是**也。○舍此，音捨，下同。**有则此何以书？贤也。何贤乎孔父？**据叔仲惠伯不贤。**孔父可谓义形于色矣。**以称字见先君死。○见先，贤遍反，下"形见""目见""斥见""见恩"并同；下悉荐反。**其义形于色奈何？督将弑殇公，孔父生而存，则殇公不可得而弑也，故于是先攻孔父之家。**大夫称家。父者，字也。礼，臣死，君字之。以君得字之，知先攻孔父之家。○殇，式羊反。**殇公知孔父死，己必死，趋而救之，皆死焉。**趋，走也。传道此者，明殇公知孔父贤而不能用，故致此祸。设使殇公不知孔父贤，焉知孔父死己必死？设使鲁庄公不知季子贤，焉知以病召之？皆患安存之时则轻废之，急然后思之，故常用不免。○死焉，於虔反，注同。**孔父正色而立于朝，则人莫敢过而致难于其君者，孔父可谓义形于色矣。**内有其义而外形见于颜色，孔子曰"君子正其衣冠，尊其瞻视，俨然人望而畏之"是也。重道义形于色者，君子乐道人之善。言及者，使上及其君，若附大国以名通，明当封为附庸，不绝其祀，所以重社稷之臣也。督不氏者，起冯当国。不举冯弑为重者，缪公废子而反国，得正，故为之讳也。不得为让者，死乃反之，非所以全其让意也。○难，乃旦反。严，鱼检反，本又作"俨"。重，直用反。故为，于伪反，传"为隐讳"，下注"不为讳""为后"同。

滕子来朝。

三月，公会齐侯、陈侯、郑伯于稷，以成宋乱。

内大恶讳，此其目言之何？目，见也。斥见其恶，言成宋乱。远也。**所见异辞，所闻异辞，所传闻异辞。**所以复发传者，益师以臣见恩，此以君见恩，嫌义异也。所见之世，臣子恩其君父尤厚，故多微辞是也。所闻之世，恩王父少杀，故立炀宫不日，武宫日是也。所传闻之世，恩高祖、曾祖又少杀，故子赤卒不日，子般卒日是也。○传闻，直专反，注"传闻"及下注"传之"皆同。以复，扶又反，下"反复"同。少杀，所介反，下同。炀，余亮反，旧始郭反。般，音班。**隐亦远矣，曷为为隐讳？**据观鱼讳。**隐贤而桓贱也。**宋公冯与督共弑君而立，诸侯会于稷，欲共诛之，受赂便还，令宋乱遂成。桓公本亦弑隐而立，君子疾同类相养，小人同恶相长，故贱不为讳也。古者诸侯五国为属，属有长；二属为连，连有帅；三连为卒，卒有正；七卒为州，州有伯也。州中有为无道者，则长、帅、卒、正、伯当征之，不征则与同恶。当春秋时，天下散乱，保伍坏败，虽不诛，不为成乱。今责其成乱者，疾其受赂也。加以者，辟直成乱也。○令，力呈反。相长，丁丈反，下同。帅，所类反，下同。为卒，子忽反，下皆同。

夏，四月，取郜大鼎于宋。

此取之宋，其谓之郜鼎何？据莒人伐杞取牟娄，后莒牟夷以牟娄来奔，不系杞也。**器从名，**从本主名名之。**地从主人。**从后所属主人。**器何以从名？地何以从主人？**据错。**器之与人，非有即尔。**即，就也，若曰取彼器与此人，异国物。凡人取异国物，非就有取之者，皆持以归为有，为后不可分明，故正其本名。**宋始以不义取之，故谓之郜鼎。**宋始以不义取之，不应得，故正之谓之郜鼎。如以义应得，当言取宋大鼎。郜本所以有大鼎者，周家以世孝，天瑞之鼎，以助享祭。诸侯有世孝者，天子亦作鼎以赐之。礼，祭，天子九鼎，诸侯七，卿大夫五，元士三也。**至乎地之与人，则不然，**凡取地皆就有之，与器异也。**俄而可以为其有矣。**俄者，谓须臾之间，制得之顷也。诸侯土地各有封疆里数，今日取之，然后王者起，兴灭国，继绝世，反取邑，不嫌不明，故卒可使以为其有，不复追录系本主。○疆，居良反。**然则为取，可以为其有乎？**为取，恣意辞也。弟子未解，故云尔。○解，音蟹。**曰：否。何者？**何者，将设事类之辞。**若楚王之妻媦，无时焉可也。**媦，妹也。引此为喻者，明其终不可名有也。经不正者，从可知，省文也。○媦，音胃，妹也。

戊申，纳于大庙。

何以书？讥。何讥尔？遂乱受赂，纳于大庙，非礼也。纳者，入辞也。周公称大庙，所以必有庙者，缘生时有宫室也。孝子三年丧毕，思念其亲，故为之立宗庙，以鬼享之。庙之为言貌也，思想仪貌而事之，故曰齐之日，思其居处，思其笑语，思其志意，思其所乐，思其所嗜。祭之日，入室，僾然必有见乎其位；周旋出入，肃然必有闻乎其容声；出户而听，慨然必有闻乎其叹息之声，孝子之至也。质家右宗庙，上亲亲；文家右社稷，尚尊尊。○大庙，音泰，下及注同。嗜，市志反。僾，音爱，又乌改反。慨，苦爱反。

秋，七月，纪侯来朝。 称侯者，天子将娶于纪，与之奉宗庙，传之无穷，重莫大焉，故封之百里。月者，明当尊而不臣，所以广孝敬，盖以为天子得娶庶人女，以其得专封也。

蔡侯、郑伯会于邓。

离不言会，此其言会何？ 据齐侯、郑伯如纪。二国会曰离。二人议，各是其所是，非其所非，所道不同，不能决事，定是非，立善恶，不足采取，故谓之离会。**盖邓与会尔。** 时因邓都，得与邓会。自三国以上言会者，重其少从多也，能决事，定是非，立善恶。《尚书》曰"三人议，则从二人之言"，盖取诸此。○与会，音预。

九月，入杞。

公及戎盟于唐。 不日者，戎怨隐不反国，善桓能自复，翕然相亲信。

冬，公至自唐。 致者，君子疾贤者失其所，不肖者反以相亲荣，故与隐相违也。明前隐与戎盟，虽不信，犹可安也。今桓与戎盟，虽信，犹可危也。所以深抑小人也。凡致者，臣子喜其君父脱危而至。

三年，春，正月，公会齐侯于嬴。 无王者，以见桓公无王而行也。二年有王者，见始也。十年有王者，数之终也。十八年有王者，桓公之终也。明终始有王，桓公无之尔。不就元年见始者，未无王也。二月非周之正月，所以复去之者，明《春秋》之道，亦通于三王，非主假周以为汉制而已。○嬴，音盈。以见，贤遍反，下并年末"以见"同。复，扶又反，下同。去，起吕反。

夏，齐侯、卫侯胥命于蒲。

胥命者何？相命也。胥，相也。时盟不歃血，但以命相誓。○歃，本又作"歃"，所洽反，又所甲反。**何言乎相命**？据盟亦相命，不道也。**近正也**。以不言盟也。○近正，附近之近，下及注同。**此其为近正奈何？古者不盟，结言而退**。善其近正，似于古而不相背，故书以拨乱也。○背，音佩。

六月，公会纪侯于盛。○盛，音成。

秋，七月，壬辰，朔，日有食之，既。

既者何？尽也。光明灭尽也。是后楚灭穀、邓❶，上僭称王，故尤甚也。楚灭穀、邓不书者，后治夷狄。

公子翚如齐逆女。

九月，齐侯送姜氏于讙。

何以书？讥。何讥尔？诸侯越竟送女，非礼也。以言姜氏也。礼，送女，父母不下堂，姑姊妹不出门。○讙，呼官反。**此入国矣，何以不称夫人**？据讙鲁地。**自我言齐**，恕己以及人也。**父母之于子，虽为邻国夫人，犹曰吾姜氏**。所以崇父子之亲，从父母辞。不言孟姜，言姜氏者，从鲁辞，起鲁地。

公会齐侯于讙。夫人姜氏至自齐。

翚何以不致？据遂以夫人妇姜至自齐致。得见乎公矣。

---

❶ "穀、邓"，原作"邓、穀"，据阮刻本校勘记改，下同。

本所以致夫人者，公不亲迎有危也。翚当并致者，翚亲迎，重在翚也。上会谨时，夫人以得见公，得礼失礼，在公不复在翚，故不复致。不就谨上致者，妇人危重，故据都城乃致也。月者，为夫人至，例危重之。○亲迎，鱼敬反，下同。为夫，于伪反，下同。

冬，齐侯使其弟年来聘。

有年。

有年何以书？方分别问大有年，故不但言何以书。○别，彼列反。**以喜书也。大有年何以书？亦以喜书也。此其曰有年何？仅有年也。**仅，犹劣也。谓五谷多少皆有，不能大成熟。○仅，其靳反，劣也。**彼其曰大有年何？**问宣十六年也。**大丰年也。**谓五谷皆大熟成。**仅有年，亦足以当喜乎？恃有年也。**恃，赖也。若桓公之行，诸侯所当诛，百姓所当叛，而又元年大水，二年耗减，民人将去，国丧无日，赖得五谷皆有，使百姓安土乐业，故喜而书之，所以见不肖之君，为国尤危，又明为国家者不可不有年。○行，下孟反。耗减，呼报反；下佳斩反。丧，息浪反。

四年，春，正月，公狩于郎。

狩者何？田狩也。田者，蒐狩之总名也。古者肉食衣皮，服捕禽兽，故谓之田。取兽于田，故曰狩。《易》曰："结绳罔以田鱼。"○狩，手又反，冬猎也。**春曰苗。**苗，毛也。明当见物取未怀任者。**秋曰蒐。**蒐，简择也。简择幼稚，取其大者。○曰廋，本又作"搜"，亦作"蒐"，所求反，简择也。**冬曰狩。**狩，犹兽也。冬时禽兽长大，遭兽可取。不以夏田者，春秋制也。以为飞鸟未去于巢，走兽未离于穴，恐伤害于幼稚，故于苑囿中取之。○长大，丁丈反，年末同。离，力智反。囿，音又。**常事不书，此何以书？讥。何讥尔？远也。**以其地远。礼，诸侯田狩不过郊。**诸侯曷为必田狩？**据有囿也。**一曰干豆，**一者，第一之杀也。自左膘射之达于右髃，中心死疾，鲜洁，故干而豆之，中荐于宗庙。豆，祭器名，状如镫。天子二十有六，诸公十有六，诸侯十有二，卿、上大夫八，下大夫六，士二。○左膘，毗小反，又扶了反，《三苍》云"小腹两边肉"，《说文》云"胁后髀前肉"。射之，食亦反，下同。右髃，本又作"腢"，鱼俱反，又五苟反，《说文》云"肩前也"，《字林》云"肩前两乳骨也"，五口反。中心，丁仲反，下同。镫，都邓反，又音登。**二曰宾客，**二者，第二之杀也。自左膘射之达于右脾，远心死难，故以为宾客。○远，于万反。**三曰充君之庖。**充，备也。庖，厨也。三者，第三之杀也。自左膘射之达于右骼，中肠胃，污泡死迟，故以充君之庖厨。已有三牲，必田狩者，孝子之意，以为己之所养，不如天地自然之牲，逸豫肥美。禽兽多则伤五谷，因习兵事，又不空设，故因以捕禽兽，所以共承宗庙，示不忘武备，又因以为田除害。狩例时，此月者，讥不时也。周之正月，夏之十一月，阳气始施，鸟兽怀任，草木萌牙，非所以养微。○庖，步苞反。左脾，方尔反，又步启反，股外也；本又作"膘"。右骼，羊绍反，《字林》：子小反；一本作"胘"，音贤。泡，普交反，又百交反。捕，音步，本又作"搏"，音博，又音付。共，音恭。为田，于伪反，下皆同。

夏，天王使宰渠伯纠来聘。

宰渠伯纠者何？天子之大夫也。其称宰渠伯纠何？据刘卷卒，氏采不名且字。○纠，居黝反。氏采，七代反，后放此。**下大夫也。**天子下大夫，系官氏名且字。系官者，卑不得专官事也。称伯者，上敬老也。上敬老则民益孝，上尊齿则民益弟，是以王者以父事三老，兄事五更，食之于辟雍，天子亲袒而割牲，执酱而馈，执爵而酳，冕而总干，率民之至也。先王之所以治天下者有五：贵有德，为其近于道也；贵臣，为其近于君也；贵老，为其近于父也；敬长，为其近于兄也；慈幼，为其近于子弟也。礼，君于臣而不名者有五：诸父兄不名，经曰"王札子"是也，《诗》曰"王谓叔父"是也；上大夫不名，祭伯是也；盛德之士不名，叔肸是也；老臣不名，宰渠伯纠是也。下去二时者，桓公无王而行，天子不能诛，反下聘之，故为贬，见其罪，明不宜。○弟，大计反。更，音庚。食，音嗣。辟，必亦反。袒，音但。馈，其愧反。酳，以刃反，又士刃反。其近，附近之近，下同。札，侧八反。肸，许乙反。去，起吕反。见，贤遍反。

五年，春，正月，甲戌，己丑，陈侯鲍卒。

曷为以二日卒之？怴也。怴者，狂也。齐人语。○怴，呼述反，狂也，齐人语。**甲戌之日亡，己丑之日死而得，君子疑焉，故以二日卒之也。**君子，谓孔子也。以二日卒之者，阙疑。

夏，齐侯、郑伯如纪。

外相如不书，此何以书？据蔡侯东国卒于楚，不言如也。**离不言会也。**时纪不与会，故略言如也。《春秋》始，录内小恶，书内离会；略外小恶，不书外离会。至所闻之世，著治升平，内诸夏而详录之，乃书外离会。嫌外离会常书，故变文见意，以别嫌明疑。○与，音预。治，直吏反。见意，贤遍反，下文注并同。别，彼列反。

天王使仍叔之子来聘。

仍叔之子者何？天子之大夫也。其称仍叔之子何？据宰渠氏官，武氏子不称字，又不加之，尹氏不称子。**讥。何讥尔？讥父老子代从政也。**礼，七十县车致仕。不言氏者，起父在也。加之者，起子辟一人。○县，音玄。

葬陈桓公。不月者，责臣子也，知君父有疾，当营卫，不谨而失之也，传曰"葬，生者之事"。

城祝丘。

秋，蔡人、卫人、陈人从王伐郑。

其言从王伐郑何？据河阳举王狩，别出朝文，文不连王，王师不道所加。○从王，如字，又才用反，下及注同。**从王正也。**美其得正义也，故以从王征伐录之，盖起时天子微弱，诸侯背叛，莫肯从王者征伐，以善三国之君，独能尊天子死节。称人者，刺王者也。天下之君，海内之主，当秉纲撮要，而亲自用兵，故见其微弱。仅能从微者，不能从诸侯，犹莒称人，则从不疑也。不使王者首兵者，本不为王举也。知实诸侯者，以美得正。○撮，七活反。不为，于伪反，下"所为"、"与为"、六年同。

大雩。

大雩者何？旱祭也。雩，旱请雨祭名。不解大者，祭言大雩，大旱可知也。君亲之南郊，以六事谢过，自责曰：政不一与？民失职与？宫室荣与？妇谒盛与？苞苴行与？谗夫倡与？使童男女各八人，舞而呼雩，故谓之雩。不地者，常地也。○一与，音余，下同。疸，子余反。**然则何以不言旱？**据日食鼓用牲于社❶。**言雩，则旱见。言旱，则雩不见。**从可知，故省文也。日食独不省文者，与大水同礼，若但言鼓用牲，则不知其所为。必见雩者，善其能戒惧天灾，应变求雨，忧民之急也。○应，应对之应，下同。**何以书？记灾也。**旱者，政教不施之应。先是桓公无王行，比为天子所聘，得志益骄，去国远狩，大城祝丘，故致此旱。

　　螽。

　　何以书？记灾也。螽者，烦扰之所生，与上旱同说。○螽，音终，本亦作"蚕"，《说文》：蚕或"蚕"字。

　　冬，州公如曹。

　　外相如不书，此何以书？过我也。为六年化我张本也。传不言化我者，张本非再化也。称公者，申其尊，起其慢，责无礼。○过，古禾反，又古卧反。

　　六年，春，正月，寔来。

　　寔来者何？犹曰是人来也。犹曰是人来，不录何等人之辞。○寔，市力反。**孰谓？谓州公也。**以上如曹书。**曷为谓之寔来？慢之也。曷为慢之？**据葵丘之盟日。**化我也。**行过无礼谓之化，齐人语也。诸侯相过，至竟必假涂，入都必朝，所以崇礼让，绝慢易，戒不虞也。今州公过鲁都不朝鲁，是慢之为恶，故书寔来，见其义也。月者，危录之。无礼之人，不可备责之。○易，以豉反。见其，贤遍反，下"见无

---

❶ "社"，原作"祉"，据阮刻本改。

正”同。

夏，四月，公会纪侯于成。

秋，八月，壬午，大阅。

大阅者何？简车徒也。大简阅兵车，使可任用而习之。○阅，音悦。任，音壬。何以书？盖以罕书也。罕，希也。孔子曰：“以不教民战，是谓弃之。”故比年简徒谓之蒐，三年简车谓之大阅，五年大简车徒谓之大蒐，存不忘亡，安不忘危。不地者，常地也。蒐例时，此日者，桓既无文德，又忽忘武备，故尤危录。

蔡人杀陈佗。

陈佗者何？陈君也。以跃卒不书葬也。○佗，大阿反。陈君则曷为谓之陈佗？据杀蔡侯般，不言蔡般。○侯般，音班。绝也。绝者，国当绝。曷为绝之？据戕鄫子不绝。○戕，在良反。鄫，才陵反。贱也。其贱奈何？外淫也。恶乎淫？恶乎，犹於何也。○恶，音乌。乌乎，犹於何也，注同。淫于蔡，蔡人杀之。蔡称人者，与使得讨之，故从讨贼辞也。贱而去其爵者，起其见卑贱，犹律文立子奸母，见乃得杀之也。不日不书葬者，从贱文。○去，起吕反。

九月，丁卯，子同生。

子同生者孰谓？谓庄公也。以夫人言同非吾子。○严公，音庄，本亦作“庄”，案后汉讳庄，改为严。何言乎子同生？据君存称世子，子般不言生。喜有正也。喜国有正嗣。未有言喜有正者，此其言喜有正何？久无正也。子公羊子曰：“其诸以病桓与？”其诸，辞也。本所以书庄公生者，感隐、桓之祸生于无正，故喜有正，而不以世子正

称书者，明欲以正见无正，疾恶桓公。日者，喜录之。礼，
生与来日，死与往日，各取其所见日也。礼，世子生三日，
卜士负之寝门外，以桑弧❶蓬矢射天地四方，明当有天地四
方之事；三月，君名之，大夫负朝于庙，以名徧告之。○桓
与，音余。称，尺证反。恶，乌路反。射，食亦反。徧，
音遍。

冬，纪侯来朝。朝聘例时。

七年，春，二月，己亥，焚咸丘。

焚之者何？樵之也。樵，薪也。以樵烧之故，因谓之樵
之。樵之，齐人语。○樵，似遥反，薪也。**樵之者何？以火
攻也。何言乎以火攻？**据战伐不道所用兵。○攻，音贡，又
如字，下同。**疾始以火攻也。**征伐之道，不过用兵，服则可
以退，不服则可以进。火之盛炎，水之盛冲，虽欲服罪，不
可复禁，故疾其暴而不仁也。传不托始者，前此未有，无所托
也。○复，扶又反。**咸丘者何？邾娄之邑也。曷为不系乎
邾娄？**据邢、鄑、郚系纪。○邢，步丁反。鄑，子斯反，一音
晋。郚，音吾。**国之也。**欲使如国，故无所系。加之者，辟
寔国也。**曷为国之？**据邢、鄑、郚不国。**君存焉尔。**所以起
邾娄君在咸丘邑，明臣子当赴其难，与在国等也。日者，重录
以火攻也。○难，乃旦反。

夏，穀伯绥来朝，邓侯吾离来朝。

皆何以名？据滕、薛不名也。**失地之君也。其称侯朝
何？**据以贱也。**贵者无后，待之以初也。**穀、邓本与鲁同

---

❶ "弧"，原作"狐"，据阮刻本改。

贵为诸侯，今失爵亡土，来朝，托寄也，义不可卑，故明当待之如初，所谓"故旧不遗，则民不偷"。无后者，施于所奔国也。独妻得配夫，托衣食于公家，子孙当受田而耕，故云尔。下去二时者，桓公以火攻人君，故贬，明大恶。不月者，失地君朝恶人，轻也。名者，见不世也。○不偷，他侯反，本又作"媮"❶。去，起吕反。见，贤遍反。

八年，春，正月，己卯，烝。

烝者何？冬祭也。春日祠，荐尚韭卵。祠，犹食也，犹继嗣也。春物始生，孝子思亲继嗣而食之，故曰祠，因以别死生。○烝，之承反，冬祭也。祠，嗣丝反。卵，力管反。犹食，音饲，下同。别，彼列反。**夏曰礿，**荐尚麦、苗。麦始熟可礿，故曰礿。○礿，音❷予若反，本又作"禴"，同。**秋曰尝，**荐尚黍肫。尝者，先辞也。秋谷成者非一，黍先熟，可得荐，故曰尝。**冬曰烝。**荐尚稻雁。烝，众也，气盛貌。冬万物毕成，所荐众多，芬芳备具，故曰烝。无牲而祭谓之荐。天子四祭四荐，诸侯三❸祭三荐，大夫、士再祭再荐。祭于室，求之于幽；祭于堂，求之于明；祭于祊，求之于远：皆孝子博求之意也。大夫求诸明，士求诸幽，尊卑之差也。殷人先求诸明，周人先求诸幽，质文之义也。礼，天子、诸侯、卿大夫牛羊豕凡三牲，曰大牢；天子元士、诸侯之卿大夫羊豕凡二牲，曰少牢；诸侯之士特豕。天子之牲角握，诸侯角尺，卿

---

❶ "媮"，原作"偷"，据阮刻本改。
❷ 原本无"音"字，据阮刻本补。
❸ "三"，原作"二"，据阮刻本改。

大夫索牛。○祊，必庚反。少，诗照反。索，所百反。**常事不书，此何以书？讥。何讥尔？讥亟也。**亟，数也。属十二月已烝，今复烝也。不异烝祭名而言烝者，取冬祭所荐众多，可以包四时之物。○亟，去冀反，数也，注及下同。数，所角反。属十，音烛，下同。今复，扶又反，下同。**亟则黩，黩则不敬。**黩，渫黩也。○黩，徒木反。渫，息列反。**君子之祭也，敬而不黩。**君子生则敬养，死则敬享，故将祭，宫室既修，墙屋既缮，百物既备，序其礼乐，具其百官，散齐七日，致齐三日，夫妇齐戒沐浴，盛服，君牵牲，夫人奠酒；君亲献尸，夫人荐豆。卿大夫相君，命妇相夫人，洞洞乎，属属乎，如弗胜，如将失之，济济乎致其敬也，愉愉乎尽其忠也，勿勿乎其欲飨之也。文王之祭，事死如事生，孝子之至也。○养，余亮反。散齐，素旦反；下侧皆反。相君，息亮反，下同。洞洞，大董反。胜，音升。济济，子礼反，又似兮反。愉愉，羊朱反。勿勿，如字。**疏则怠，怠则忘。**怠，解。○疏，音疎，下注同。解，古卖反。**士不及兹四者，则冬不裘，夏不葛。**礼本下为士制。兹，此也。四者，四时祭也。疏数之节，靡所折中，是故君子合诸天道，感四时物而思亲也。祭必于夏之孟月者，取其见新物之月也。裘葛者，御寒暑之美服。士有公事，不得及此四时祭者，则不敢美其衣服，盖思念亲之至也。故孔子曰："吾不与祭，如不祭。"○折中，之设反；下丁仲反。御寒，鱼吕反，又如字。不与，音预。

天王使家父来聘。家，采地。父，字也。天子中大夫氏采，故称字，不称伯仲也。

夏，五月，丁丑，烝。

何以书？讥亟也。与上祀同为亟也。

秋，伐邾娄。

冬，十月，雨雪。

何以书？记异也。何异尔？不时也。周之十月，夏之八月，未当雨雪，此阴气大盛，兵象也。是后有郎师、龙门之战，沴血尤深。○雨雪，于付反。沴，古流字。

祭公来，遂逆王后于纪。

祭公者何？天子之三公也。天子置三公、九卿、二十七大夫、八十一元士，凡百二十官，下应十二子。祭者，采也。天子三公氏采称爵。○祭公，侧介反，后"祭仲""祭叔"放此。应，应对之应。何以不称使？据宰周公称使。婚礼不称主人。时王者有母也。遂者何？生事也。生，犹造也。专事之辞。大夫无遂事，此其言遂何？据待君命，然后卒大夫也。成使乎我也。以上来无事，知遂成使于我。○成使，所吏反，注及下"成使"同。其成使乎我奈何？使我为媒，可则因用是往逆矣。婚礼成于五：先纳采、问名、纳吉、纳征、请期，然后亲迎。时王者遣祭公来，使鲁为媒，可则因用鲁往迎之，不复成礼，疾王者不重妃匹，逆天下之母若逆婢妾，将谓海内何哉？故讥之。不言如纪者，辟有外文。○媒，亡杯反。请期，音情，又七并反。迎，鱼敬反。妃匹，音配，绝句。女在其国称女，此其称王后何？王者无外，其辞成矣。

九年，春，纪季姜归于京师。

其辞成矣，则其称纪季姜何？自我言纪。父母之于子，虽为天王后，犹曰吾季姜。明子尊不加于父母。京师者何？天子之居也。以季姜言归。**京者何？大也。师者何？众也。天子之居，必以众大之辞言之。**地方千里，周城千雉，宫室官府，制度广大，四方各以其职来贡，莫不备具，所以必自有地者，治自近始，故据土，与诸侯分职而听其政焉，即《春秋》所谓内治其国也。书季姜归者，明鲁为媒，当有送迎之礼。○治自，直吏反。

夏，四月。

秋，七月。

冬，曹伯使其世子射姑来朝。

诸侯来曰朝，此世子也，其言朝何？据臣子一例当言聘。○射，音亦。**《春秋》有讥父老子代从政者，则未知其在齐与？曹与？**在齐者，世子光也。时曹伯年老有疾，使世子行聘礼，恐卑，故使自代朝，虽非礼，有尊厚鲁之心，传见下卒葬详录，故序经意依违之也。小国无大夫，所以书者，重恶世子之不孝甚。○齐与，音余，绝句，下同。恶，或乌路反。

十年，春，王正月，庚申，曹伯终生卒。

夏，五月，葬曹桓公。小国始卒，当卒月葬时，而卒日葬月者，曹伯年老，使世子来朝，《春秋》敬老重恩，故为鲁恩录之尤深。

秋，公会卫侯于桃丘，弗遇。

会者何？期辞也。其言弗遇何？公不见要也。时实桓公欲要见卫侯，卫侯不肯见公，以非礼动，见拒有耻，故讳使若会而不相遇。言弗遇者，起公要之也。弗者，不之深也。起公见拒深。传言公不要见者，顺经讳文。○见要，一遥反，注同。

冬，十有二月，丙午，齐侯、卫侯、郑伯来战于郎。

郎者何？吾近邑也。以言来也。吾近邑则其言来战于郎何？据齐师、宋师次于郎不言来，公败宋师不言战，龙门之战不举地也。近也。恶乎近？近乎围也。地而言来者，明近都城，几与围无异。不解战者，从下说可知。○恶，音乌。明近，附近之近。几，音祈。此偏战也。何以不言师败绩？据十三年师败绩。偏，一面也。结日定地，各居一面，鸣鼓而战，不相诈。内不言战，言战乃败矣。《春秋》托王于鲁。战者，敌文也。王者兵不与诸侯敌，战乃其已败之文，故不复言师败绩。鲁不复出主名者，兵近都城，明举国无大小，当戮力拒之。○不复，扶又反，下同。戮，音六，又力彫反，字亦作勠。

十有一年，春，正月，齐人、卫人、郑人盟于恶曹。月者，桓公行恶，诸侯所当诛，属上三国来战于郎，今复使微者盟，故为鲁惧，危录之。○行，下孟反。属，音烛。今复，扶又反，下"故复"同。为，于伪反。

夏，五月，癸未，郑伯寤生卒。○寤，吾故反。

秋，七月，葬郑庄公。庄公杀段，所以书葬者，段当国，本当从讨贼辞，不得与杀大夫同例。

九月，宋人执郑祭仲。

祭仲者何？郑相也。不言大夫者，欲见持国重。○相，息亮反。见，贤遍反，下同。何以不名？贤也。何贤乎祭仲？据身执君出，不能防难。○防难，乃旦反，下同。以为知权也。权者，称也。所以别轻重，喻祭仲知国重君轻。君子以存国除逐君之罪，虽不能防其难，罪不足而功有余，故得为贤也。不引度量者，取其平实以无私。○称，尺证反。别，彼列反。**其为知权奈何？古者郑国处于留，先郑伯有善于邻公者，通乎夫人，以取其国而迁郑焉，**迁郑都于邻也。○邻，古外反。**而野留。**野，鄙也。传本上事者，解宋所以得执祭仲，因以为戒。**庄公死已葬，祭仲将往省于留，涂出于宋，宋人执之。**宋人，宋庄公也。**谓之曰："为我出忽而立突。"**突，宋外甥。○为，于伪反，下注"为突""非能为突""为赂""为突归""为承"同。**祭仲不从其言，则君必死，国必亡。**祭仲死，而忽旋❶为突所驱逐而出奔，经不书忽奔，见微弱甚。是时宋强而郑弱，祭仲探宋庄公本弑君而立，非能为突，将以为赂动，守死不听，令自入，见国无拒难者，必乘便将灭郑，故深虑其大者也。○令自，力呈反，下同。便，婢面反。**从其言，则君可以生易死，国可以存易亡，少辽缓之。**宋当从突求赂，郑守正不与，则突外乖于宋，内不行于臣下，辽假缓之。**则突可故出，而忽可故反，是不可得则病，**使突有贤才，是计不可得行，则己病逐君之罪。**然后有郑国。**己虽病逐君之罪，讨出突，然后能保有郑国，犹愈于国之亡。**古人之有权者，祭仲之权是也。**古人，谓伊尹也。汤孙大甲骄蹇乱德，诸侯有叛志，伊尹放之桐宫，令自思过，三年而复成汤之道。前虽有逐君之负，后有安天下之功，犹祭仲逐君存郑之权是也。○大，音泰。**权者何？权者反于经，然后有善者也。权之所**

---

❶ "旋"，原字漫漶不清，据武英殿本补。

设，舍死亡无所设。设，施也。舍，置也。如置死亡之事不得施。行权有道：自贬损以行权，身蒙逐君之恶以存郑是也。不害人以行权。已纳突，不害忽是也。杀人以自生，亡人以自存，君子不为也。祭仲死则忽死，忽死则郑亡。生者，乃所以生忽存郑，非苟杀忽以自生，亡郑以自存。反覆道此者，皆所以解上死亡不施于己。宋不称公者，胁郑之❶篡，首恶当诛，非伯执也。祭仲不称行人者，时不衔君命出使，但往省留耳。执例时，此月者，为突归郑夺正，郑伯出奔。○覆，芳服反。使，所吏反。

突归于郑。

突何以名？据忽复归于郑，俱祭仲所纳，系国称世子，不但名也。挈乎祭仲也。挈，犹提挈也。突当国，本当言郑突，欲明祭仲从宋人命，提挈而纳之，故上系于祭仲。不系国者，使与外纳同也。时祭仲势可杀突以除忽害，而立之者，忽内未能怀保其民，外未能结助诸侯，如杀之，则宋军强乘其弱，灭郑不可救，故少辽缓之。○挈，苦结反，提挈也。其言归何？据小白言入。顺祭仲也。顺其计策，与使行权，故使无恶。

郑忽出奔卫。

忽何以名？据宋❷子既葬称子。《春秋》伯、子、男，一也，辞无所贬。《春秋》"改周之文，从殷之质，合伯、子、男为一，一辞无所贬，皆从子，夷狄进爵称子"是也。

---

❶ "之"，原作"立"，据阮刻本改。
❷ "宋"，原作"朱"，据阮刻本改。

忽称子，则与诸侯改伯从子辞同，于成君无所贬损，故名也。名者，缘君薨有降既葬名义也，此非罪贬也。君子不夺人之亲，故使不离子行也。王者起，所以必改质文者，为承衰乱救人之失也。天道本下，亲亲而质省；地道敬上，尊尊而文烦。故王者始起，先本天道以治天下，质而亲亲，及其衰敝，其失也亲亲而不尊；故后王起，法地道以治天下，文而尊尊，及其衰敝，其失也尊尊而不亲，故复反之于质也。质家爵三等者，法天之有三光也。文家爵五等者，法地之有五行也。合三从子者，制由中也。○省，所景反。

柔会宋公、陈侯、蔡叔盟于折。

柔者何？吾大夫之未命者也。以侠卒也。辄发传者，无氏嫌贬也。所以不卒柔者，深薄桓公，不与有恩礼于大夫也。盟不日者，未命大夫盟会用兵，上不及大夫，下重于士❶，罚疑从轻，故责之略。蔡侯称叔者，不能防正其姑姊妹，使淫于陈佗，故贬在字例。○折，之设反，又时设反；一本作"析"，思历反。

公会宋公于夫童。○夫童，音扶；下音钟，又如字，《左氏》作"夫钟"。

冬，十有二月，公会宋公于阚。○阚，口暂反。

十有二年，春，正月。

夏，六月，壬寅，公会纪侯、莒子盟于殴蛇。○殴蛇，丘于反，又音曲侯反。蛇，音移，又音池。《左氏》作"曲池"。

---

❶ "士"，原作"十"，据阮刻本改。

秋，七月，丁亥，公会宋公、燕人盟于榖丘。○燕，音烟。

八月，壬辰，陈侯跃卒。不书葬者，佗子也。佗不称侯者，嫌贬在名例，不当绝，故复去跃葬也。○跃，予若反。佗子，大何反。故复，扶又反，下同。去，起吕反。

公会宋公于郯。○郯，音谈，二传作"虚"。

冬，十有一月，公会宋公于龟。

丙戌，公会郑伯盟于武父。○父，音甫。

丙戌，卫侯晋卒。不蒙上日者，《春秋》独晋书立记卒耳。当蒙上日，与不嫌异于篡例，故复出日明同。

十有二月，及郑师伐宋。丁未，战于宋。

战不言伐，此其言伐何？辟嫌也。恶乎嫌？嫌与郑人战也。时宋主名不出，不言伐，则嫌内微者与郑人战于宋地，故举伐以明之。宋不出主名者，兵攻都城，与郎同义。○恶乎，音乌，十三年传同。此偏战也。何以不言师败绩？内不言战，言战乃败矣。

十有三年，春，二月，公会纪侯、郑伯。己巳，及齐侯、宋公、卫侯、燕人战，齐师、宋师、卫师、燕师败绩。

曷为后日？据窜之战先书日。○窜，音安。恃外也。其恃外奈何？得纪侯、郑伯然后能为日也。得纪侯、郑伯之助，然后乃能结战日以胜。君子不掩人之功，不蔽人之善，故后日以明之。○胜，诗证反。蔽，必婢反。内不言战，此其言战何？据公败宋师于菅。○菅，古颜反。从外也。从外诸侯相与战例。曷为从外？据战于宋，不从外言败绩。**恃外，故从外也。**明当归功于纪、郑，故从纪、郑言战。**何以不地？**据在下句。**近也。恶乎近？近乎围。郎亦近矣，郎何以地？郎犹可以地也。**郎虽近，犹尚可言其处。今亲战龙门，兵攻城池，尤危，故耻之。绩，功也。非义不战，故以功言之。不言功者，取其积聚师众，有尊卑上下次第行伍，必出万死而不奔北，故以自败为文，明当坐也。燕战称人，败绩称师者，重败也，战少而败多。言及者，明见我❶为主，故得汲汲败胜之文。○处，昌虑反。行，户郎反。

　　三月，葬卫宣公。背殡用兵而月，不危之者，卫弱于齐、宋，不从亦有危，故量力不责也。○背殡，音佩，后"背殡"皆放此。

　　夏，大水。为龙门之战，死伤者众，民悲哀之所致。○为，于伪反。

　　秋，七月。

　　冬，十月。

　　十有四年，春，正月，公会郑伯于曹。

　　无冰。

　　何以书？记异也。周之正月，夏之十一月，法当坚冰。无冰者，温也。此夫人淫泆，阴而阳行之所致。○泆，音逸。行，下孟反。

　　夏，五。郑伯使其弟语来盟。

　　"夏，五"者何？无闻焉尔。来盟者，聘而盟也。不

---

❶ "我"，原作"我者"，"者"字衍，据阮刻本校勘记删。

言聘者，举重也。内不出主名者，主国也，莅盟可知。莅盟、来盟例皆时。时者，从内为王义，明王者当以至信先天下。○莅盟，音利，又音类，下同。

秋，八月，壬申，御廪灾。

御廪者何？粢盛委之所藏也。黍稷曰粢，在器曰盛。委，积也。御者，谓御用于宗庙。廪者，释治谷名。礼，天子亲耕东田千亩，诸侯百亩。后夫人亲西郊采桑，以共粢盛祭服，躬行孝道以先天下。○廪，力甚反。粢盛，音咨；下音成。委，于鬼反，注同。积，子赐反。共，音恭。**御廪灾，何以书？记灾也。**火自出烧之曰灾。先是龙门之战，死伤者众，桓无恻痛于民之心，不重宗庙之尊，逆天危先祖，鬼神不飨，故天应以灾御廪。○应，应对之应。

乙亥，尝。

常事不书，此何以书？讥，何讥尔？讥尝也。讥新有御廪灾而尝之。**曰：犹尝乎？**难曰四时之祭不可废，则无犹尝乎？○难，乃旦反。**御廪灾，不如勿尝而已矣。**当废一时祭，自责以奉天灾也。知不以不时者，书本不当尝也。

冬，十有二月，丁巳，齐侯禄父卒。

宋人以齐人、卫人、蔡人、陈人伐郑。

以者何？行其意也。以己从人曰行，言四国行宋意也。宋前纳突求赂，突背恩伐宋，故宋结四国伐之。四国本不起兵，当分别之，故加以也。宋恃四国乃伐郑，四国当与宋同罪，非为四国见轻重。○背，音佩。别，彼列反。见，贤遍反。

十有五年，春，二月，天王使家父来求车。

何以书？讥。何讥尔？王者无求，求车，非礼也。王者千里，畿内租税，足以共费；四方各以其职来贡，足以尊荣，当以至廉无为率先天下，不当求。求则诸侯贪，大夫鄙，士庶盗窃。求例时，此月者，桓行恶不能诛，反从求之，故独月。○共费，音恭；下芳味反。行，下孟反，下"行恶"同。

三月，乙未，天王崩。桓王也。

夏，四月，己巳，葬齐僖公。当时而日者，背殡伐郑，危之。

五月，郑伯突出奔蔡。

突何以名？据卫侯出奔楚不名。不连爵问之者，并问。上已名，今复名，故使文相顾。○复，扶又反，下注"故复"，及传文"复入"并注下"不复"皆同。**夺正也。**明祭仲得出之，故复于此名，著❶其夺正，不以失众录也。月者，大国奔例月，重乖离之祸，小国例时。

郑世子忽复归于郑。

其称世子何？据上出奔不称世子。**复正也。**欲言郑忽，则嫌其出奔还入，与当国同文，反更成上郑忽为当国，故使称世子明复正，以效祭仲之权，亦所以解上非当国也。**曷为或言归，或言复归？复归者，出恶，归无恶；复入者，出无恶，入有恶。入者，出入恶；归者，出入无恶。**皆于还入乃别之者，入国犯命祸重也。忽未成君出奔，不应绝。出恶者，不如死之荣也。入无恶者，出不应绝，则还入不应盗国。○别，彼列反。

---

❶ "著"，原作"者"，据阮刻本改。

许叔入于许。称叔者，春秋前失爵，在字例也。入者，出入恶，明当诛也。不书出时者，略小国。

公会齐侯于鄗。○鄗，户老反，又火各反，《左传》作"艾"，《穀梁》作"蒿"。

邾娄人、牟人、葛人来朝。

皆何以称人？据言朝也。夷狄之也。桓公行恶，而三人俱朝事之。三人为众，众足责，故夷狄之。

秋，九月，郑伯突入于栎。

栎者何？郑之邑。曷为不言入于郑？据齐阳生立陈乞家，言入于齐。○栎，力狄反，一音匹沃反。末言尔。末者，浅也。解不言入国意。曷为末言尔？据俱篡也。祭仲亡矣。亡，死亡也。祭仲亡则郑国易得，故明入邑则忽危矣，不须乃入国也，所以效君必死，国必亡矣。○易，以豉反。然则曷为不言忽之出奔？据上言出奔也。言忽为君之微也。祭仲存则存矣，祭仲亡则亡矣。言忽微弱甚于鸿毛，仅若匹夫之出耳，故不复录，皆所以终祭仲之言，解不虚设危险之嫌。

冬，十有一月，公会齐侯、宋公、卫侯、陈侯于侈，伐郑。月者，善诸侯征突，善录义兵也。不举伐为重者，用兵重于会，嫌月为桓伐有危举，不为义兵录，故复录会。○侈，昌氏反，二传作"袤"。为桓，于伪反，下同。

十有六年，春，正月，公会宋公、蔡侯、卫侯于曹。

夏，四月，公会宋公、卫侯、陈侯、蔡侯伐郑。

秋，七月，公至自伐郑。致者，善桓公能疾恶同类，比与诸侯行义兵伐郑。致例时，此月者，善其比与善行义，故以致，复加月也。○复，扶又反。

冬，城向。○向，式亮反。

十有一月，卫侯朔出奔齐。

卫侯朔何以名？据卫侯出奔楚不名。绝。曷为绝之？据俱奔也。得罪于天子也。其得罪于天子奈何？见使守卫朔，朔，十二月朔政事也。月所以朝庙告朔是也。而不能使卫小众。时天子使发小众，不能使行。越在岱阴齐，越，犹走也。岱，岱宗，泰山也。山北曰阴。先言岱阴，后言齐者，明名山大泽不以封诸侯，以为天地自然之利，非人力所能加，故当与百姓共之。传著朔在岱阴者，明天子当及是时，未能交连五国之兵，早诛之。属负兹舍，不即罪尔。属，托也。天子有疾称不豫，诸侯称负兹，大夫称犬马，士称负薪。舍，止也。托疾止不就罪。○属负兹，音烛，注同。属，托也。诸侯有疾称负兹，言朔托有疾。

十有七年，春，正月，丙辰，公会齐侯、纪侯盟于黄。

二月，丙午，公及邾娄仪父盟于趡。本失爵在名例，中朝桓公称人。今此不名者，盖以为仪父最先与隐公盟，明元功之臣，有诛而无绝。○趡，翠癸反。

五月，丙午，及齐师战于奚。夏者，阳也。月者，阴也。去夏者，明夫人不系于公也。此战盖由桓公曰"同非吾子"云尔。○去，起吕反，下同。

六月，丁丑，蔡侯封人卒。

秋，八月，蔡季自陈归于蔡。称字者，蔡侯封人无子，季次当立，封人欲立献舞而疾害季，季辟之陈。封人死，归反奔丧，思慕三年，卒无怨心，故贤而字之。出奔不书者，方以起季奔丧归，故使若非出奔归。不称弟者，见季不受父兄之尊，起宜为天子大夫。天子大夫不得与诸侯亲通，故鲁季子、纪季皆去其氏，唯卒以恩录亲，季友、叔肸卒是也。

癸巳，葬蔡桓侯。称侯者，亦夺臣子辞也。有贤弟而不能任用，反疾害之而立献舞，国几并于蛮荆，故贤季抑桓，称侯，所以起其事。○几，音祁。并，必政反，又如字。

及宋人、卫人伐邾娄。

冬，十月，朔，日有食之。是后夫人谮公，为齐侯所诱杀。去日者，著桓行恶，故深为内惧，其将见杀无日。○行，下孟反。为，于伪反。

十有八年，春，王正月，公会齐侯于泺。○泺，郎沃反，又音洛，《说文》云匹沃反。**公夫人姜氏遂如齐。**

公何以不言及夫人？据公及夫人会齐侯于阳谷。**夫人外也。**若言夫人，已为公所绝外也。**夫人外者何？内辞也。**内为公讳辞。○为，于伪反。**其实夫人外公也。**时夫人淫于齐侯而谮公，故云尔。言遂者，起夫人本与公出会齐侯于泺，故得并言遂如齐。不书夫人会，书夫人遂者，明遂在夫人。齐侯诱公使遂如齐，以夫人谮公故。○谮公，侧鸩反，下同。

夏，四月，丙子，公薨于齐。不书齐诱杀公者，深讳耻也。地者，在外为大国所杀，于国尤危。国重，故不暇隐也。

丁酉，公之丧至自齐。凡公薨外致日者，危痛之。外多穷厄伐丧，内多乘便而起，不可不戒慎。加之者，丧者死之通辞也，本以别生死，不以明贵贱，非配公之称，故加之以绝。○便，婢面反。别，彼列反。称，尺证反。

秋，七月。

冬，十有二月，己丑，葬我君桓公。

贼未讨，何以书葬？据隐公也。仇在外也。仇在外，则何以书葬？据俱仇也。君子辞也。时齐强鲁弱，不可立得报，故君子量力，且假使书葬。于可复仇而不复，乃责之，讳与齐狩是也。桓者，谥。礼，生有爵，死有谥，所以劝善惩恶也。礼，诸侯薨，天子谥之。卿大夫受谥于君，唯天子称天以诔之。盖以为祖祭乃谥，丁酉公之丧至自齐；丁巳葬我君定公，雨不克葬，戊午日下昃乃克葬是也。以公配谥者，终有臣子之辞。上葬日者，起生者之事也，且明王者当遣使者与诸侯共会之。加我君者，录内也，犹君薨地也。○惩，直升反。使，所吏反。

《春秋公羊》卷第二

经传叁阡叁拾壹字

注柒阡玖伯叁拾壹字

音义壹阡陆伯贰拾柒字

余仁仲刊于家塾

卷三

庄公第三

元年，春，王正月。

公何以不言即位？《春秋》君弑，子不言即位。君弑则子何以不言即位？据继君不绝也。○君杀，申志反，下皆同。隐之也。孰隐？隐子也。隐痛是子之祸，不忍言即位。

三月，夫人孙于齐。

孙者何？孙，犹孙也。孙，犹遁也。○孙，音逊，下及注皆同；孙，犹遁也。遁，徒困反。内讳奔，谓之孙。言于齐者盈讳文。夫人固在齐矣，其言孙于齐何？据公、夫人遂如齐，未有来文。念母也。固在齐而书孙者，所以起念母也。正月以存君，念母以首事。礼，练祭取法存君，夫人当首祭事。时庄公练祭，念母而迎之，当书迎，反书孙者，明不宜也。夫人何以不称姜氏？据夫人姜氏孙于邾娄。贬。曷为贬？据俱以孙为文。与弑公也。其与弑公奈何？夫人谮公于齐侯，如其事曰诉，加诬曰谮。○与杀，音预，下同。谮，侧鸩反，加诬曰谮。公曰："同非吾子，齐侯之子也。"以淫于齐侯所生。齐侯怒，与之饮酒。欲醉而杀之。礼，饮酒不过三爵。于其出焉，使公子彭生送之。于其乘焉，于其将上车时。○将上，时掌反，下同。搚干而杀之。搚，折声也。扶上车，以手搚折其干。

○拹干，路合反，本又作"擸"，亦作"拉"，皆同，折声也。干，音古旦反，胁也。**念母者，所善也。则曷为于其念母焉贬？**据贬必于其重。**不与念母也。**念母则忘父，背本之道也，故绝文姜不为不孝，距蒯聩不为不顺，胁灵社不为不敬，盖重本尊统，使尊行于卑，上行于下。贬者，见王法所当诛。至此乃贬者，并不与念母也。又欲以孙为内见义，明但当推逐去之，亦不可加诛，诛不加上之义。非实孙，月者，起练祭左右。○背，音佩。蒯聩，苦怪反；下五怪反。见王，贤遍反，下同。为内，于伪反，下"为卑""为营"同。去，起吕反。

夏，单伯逆王姬。

单伯者何？吾大夫之命乎天子者也。以称字也。礼，诸侯三年一贡士于天子，天子命与诸侯辅助为政，所以通贤共治，示不独专，重民之至。大国举三人，次国举二人，小国举一人。○单伯，音善，后放此。逆王姬，《左氏》作"送王姬"。治，直吏反。**何以不称使？**据公子遂如京师，言如者，内称使之文。**天子召而使之也。逆之者何？使我主之也。**逆者，鲁自往之文。方使鲁为父母主嫁之，故与鲁使自逆之。不言于京师者，使鲁主之，故使若自鲁女，无使受之。**曷为使我主之？**据诸侯非一。**天子嫁女乎诸侯，必使诸侯同姓者主之。**诸侯与天子同姓者。**诸侯嫁女于大夫，必使大夫同姓者主之。**大夫与诸侯同姓者。不自为主者，尊卑不敌，其行婚姻之礼，则伤君臣之义；行君臣之礼，则废婚姻之好，故必使同姓有血脉之属，宜为父道，与所适敌体者主之。礼，尊者嫁女于卑者，必待风旨，为卑者不敢先求，亦不可斥与之者，申阳倡阴和之道。天子嫁女于诸侯，备侄娣如诸侯之礼，义不可以天子之尊，绝人继嗣之路。主书者，恶天子也。礼，齐衰不接弁冕，仇雠不交婚姻。○好，呼报反。风，如字，又方凤反。倡，昌亮反。和，户卧反。恶，乌路反。齐衰，音咨；下七雷反。

秋，筑王姬之馆于外。

何以书？讥。何讥尔？筑之，礼也。于外，非礼也。以言外，知有筑内之道也。于外非礼也。礼，同姓本有主嫁女之道，必阙地于夫人之下，群公子之上也。时鲁以将嫁女于仇国，故筑于外。于外何以非礼？据非内女❶。筑于外，非礼也。于，远辞也。为营卫不固。不以将嫁于仇国除讥者，鲁本自得以仇为解，无为受命而外之，故曰非礼。○解，古卖反。其筑之何以礼？据礼当豫设。主王姬者，必为之改筑。主王姬者，则曷为必为之改筑？据诸侯宫非一。○必为，于伪反，下"必为""为襄公"并注同。于路寝则不可，小寝则嫌。皆所以远别也。○别，彼列反。群公子之舍，谓女公子也。则以卑矣。以为大卑。○大，音泰，一音他贺反。其道必为之改筑者也。以上传言尔，知当筑夫人之下，群公子之上。筑例时。

冬，十月，乙亥，陈侯林卒。

王使荣叔来锡桓公命。

锡者何？赐也。上与下之辞。○锡，星历反。命者何？加我服也。增加其衣服，令有异于诸侯。礼有九锡：一曰车

---

❶ "女"，原作"也"，据阮刻本校勘记改。

马，二曰衣服，三曰乐则，四曰朱户，五曰纳陛，六曰虎贲，七曰弓矢，八曰铁钺，九曰秬鬯，皆所以劝善扶不能。言命不言服者，重命，不重其财物。礼，百里不过九命，七十里不过七命，五十里不过五命。○令，力呈反。贲，音奔。铁钺，音甫，又方于反；下音越。秬，音巨，黑黍也。鬯，敕亮反，香酒。**其言桓公何？** 据锡文公命不言谥。**追命也。** 举谥明知追命死者。礼，生有善行，死当加善谥，不当复加锡。不言天王者，桓行实恶，而乃追锡之，尤悖天道，故云尔。○善行，下孟反，下同。复，扶又反。悖，补内反。

王姬归于齐。

何以书？我主之也。 鲁主女为父母道，故恩录而书之。内女归例月，外女不月者，圣人探人情以制恩，实不如鲁女。

齐师迁纪郱、鄑、郚。

迁之者何？取之也。 以称师，知取之。○郱，步丁反。鄑，子斯反，又音晋。郚，音吾。**取之，则曷为不言取之也？** 据莒人伐杞取牟娄。**为襄公讳也。** 襄公将复仇于纪，故先孤弱取其邑，本不为利举，故为讳。不举伐，顺讳文也。**外取邑不书，此何以书？大之也。何大尔？自是始灭也。** 将大灭纪，从此始，故重而书之。

二年，春，王二月，葬陈庄公。

夏，公子庆父帅师伐馀丘。

於馀丘者何？邾娄之邑也。曷为不系乎邾娄？国之也。曷为国之？君存焉尔。 庆父幼少将兵，不讥者，从不言弟意，亦起之。○少，诗照反。

秋，七月，齐王姬卒。

外夫人不卒，此何以卒？录焉尔。曷为录焉尔？据王后崩犹不录。**我主之也。**鲁主女为父母道，故卒录之，明当有恩礼。内女卒例日，外女卒不日者，实不如鲁女也。

冬，十有二月，夫人姜氏会齐侯于郜。书者，妇人无外事，外则近淫。不致者，本无出道，有出道乃致，奔丧致是也。○郜，古报反。二传作"禚"，四年亦尔。近，附近之近，亦如字。

乙酉，宋公冯卒。

三年，春，王正月，溺会齐师伐卫。

溺者何？吾大夫之未命者也。所伐大夫不卒者，庄公薄于臣子之恩，故不卒大夫，与桓同义。月者，卫朔背叛出奔，天子新立卫公子留，齐、鲁无惮天子之心而伐之，故明恶重于伐，故月也。○溺，乃历反。

夏，四月，葬宋庄公。庄公冯篡不见，书葬者，篡以计除，非以起他事不见也。○不见，贤遍反，下皆同。

五月，葬桓王。

此未有言崩者，何以书葬？盖改葬也。改，更也。改葬服轻，不当月。月者，时无非常之变，荣奢改葬尔，故恶录之。书者，诸侯当有恩礼。

秋，纪季以酅入于齐。

纪季者何？纪侯之弟也。何以不名？贤也。何贤乎纪季？据叛也。○酅，户圭反。**服罪也。其服罪奈何？鲁子曰："请后五庙以存姑姊妹。"**纪与齐为仇，不直，齐大纪小，季知必亡，故以酅首服，先祖有罪于齐，请为五庙后，以酅共祭祀，存姑姊妹。称字贤之者，以存先祖之功，则除出奔之罪，明其知权。言入者，难辞，贤季有难去兄入齐之心，故见之。男谓女先生为姊，后生为妹，父之姊妹为姑。○共，音恭。难辞，乃旦反，下皆同。

冬，公次于郎。次者，兵舍止之名。**其言次于郎何？**国内兵不当书，公敛处父帅师而至，虽有事而犹不书是也。**刺欲救纪而后不能也。**恶公既救人，辟难道还，故书其止次以起之。诸侯本有相救之道，所以抑强消乱也。次例时。○恶，乌路反。

四年，春，王二月，夫人姜氏飨齐侯于祝丘。书者，与会郜同义。牛酒曰犒，加饭羹曰飨。月者，再出重也。三出不月者，省文从可知例。○犒，苦报反，劳也。

三月，纪伯姬卒。礼，天子诸侯绝期，大夫绝缌。天子唯女之适二王后者，诸侯唯女之为诸侯夫人者，恩得申，故卒之。○期，音基。缌，音丝。

夏，齐侯、陈侯、郑伯遇于垂。

纪侯大去其国。

大去者何？灭也。孰灭之？齐灭之。曷为不言齐灭之？为襄公讳也。《春秋》为贤者讳，何贤乎襄公？据楚庄王亦贤，灭萧不为讳。○为襄，于伪反，下"为贤"，注"为讳"及下注"为讳""为襄"同。**复仇也。何仇尔？远祖也。哀公亨乎周，**亨，煮而杀之。○亨，普庚反，注同，煮杀也。**纪侯谮之，以襄公之为于此焉者，事祖祢之心尽矣。尽者何？襄公将复仇乎纪，卜之曰："师丧分焉。"**龟曰卜，蓍曰筮。分，半也。师丧亡其半。○祢，乃礼反。师丧，息浪反，注同。蓍，音尸。筮，市制反。

"寡人死之，襄公答卜者之辞。不为不吉也"。远祖者，几世乎？九世矣。九世犹可以复仇乎？虽百世可也。百世，大言之尔。犹《诗》云"嵩高维岳，峻极于天，君子万年"。○几，居岂反。嵩①高，息忠反，本亦作"崧"②。家亦可乎？家，谓大夫家。曰：不可。国何以可？据家不可。国君一体也。先君之耻，犹今君之耻也；今君之耻，犹先君之耻也。先君谓哀公，今君谓襄公，言其耻同也。国君何以为一体？据非一世。国君以国为体，诸侯世，故国君为一体也。虽百世，号犹称齐侯。今纪无罪，今纪侯也。此非怒与？怒，迁怒，齐人语也。此非怒其先祖，迁之于子孙与？○怒与，音余。曰：非也。古者有明天子，则纪侯必诛，必无纪者。纪侯之不诛，至今有纪者，犹无明天子也。古者诸侯必有会聚之事，相朝聘之道，号辞必称先君以相接。然则齐、纪无说焉。不可以并立乎天下。无说，无说怿也。○无说，音悦，注同。怿，音亦。故将去纪侯者，不得不去纪也。有明天子，则襄公得为若行乎？若，如也。犹曰得为如此行乎？○将去，起吕反，下及注同。若行，下孟反，注同。曰：不得也。不得，则襄公曷为为之？上无天子，下无方伯，有而无益于治曰无，犹《易》曰"阒其无人"。○治，直吏反。阒，苦鶪反。缘恩疾者可也。疾，痛也。贤襄公为讳者，以复仇之义，除灭人之恶。言大去者，为

---

① "嵩"，原作"崧"，据阮刻本改。
② "崧"，原作"嵩"，据阮刻本改。

襄公明义，但当迁徙去之，不当取而❶有，明乱义也。不为文实者，方讳，不得贬。

六月，乙丑，齐侯葬纪伯姬。

外夫人不书葬，此何以书？据酅季姬也。**隐之也。何隐尔？其国亡矣，徒葬于齐尔。**徒者，无臣子辞也。国灭无臣子，徒为齐侯所葬❷，故痛而书之，明鲁宜当闵伤临之。卒不日，葬日者，鲁本宜葬之，故移恩录文于葬。**此复仇也，曷为葬之？**据恩怨不两行。**灭其可灭，葬其可葬。此其为可葬奈何？复仇者，非将杀之，逐之也。以为虽遇纪侯之殡，亦将葬之也。**以为者，设事辞而言之。以大敛而徙棺曰殡。夏后氏殡于阼阶之上，若存；殷人殡于两楹之间，宾主夹之；周人殡于西阶之上，宾之也。称齐侯者，善葬伯姬，得其宜也。○敛，力验反。夹，古洽反。

秋，七月。

冬，公及齐人狩于禚。

公曷为与微者狩？据与高傒盟讳，此竞逐耻同。**齐侯也。**以不没公，知为齐侯也。**齐侯则其称人何？讳与仇狩也。**礼，父母之仇不同戴天，兄弟之仇不同国，九族之仇不同乡党，朋友之仇不同市朝。称人者，使若微者，不没公。言齐人者，公可以见齐微者，至于鲁人皆当复仇，义不可以见齐侯也。○以见，贤遍反，下同。**前此者有事矣，**溺会齐师伐卫是也。**后此者有事矣，**师及齐师围盛是也。**则曷为独于此**

---

❶ "而"，原作"有"，据阮刻本校勘记改。

❷ "葬"，原作"杀"，据阮刻本校勘记改。

焉讥？于仇者，将壹讥而已，故择其重者而讥焉，莫重乎其与仇狩也。狩者，上所以共承宗庙，下所以教习兵行义。○共，音恭。于仇者则曷为将壹讥而已？仇者无时焉可与通，通则为大讥，不可胜讥，故将壹讥而已，其余从同同。其余轻者，从义与重者同，不复讥。都与无仇同文论之，所以省文，达其异义矣。凡二同，故言同同。○胜，音升。复，扶又反。

五年，春，王正月。

夏，夫人姜氏如齐师。

秋，倪黎来来朝。

倪者何？小邾娄也。小邾娄国。○倪，五兮反，二传皆作"郳"。黎来，力兮反。小邾娄，力居反，二传亦无"娄"字。小邾娄则曷为谓之倪？未能以其名通也。倪者，小邾娄之都邑。时未能为附庸，不足以小邾娄名通，故略谓之倪。黎来者何？名也。其名何？据僖七年称子。微国也。此最微，得见者，其后附从齐桓，为僖七年张本文。○见，贤遍反。为僖，于伪反，下文注同。

冬，公会齐人、宋人、陈人、蔡人伐卫。

此伐卫何？纳朔也。曷为不言纳卫侯朔？据纳顿子于顿言纳，下朔入公入致伐，齐人来归卫宝，知为纳朔伐之。辟王也。辟王者兵也，王人子突是也。使若伐而去，不留纳朔者，所以正其义，因为内讳。

六年，春，王三月，王人子突救卫。

王人者何？微者也。子突者何？别何之者，称人序上。又僖八年王人不称字，嫌二人。贵也。贵子之称。○称，尺证反。**贵则其称人何？** 据王子瑕不称人。本当言王子突，示诸侯亲亲以责之也。**系诸人也。曷为系诸人？** 据不以微及大。**王人耳。** 刺王者，朔在岱阴齐时，一使可致，一夫可诛，而缓，令交连五国之兵，伐天子所立。还以自纳，王遣贵子突，卒不能救，遂为天下笑，故为王者讳，使若遣微者弱愈，因为内杀恶。救例时，此月者，嫌实微者，故加录之，以起实贵子突。○使，所吏反。令，力陈反。为王，于伪反，下"因为""不为危录"皆同。

夏，六月，卫侯朔入于卫。

卫侯朔何以名？ 据卫侯入于陈仪不名。**绝。曷为绝之？** 据俱入也。**犯命也。** 犯天子命尤重。**其言入何？** 据顿子不复书入。○不复，扶又反，下皆同。**篡辞也。** 上辞王不得言纳，故复从篡辞书入也。不直言篡者，事各有本也。杀而立者，不以当国之辞言之。非杀而立者，以当国之辞言之。国人立之曰立，他国立之曰纳，从外曰入。诸侯有属托力，加自文也。不书公子留出奔者，天子本当绝卫，不当复立公子留，因为天子讳微弱。○杀而，申志反，下皆同。属，音烛。

秋，公至自伐卫。

曷为或言致会，或言致伐？得意致会， 所伐国服，兵解国安，故不复录兵所从来，独重其本会之时。**不得意致伐。** 所伐国不服，兵将复用，国家有危，故重录所从来，此谓公与二国以上也。公与一❶国及独出用兵，得意不致，不得意致伐。公与二国以上出会盟，得意致会，不得意不致。公与

---

❶ 原本无"一"字，据阮刻本补。

一国出会盟，得意致地，不得意不致，皆例时。**卫侯朔入于卫，何以致伐？**据得意。**不敢胜天子也。**与上辞王同义。久不月者，不与伐天子也，故不为危录之。

螟。先是伐卫纳朔，兵历四时，及反民烦扰之所生。○螟，亡丁反。

冬，齐人来归卫宝。

此卫宝也，则齐人曷为来归之？卫人归之也。以称人共国辞。○卫宝，《左氏》经作"卫俘"。**卫人归之，则其称齐人何？让乎我也。其让乎我奈何？齐侯曰："此非寡人之力，鲁侯之力也。"**时朔得国，后遣人赂齐，齐侯推功归鲁，使卫人持宝来，虽本非义赂，齐当以让除恶，故善起其事。主书者，极恶鲁犯命复贪利也。不为大恶者，纳朔本不以赂行，事毕而见谢尔。宝者，玉物之凡名。○恶，乌路反。

七年，春，夫人姜氏会齐侯于防。

夏，四月，辛卯，夜，恒星不见。夜中，星霣如雨。

恒星者何？列星也。恒，常也。常以时列见。○辛卯夜，一本无"夜"字，《穀梁》作"昔"。不见，贤遍反，注及传皆同。**列星不见，则何以知夜之中？星反也。**反者，星复其位。**如雨者何？如雨者，非雨也。非雨，则曷为谓之如雨？"不修春秋"曰"雨星不及地尺而复"，**"不修春秋"，谓史记也。古者谓史记为"春秋"。○雨星，于付反，一音如字，下注"雨星"同。**君子修之曰"星霣如雨"。**明其状似雨尔，不当言雨星。不言尺者，霣则为异，不以尺寸录之。**何以书？记异也。**列星者，天之常宿，分守度，诸侯之象。周之四月，夏之二月，昏，参伐狼注之宿当见，参伐主斩艾立义，狼注主持衡平也。皆灭者，法度废绝，威信陵迟之象。时天子微弱，不能诛卫侯朔，是后遂失其政❶，诸侯背叛，王室日卑，星霣未坠而夜中星反者，房心见其虚危斗。房心，天子明堂布政之宫也。虚危，齐分，其后齐桓行霸，阳谷之会有王事。○常宿，音秀，下同。参伐，所林反，下同。狼注，张又反，与味同，朱鸟口星也；一音之住反。艾，鱼废反。坠，直类反。分，扶问反。

秋，大水。无麦、苗。

无苗，则曷为先言无麦，而后言无苗？苗者，禾也。生曰苗，秀曰禾。据是时苗微麦强，俱遇水灾，苗当先亡。**一灾不书，待无麦，然后书无苗。**明君子不以一过责人。水、旱、螟、蠥，皆以伤二谷乃书。然不书谷名，至麦、苗独书者，民食最重。螟蠥，音终。**何以书？记灾也。**先是庄公伐卫纳朔，用兵逾年，夫人数出淫泆，民怨之所生。○数，所角反。泆，音逸。

冬，夫人姜氏会齐侯于穀。

八年，春，王正月，师次于郎，以俟陈人、蔡人。

次不言俟，此其言俟何？据次于陉俟屈完不书俟。○屈，居勿反。**托不得已也。**师出本为下灭盛兴，陈、蔡属与鲁伐卫，同心人国远，故因假以讳灭同姓，托待二国为留辞主，所以辟下言及也。加以者，辟实俟。陈、蔡称人者，略以外国辞称，知❷微之。○本为，于伪反，传及注"为久"皆

---

❶ "政"，原作"正"，据阮刻本校勘记改。
❷ "知"，原作"人"，据阮刻本校勘记改。

同。属与，音烛。

甲午，祠兵。

祠兵者何？出曰祠兵，礼，兵不徒使，故将出兵必祠于近郊，陈兵习战，杀牲飨士卒。○祠兵，音辞，祭也。《左氏》作"治兵"，下文注同。卒，子忽反。入曰振旅，五百人曰旅。其礼一也，皆习战也。言与祠兵礼如一，将出不嫌不习，故以祠兵言之；将入嫌于废之，故以振讯士众言之，互相见也。祠兵，壮者在前，难在前。振旅，壮者在后，复长幼，且卫后也。○讯，音信，又音峻，本亦作"迅"。相见，贤遍反，下同。难，乃旦反。长，丁丈反。何言乎祠兵？据不书。为久也。为久稽留之辞。曷为为久？据取长葛久之。吾将以甲午之日，然后祠兵于是。讳为久留辞，使若无欲灭同姓之意，因见出竟，明盛非内邑也。

夏，师及齐师围成，成降于齐师。

成者何？盛也。以上有祠兵，下有盛伯来奔。○成，如字，二传作"郕"。降于，户江反，传及下注皆同。盛则曷为谓之成？讳灭同姓也。因鲁有成邑，同声相似，故云尔。曷为不言降吾师？据战于宋不言归郑❶。辟之也。辟灭同姓。言围者，使若鲁围之而去，成自从后降于齐师也。降者，自伏之文，所以醇归于齐。言及者，起鲁实欲灭之。不月者，顺讳文。不书盛伯出奔，深讳之。

秋，师还。

还者何？善辞也。此灭同姓，何善尔？病之也。慰劳

---

❶ "郑"，原作"卫"，据阮刻本改。

其罢病。○慰劳，力报反，下同。其罢，音皮，下同。**曰：师病矣。曷为病之？**据师出皆罢病，曷为独劳此病也？**非师之罪也。**明君之使，重在君，因解非师自汲汲。

冬，十有一月，癸未，齐无知弑其君诸儿。诸儿，襄公也。无知，公子夷仲年之子，襄公从弟。○儿，如字，一音五兮反。从，才用反。

九年，春，齐人杀无知。

公及齐大夫盟于暨。

公曷为与大夫盟？据与高傒盟，讳不言公。○暨，其器反，《左氏》作"蔇"。**齐无君也。然则何以不名？**据高傒名。**为其讳与大夫盟也，使若众然。**邻国之臣，犹吾臣也。君之于臣，当告从命行，而反歃血约誓，故讳使若悉得齐诸大夫约束之者愈也。不月者，是时齐以无知之难，小白奔莒，子纠奔鲁，齐迎子纠欲立之，鲁不与而与之盟，齐为是更迎小白，然后乃伐齐，欲纳子纠，不能纳，故深讳使若信者也。不致者，鲁地也。子纠出奔不书者，本未命为嗣，贱，故不录之。○为其，于伪反，注"为是"及下注"实为""鲁为"同。歃，所洽反，又所甲反。难，乃旦反。

夏，公伐齐，纳纠。

纳者何？入辞也。其言伐之何？据晋人纳捷菑于邾娄，不言伐。○纳纠，《左氏》经亦作"纳子纠"。**伐而言纳者，犹不能纳也。**伐者，非入国辞，故云尔。**纠者何？公子纠也。何以不称公子？**据下言子纠，知非当国，本当去国见絷言公子纠。○去国，起吕反，下"故去"同。**君前臣名也。**《春秋》别嫌明疑，嫌当为齐君，在鲁君前不为臣。礼，公子无去国道，臣异国义，故去公子，见臣于鲁也。纳不致者，言伐，得意不得意可知，犹遇弗遇例也。不月者，非纳篡辞。○别，彼列反。见，贤遍反。

齐小白入于齐。

曷为以国氏？据宋公子池自陈入于萧，氏公子也。当国也。当国，故先氏国也。不月者，移恶于鲁也。其言入何？篡辞也。

秋，七月，丁酉，葬齐襄公。

八月，庚申，及齐师战于乾时，我师败绩。

内不言败，此其言败何？据郎之战。伐败也。自誇大其伐而取败。○自誇，苦瓜反，本又作"夸"，下同。曷为伐败？据内不言败绩，曷为自誇大其伐而取败？复仇也。复仇以死败为荣，故录之。高齐襄，贤仇牧是也。此复仇乎大国，曷为使微者？据纳子纠公犹自行，即大夫当有名氏。公也。如上据知为公。公则曷为不言公？不与公复仇也。曷为不与公复仇？据讳与仇狩。复仇者，在下也。时实为不能纳子纠伐齐，诸大夫以为不如以复仇伐之，于是以复仇伐之，非诚心至意，故不与也。书败者，起托义。战不致者，有败文，得意不得意可知例。

九月，齐人取子纠杀之。

其言❶取之何？据楚人杀陈夏征舒不言取，执齐庆封杀之言执也。○夏，户雅反。内辞也。胁我，使我杀之也。以下浚洙，知其胁也。以称人共国辞，知使鲁杀之。时小白

---

❶ 原本无"言"字，据阮刻本校勘记补。

得国，与鲍叔牙图国政，故鲍叔荐管仲、召忽曰："使彼国得贤，己国之患也。"乃胁鲁使杀子纠，求管仲、召忽。鲁惶恐，杀子纠，归管仲，召忽死之，故深讳，使若齐自取杀之。○邵忽，本文作"召"，上照反。恐，丘勇反。**其称子纠何？据不立也。贵也。其贵奈何？宜为君者也。**故以君薨称子某言之者，著其宜为君，明鲁为齐杀之，皆当坐弑君，因解上纳言纠，皆不为篡，所以理嫌疑也。月者，从未逾年君例。主书者，从齐取也。○当坐，才卧反，后"当坐"之类皆放此。

冬，浚洙。

洙者何？水也。以言浚也。○浚，思俊反，深也。洙，音珠[1]，水名。**浚之者何？深之也。曷为深之？**据本非人功所为。**畏齐也。**洙在鲁北，齐所由来。**曷为畏齐也？**据伐败也。**辞杀子纠也。**时鲁新见胁，畏齐，浚之，微弱耻甚，故讳使若辞不肯杀子纠也，齐自取杀之，畏齐怒，为备，亦所以起上胁也。

十年，春，王正月，公败齐师于长勺。○勺，时灼反。

二月，公侵宋。

曷为或言侵，或言伐？觕者曰侵，觕，粗也。将兵至竟，以过侵责之，服则引兵而去，用意尚粗。○觕者，七奴反，又才古反。**精者曰伐，**精，犹精密也。侵责之不服，推兵入竟，伐击之益深，用意稍精密。**战不言伐，**举战为重，

---

❶ "珠"，原作"殊"，据阮刻本改。

黎❶战是也。合兵血刃曰战。**围不言战，**举围为重，楚子围郑是也。以兵守城曰围。**入不言围，**举入为重，晋侯入曹执曹伯是也。得而不居曰入。**灭不言入，**举灭为重，齐灭莱是也。取其国曰灭。**书其重者也。**明当以重者罪之，犹律一人有数罪，以重者论之。月者，属北败强齐之兵，南侵强宋，南北有难，复连祸于大国，故危之。○数，所主反。属，音烛。

三月，宋人迁宿。

迁之者何？不通也。以其不道所迁之地。**以地还之也。**还，绕也。解上不通也。不通反为迁者，宋本欲迁宿君取其国，不知宿之不肯邪？宋逆诈邪？先绕取其地，使不得通四方，宿穷，从宋求迁，故得言迁。**子沈子曰："不通者，盖因而臣之也。"**以宋称人也，宿不得通四方，宿君迁，宋因臣有之，不复以兵攻取，故从国辞称人也。月者，迁取王封，当与灭人同罪。书者，宋当坐灭人，宿不能死社稷，当绝也。主书者，从宋也。○不复，扶又反。

夏，六月，齐师、宋师次于郎。公败宋师于乘丘。

其言次于郎何？据齐国书伐我不言次，败不言乘丘。○乘，绳证反。**伐也。**时伐鲁，故书次。郎，鲁地。**伐则其言次何？**据齐国书伐我不言次。**齐与伐而不与战，故言伐也。**此道本所以当言伐意也。齐与伐而不与战，伐兵得成，故当言伐也。○齐与，音预，下及注同。**我能败之，故言次也。**此解本所以不言伐，言次意也。二国才止次，未成于伐鲁，即能败宋师齐师罢去，故不言伐，言次也，明国君当强，

---

❶ "黎"，原作"犁"，据阮刻本改。

折冲当远，鲁微弱深见犯，至于近邑，赖能速胜之，故云尔。所以强内，且明臣子当将顺其美，匡救其恶。○折冲，之设反；下昌容反。

秋，九月，荆败蔡师于莘，以蔡侯献舞归。

荆者何？州名也。州谓九州：冀、兖、青、徐、扬、荆、豫、梁、雍。○莘，所巾反。雍，於用反。**州不若国，国不若氏，氏不若人，人不若名，名不若字**，皆取精详录也。**字不若子。**爵最尊。《春秋》假行事以见王法，圣人为文辞孙顺，善善恶恶，不可正言其罪，因周本有夺爵称国氏人名字之科，故加州文，备七等，以进退之，若自记事者书人姓名，主人习其读而问其传，则未知己之有罪焉尔，犹此类也。○见，贤遍反。孙，音逊。恶恶，并如字，一读上乌路反。传，直专反。**蔡侯献舞何以名？**据获晋侯不名。**绝。曷为绝之？**据晋侯不名绝。**获也。**获，得也。战而为敌所得。献舞不言获，故名以起之。**曷为不言其获？**据晋侯言获也。**不与夷狄之获中国也。**与凡伯同义。夷狄谓楚。不言楚言荆者，楚强而近中国，卒暴责之，则恐为害深，故进之以渐，从此七等之极始也。○近，附近之近。卒，七忽反。

冬，十月，齐师灭谭，谭子奔莒。

何以不言出？据卫侯出奔也。○谭，徒南反。**国已灭矣，无所出也。**别于有国出奔者，孔子曰："君子于其言，无所苟而已矣。"月者，恶不死位也。○别，彼列反。恶，乌路反。

十有一年，春，王正月。

夏，五月，戊寅，公败宋师于鄑。○鄑，子斯反。

秋，宋大水。

何以书？记灾也。外灾不书，此何以书？据漷❶移不书。○漷，火虢反，又音郭。及我也。时鲁亦有水灾，书鲁则宋灾不见，两举则烦文不省，故诡例书外以见内也。先是二国比兴兵相败，百姓同怨而俱灾，故明天人相与报应之际，甚可畏之。○不见，贤遍反，下同。省，所景反。应，应对之应。

冬，王姬归于齐。

何以书？过我也。时王者嫁女于齐，涂过鲁，明当有送迎之礼。在涂不称妇者，王者无外，故从在国辞。○过，古禾反。

十有二年，春，王三月，纪叔姬归于酅。

其言归于酅何？据国灭来归不书，酅非纪国而言归。隐之也。何隐尔？其国亡矣，徒归于叔尔也。叔者，纪季也。妇人谓夫之弟为叔。来归不书，书归酅者，痛其国灭无所归也。酅不系齐者，时齐听后五庙，故国之，起有五庙存也。月者，恩录之。

夏，四月。

秋，八月，甲午，宋万弑其君接及其大夫仇牧。

及者何？累也。弑君多矣，舍此无累者乎？孔父、荀息皆累也。舍孔父、荀息无累者乎？曰：有。复反覆发传者，乐道人之善也。孔子曰："益者三乐，损者三乐：乐节礼乐，乐道人之善，乐多贤友，益矣；乐骄乐，乐佚游，乐宴

---

❶ "漷"，原作"郭"，据阮刻本改。

乐，损矣。"○接，《左氏》作"捷"。仇牧，音求；下音木。舍，音捨，下"舍孔父"同。复，扶又反，年末同。覆，芳服反。骄乐，音洛，下"宴乐"同。**有则此何以书？贤也。何贤乎仇牧？**据与孔父同也。**仇牧可谓不畏强御矣。**以下录万出奔月也。御，禁也。言力强不可禁也。○御，鱼吕反。**其不畏强御奈何？万尝与庄公战，**庄公，即鲁庄公。战者，乘丘时。**获乎庄公。庄公归，散舍诸宫中，**散，放也。舍，止也。获不书者，士也。**数月然后归之。**归反为大夫于宋，**与闵公博，**传本道此者，极其祸生于博戏，相慢易也。○数，所主反。公博，如字，戏名也。字书作"薄"。易，以豉反。**妇人皆在侧，万曰："甚矣！鲁侯之淑，**淑，善。**鲁侯之美也！**美，好。**天下诸侯宜为君者，唯鲁侯尔！"**万见妇人皆在侧，故讦闵公以此言。言闵公不如鲁侯美好。○讦，九列反，九谒反，一音九刘反；又一本作"揭"，其例、去列二反。**闵公矜此妇人，**色自美大于此妇人。**妒其言，顾曰："此虏也！**顾谓侧妇人曰：此万也虏，执虏也。○妒，丁故反。**尔虏焉故，**尔，女也，谓万也。更向万曰，女尝执虏于鲁侯，故称誉尔。○尔女，音汝，下同。称誉，音余，又音预。**鲁侯之美恶乎至？"**恶乎至，犹何所至。○恶，音乌，注同。**万怒，搏闵公，绝其脰。**脰，颈也。齐人语。○搏，音博。脰，音豆，颈也。**仇牧闻君弑，趋而至，遇之于门，手剑而叱之。**手剑，持拔剑。叱，骂之。○叱，昌实反。**万臂揱仇牧，碎其首，**侧手曰揱。首，头。○万臂，必赐反，本又作"辟"，婢亦反。揱，素葛反，又素结反，侧手系也。**齿著乎门阖。**阖，扇。○著，直略反。门阖，户腊反，门扇也。**仇牧可谓不畏强御矣**。犹乳犬獷虎，伏鸡搏狸，精诚之至也。争搏弑君而以当国言之者，重录强御之贼，祸不可测，明当防其重者，急诛之。○乳，如住反。獷，俱缚反，又九碧反，一本作"搏"，又音付。伏，扶又反。狸，力之反。

冬，十月，宋万出奔陈。万弑君所以复见者，重录强御之贼，明当急诛之也。月者，使与大国君奔同例，明强御也。○见，贤遍反。

十有三年，春，齐侯、宋人、陈人、蔡人、邾娄人会于北杏。齐桓行霸，约束诸侯，尊天子，故为此会也。桓公时未为诸侯所信乡，故使微者会也。桓公不辞微者，欲以卑下诸侯，遂成霸功也。○信乡，许亮反，年末同。卑下，退嫁反。

夏，六月，齐人灭遂。不会北杏故也。不讳者，桓公行霸，不任文德而尚武力，又功未足以除恶。

秋，七月。

冬，公会齐侯盟于柯。

何以不日？据唐之盟日。○柯，音歌。**易也**。易，犹佼易也。相亲信，无后患之辞。○易也，以豉反，注及下同。佼，古卯反。**其易奈何？桓之盟不日，其会不致，信之也。其不日何以始乎此？庄公将会乎桓，曹子进曰："君之意何如？"** 进，前也。曹子见庄将会有惭色，故问之。**庄公曰："寡人之生，则不若死矣。"** 自伤与齐为仇，不能复也。伐齐纳纠不能纳，反复为齐所胁而杀之。○能复，扶又反，下同。**曹子曰："然则君请当其君，臣请当其臣。"**

当，犹敌也。将劫之辞。**庄公曰："诺。"于是会乎桓。
庄公升坛，**土基三尺，土阶三等曰坛。会必有坛者，为升降
揖让，称先君以相接，所以长其敬。○坛，大丹反。以长，丁
丈反。**曹子手剑而从之。**从，随也。随庄公上坛，造桓公前
而胁之。曹子本谋当其臣，更当其君者，见庄有不能之色。
○上，时掌反。造桓，七报反，下同。**管子进曰："君何求
乎？"**管子，管仲也。君，谓庄公也。桓公卒愕不能应，故管
子进为此言。○卒，七忽反。愕，五各反。应，应对之应。为
此言，于伪反，下"为杀"同。**曹子曰：**庄公亦造次不知所
言，故任曹子。**"城坏压竟，**齐数侵鲁取邑，以喻侵深也。
○压，於甲反，又於辄反。数，所角反。**君不图与？"**君，
谓齐桓公。图，计也。犹曰君不当计侵鲁太甚。○与，音余。
管子曰："然则君将何求？"所侵邑非一，欲求何者。**曹
子曰："愿请汶阳之田。"**欲复鲁竟。**管子顾曰："君许
诺。"**诸侯死国不死邑，故可许诺。**桓公曰："诺。"曹
子请盟，**桓公下与之盟。下坛与曹子定约盟誓庄公也。必下
坛者，为杀牲不洁，又盟本非礼，故不于坛上也。**已盟，曹
子摽剑而去之。**摽，辟也。时曹子端❶剑守桓公，已盟，乃
摽剑置地，与桓公相去离，故云尔。○摽剑，普交反，辟也，
辟剑置地。刘兆云："辟，捐也。"辟也，婢亦反，下同。去
离，力智反。**要盟可犯，**臣约束君曰要，强见要胁而盟尔，
故云可犯。○要盟，一遥反，注同。强见，其丈反。**而桓公
不欺。曹子可仇，**以臣劫君，罪可仇。**而桓公不怨。桓公**

---

❶ "端"，原作"瑞"，据阮刻本改。

之信著乎天下，自柯之盟始焉。诸侯犹是翕然信乡服从，再会于鄄，同盟于幽，遂成霸功，故云尔。劫桓公取汶阳田不书者，讳行诈劫人也。

十有四年，春，齐人、陈人、曹人伐宋。

夏，单伯会伐宋。

其言会伐宋何？据伐国不殊会，曹伯襄言会诸侯。**后会也。**本期而后，故但举会。书者，刺其不信，因以分别功恶有深浅也。从义兵而后者，功薄；从不义兵而后者，恶浅。○别，彼列反。

秋，七月，荆入蔡。

冬，单伯会齐侯、宋公、卫侯、郑伯于鄄。○鄄，本亦作“甄”，规面反。

十有五年，春，齐侯、宋公、陈侯、卫侯、郑伯会于鄄。

夏，夫人姜氏如齐。

秋，宋人、齐人、邾娄人伐兒。○兒，音郳。

郑人侵宋。

冬，十月。

十有六年，春，王正月。

夏，宋人、齐人、卫人伐郑。

秋，荆伐郑。

冬，十有二月，公会齐侯、宋公、陈侯、卫侯、郑伯、许男、曹伯、滑伯、滕子同盟于幽。

同盟者何？同欲也。同心欲盟也。同心为善，善必成；同心为恶，恶必成：故重而言同心也。○滑，于八反。

邾娄子克卒。小国未尝卒，而卒者，为慕霸者，有尊天子之心，行进也。不日，始与霸者，未如琐。琐卒在二十八年。○为慕，于伪反。如琐，息果反。

十有七年，春，齐人执郑瞻。

郑瞻者何？郑之微者也。以无氏也。**此郑之微者，何言乎齐人执之？**据获宋万不书者，不坐获微者，今书齐称人，坐执文。○郑瞻，二传作"詹"。**书甚佞也。**为甚佞，故书恶之，所以轻坐执人也。然不得为伯讨者，事未得行，罪未成也。孔子曰："放郑声，远佞人。"罪未成者，伯当远之而已。○为甚，于伪反。恶之，乌路反，下"恶之"皆同。远佞，于万反，下同。

夏，齐人歼于遂。

歼者何？歼积也。众杀戍者也。歼者，死文。歼之为死，积死非一之辞，故曰歼积。众，多也。以兵守之曰戍。齐人灭遂，遂民不安，欲去，齐强戍之。遂人共以药投其所饮食水中，多杀之。古者有分土，无分民，齐戍之非也，遂不当坐也，故使齐为自积死文也。称人者，众辞也。不书戍将帅者，封内之兵，故不书。○歼，子廉反，二传作"歼"。积，本又作"渍"。强，其丈反。将帅，子匠反；下所类反。

秋，郑瞻自齐逃来。

何以书？书甚佞也，曰："佞人来矣！佞人来矣！"重言来者，道经主书者，若传云尔，盖痛鲁知而受之，信其计策，以取齐淫女，丹楹刻桷，卒为后败也。加逃者，抑之也。所以抑之者，上执称人，嫌恶未明。系郑者，明行当本于乡里也。子贡问曰："乡人皆好之，何如？"子曰："未可。""乡人皆恶之，何如？"子曰："未可。不若乡人之善者善之，乡人之恶者恶之。"○重，直用反。明行，下孟反。

冬，多麋。

何以书？记异也。麋之为言，犹迷也。象鲁为郑瞻所迷惑也。言多者，以多为异也。○麋，亡悲反。

十有八年，春，王三月，日有食之。是后戎犯中国，鲁蔽郑瞻，夫人如莒，淫泆不制所致。

夏，公追戎于济西。以兵逐之曰追。○济，子礼反。

此未有言伐者，其言追何？据公追齐师至巂，举齐侵也。大其为中国追也。以其不限所至，知为中国追也。○为中，于伪反，注及下皆同。此未有伐中国者，则其言为中国追何？大其未至而豫御之也。其言于济西何？据公追齐师至巂弗及，不言于也。大之也。大公除害，恩及济西也。言大者，当有功赏也。追例时。

秋，有蜮。

何以书？记异也。蜮之犹言惑也。其毒害伤人，形体不可见，象鲁为郑瞻所惑，其毒害伤人，将以大乱，而不能见也。言有者，以有为异也。○蜮，音或，短狐也；或谓之射工，音食。

冬，十月。

十有九年，春，王正月。

夏，四月。

秋，公子结媵陈人之妇于鄄，遂及齐侯、宋公盟。

媵者何？诸侯娶一国，则二国往媵之，以侄娣从。言往媵之者，礼，君不求媵，二国自往媵夫人，所以一夫人之尊。○媵陈，以证反，又绳证反。娣从，才用反，下注同。**侄者何？兄之子也。娣者何？弟也。诸侯壹聘九女，诸侯不再娶。**必以侄娣从之者，欲使一人有子，二人喜也。所以防嫉妒，令重继嗣也。因以备尊尊、亲亲也。九者，极阳数也。不再娶者，所以节人情，开媵路。○嫉，音疾，又音自。**媵不书，此何以书？**据伯姬归于纪，不书媵也。**为其有遂事书。**为下有遂事善也，故书所以不当书，以起将有所详录，犹伯姬书媵也。不媵，则当取。得书者，张本文。言公子结如陈，遂及齐侯、宋公盟于鄄。○为其，于伪反，注及下注同。**大夫无遂事，此其言遂何？聘礼，大夫受命，不受辞。**以外事不素制，不豫设，故云尔。**出竟有可以安社稷利国家者，则专之可也。**先是鄄、幽之会，公比❶不至，公子结出竟，遭齐、宋欲深谋伐鲁，故专矫君命而与之盟，除国家之难，全百姓之命，故善而详录之。先书地，后书盟者，明出竟乃得专之也。盟不地者，方使上为出竟地，即更出地，嫌上地自为媵出地也。陈称人者，为内书，故略，以外国辞言之。此陈侯夫人，言妇者，在涂也。加之者，礼未成也。冬，齐人、宋人、陈人伐我西鄙，而盟不日者，起国家后背结之约，非结不信也。○矫，居表反。难，乃旦反。背，音佩。

夫人姜氏如莒。

冬，齐人、宋人、陈人伐我西鄙。鄙者，边垂之辞，劳且❷远也。

---

❶ "比"，原作"此"，据阮刻本校勘记改。
❷ "劳且"，原作"荣见"，据武英殿本改。

二十年，春，王二月，夫人姜氏如莒。月者，再出也。不从四年已月者，异国。

夏，齐大灾。

大灾者何？大瘠也。瘠，病也，齐人语也。以加大，知非火灾也。○大瘠，在亦反，病也；本或作"癠"，才细反；一本作"渍"，才赐反，郑注《曲礼》引此同。大瘠者何？痢也。痢者，民疾疫也。○痢，力二反，疾疫也。疫，音役。何以书？记灾也。外灾不书，此何以书？及我也。与宋大水同义。痢者，邪乱之气所生，是时鲁任郑瞻，夫人如莒淫泆，齐侯亦淫诸姑姊妹，不嫁者七人。○邪，似嗟反。

秋，七月。

冬，齐人伐戎。

二十有一年，春，王正月。

夏，五月，辛酉，郑伯突卒。○郑伯突，徒没反，厉公也。

秋，七月，戊戌，夫人姜氏薨。

冬，十有二月，葬郑厉公。《春秋》篡明者书葬。

二十有二年，春，王正月，肆大省。

肆者何？跌也。跌，过度。○肆，音四，本或作"佚"。大省，所景反，除自省皆同，二传作"眚"。跌，大结反，过度也。大省者何？灾省也。谓子卯日也。夏以卯日亡，殷以子日亡，先王常以此日省吉事，不忍举，又大自省敕，得无独有此行乎？常若闻灾自省，故曰灾省也。○行，下孟反。肆大省，何以书？讥。何讥尔，讥始忌省也。时鲁有夫人丧，忌省日不哭。省日本以忌吉事，不以忌凶事，故礼哭不辟子卯日，所以专孝子之思也。不与念母，而讥忌省者，本不事母则已，不当忌省，犹为商人责不讨贼。○思，息嗣反。为，于伪反。

癸丑，葬我小君文姜。

文姜者何？ 庄公之母也。辄发传者，起仇母，录子恩。凡母在子年，无適庶，皆系子也。不在子年，適母系夫，庶母系子。言小君者，比于君为小，俱臣子辞也。文者，谥也。夫人以姓配谥，欲使终不忘本也。○无適，丁历反，下同。

陈人杀其公子御寇。 书者，杀君之子，重也。

夏，五月。 以五月首时者，讥庄公取仇国女，不可以事先祖，奉四时祭祀，犹五月不宜以首时。

秋，七月，丙申，及齐高傒盟于防。 防，鲁地。○傒，音兮。

齐高傒者何？贵大夫也。曷为就吾微者而盟？ 据暨与公盟也。**公也。** 以其日，微者不得日，大夫盟当出名氏。**公则曷为不言公？** 讳与大夫盟也。

冬，公如齐纳币。 纳币即纳征。《礼》[1]曰"主人受币，士受俪皮"是也。《礼》言纳征，《春秋》言纳币者，《春秋》质也。凡婚礼皆用雁，取其知时候。唯纳征用玄纁束帛俪皮。玄纁，取其顺天地也。俪皮者，鹿皮，所以重古也。○纁，许云反，俪，力计反，本又作"丽"。

纳币不书，此何以书？ 据桓三年公子翚如齐逆女，不书

---

❶ "礼"上原衍"纳征"二字，据阮刻本校勘记删。

纳币。讥。何讥尔？亲纳币，非礼也。时庄公实以淫泆大恶不可言，故因其有事于纳币，以无廉耻为讥。不讥丧娶者，举淫为重也。凡公之齐，所以起淫者，皆以危致也。

二十有三年，春，公至自齐。

桓之盟不日，其会不致，信之也。据柯之盟不日，柯之会不致。此之桓国，何以致？危之也。何危尔？公一陈佗也。公如齐淫，与陈佗相似如一也。○佗，大何反。

祭叔来聘。不称使者，公一陈佗，故绝，使若我无君，以起其当绝，因不与天子下聘小人。○祭，侧界反。

夏，公如齐观社。

何以书？讥。何讥尔？诸侯越竟观社，非礼也。观社者，观祭社。讳淫言观社者，与亲纳币同义。社者，土地之主。祭者，报德也。生万物，居人民，德至厚，功至大，故感春秋而祭之，天子用三牲，诸侯用羊豕。

公至自齐。

荆人来聘。

荆何以称人？据上称州。始能聘也。《春秋》王鲁，因其始来聘，明夷狄能慕王化，修聘礼，受正朔者，当进之，故使称人也。称人当系国，而系荆者，许夷狄者不一而足。

公及齐侯遇于榖。

萧叔朝公。

其言朝公何？据公在内不言朝公，在外言会。公在外也。时公受朝于外，故言朝公，恶公不受于庙。○恶公，乌路反，下同。

秋，丹桓宫楹。

何以书？讥。何讥尔？丹桓宫楹，非礼也。楹，柱也。丹之者，为将娶齐女，欲以夸大示之。传言丹桓宫者，欲道天子诸侯各有制也。礼，天子斫而砻之，加密石焉；诸侯斫而砻之，不加密石；大夫斫之；士首本。失礼宗庙，例时。○宫楹，音盈，柱也，下传及注同。为将，于伪反。斫，丁角反，下同。砻，力工反。

冬，十有一月，曹伯射姑卒。曹达《春秋》常卒月葬时也。始卒日葬月，嫌与大国同，后卒而不日，入所闻世，可日不复日。○射姑，音亦。复，扶又反。

十有二月，甲寅，公会齐侯盟于扈。

桓之盟不日，此何以日？危之也。何危尔？我贰也。庄公有污贰❶之行。○扈，音户。有污，污辱之污，一音乌卧反，后放此。行，下孟反。鲁子曰："我贰者，非彼然，我然也。"嫌上托❷以齐恶我贰，相疑而盟，故曰也。解言非齐恶我也，我行污贰，动作有危，故日之也。

二十有四年，春，王三月，刻桓宫桷。

何以书？讥。何讥尔？刻桓宫桷，非礼也。与丹楹同义。月者，功重于丹楹。○桷，音角，椽也。

葬曹庄公。

夏，公如齐逆女。

何以书？亲迎礼也。讳淫，故使若以得礼书也。礼，诸侯既娶三月，然后夫人见宗庙。见宗庙，然后成妇礼。○迎，

---

❶ "污贰"上原有"淫佚"二字，据阮刻本校勘记删。

❷ "托"，原作"说"，据阮刻本校勘记改。

鱼命反。见宗，贤遍反，下传文"见也""见用币"及注同。

秋，公至自齐。八月，丁丑，夫人姜氏入。

其言入何？据夫人姜氏言至不言入。难也。其言日何？据夫人姜氏至，不日。○难也，乃旦反，下及注同。难也。其难奈何？夫人不偻，不可使入，与公有所约，然后入。偻，疾也，齐人语。约，约远媵妾也。夫人稽留，不肯疾顺公，不可使即入。公至后，与公约定八月丁丑乃入，故为难辞也。夫人要公不为大恶者，妻事夫有四义：鸡鸣缤笄而朝，君臣之礼也；三年恻隐，父子之恩也；图安危可否，兄弟之义也；枢机之内，寝席之上，朋友之道，不可纯以君臣之义责之。○不偻，力主反，疾也。注同。远，于万反。要，一遥反。缤笄，所买反，又所绮反。恻隐，初力反。

戊寅，大夫宗妇觌，用币。

宗妇者何？大夫之妻也。觌者何？见也。用者何？用者不宜用也。不宜用币为贽也。○觌，大历反，见也。贽，音至。见用币非礼也。以文在觌下，不使赍见，知非礼也。然则曷用？枣栗云乎？腶脩云乎？腶脩者，脯也。礼，妇人见舅姑，以枣栗为贽；见女姑，以腶脩为贽；见夫人至尊，兼而用之。云乎，辞也。枣栗取其早自谨敬，腶脩取其断断自修正。执此者，若其辞云尔，所以叙情配志也。凡贽，天子用鬯，诸侯用玉，卿用羔，大夫用雁，士用雉。雉取其耿介；雁取其在人上，有先后行列；羔取其执之不鸣，杀之不号，乳必跪而受之，类死义知礼者也；玉取其至清而不自蔽其恶，洁白而不受污，内坚刚而外温润，有似乎备德之君子；鬯取其芬芳在上，臭达于天，而醇粹无择，有似乎圣人，故视其所执而知其所任矣。日者，礼，夫人至，大夫皆郊迎，明日大夫宗妇皆见，故著其日❶也。大夫妻言宗妇者，大夫为宗子者也。族所以有宗者，为调族理亲疏，令昭穆亲疏各得其序也，故始统世世继重者为大宗，旁统者为小宗，小宗无子则绝，大宗无子则不绝，重本也。天子诸侯世以三牲养，礼有代宗之义，大夫不世，不得专宗。著言宗妇者，重教化自本始也。○断脩，丁乱反，注同，本又作"服"，音同锻；脯加姜桂曰脩。耿介，古幸反；下音界。行，户郎反。号，户刀反。跪，其委反。醇，音纯。粹，虽遂反。为调，于伪反，下"仕为"同。令，力呈反。昭穆，上遥反，凡昭穆之例皆同。

大水。 夫人不制，遂淫二叔，阴气盛，故明年复水也。○复，扶又反。

冬，戎侵曹，曹羁出奔陈。

曹羁者何？曹大夫也。 以小国，知无氏为大夫。○曹羁，居宜反，下同。**曹无大夫，此何以书？** 据羁无氏。**贤也。何贤乎曹羁？** 据国见侵，出奔以辟难。**戎将侵曹，曹羁谏曰："戎众以无义，** 戎师❷多，又常以无义为事。**君请勿自敌也。"** 礼，兵敌则战，不敌则守。君师少，不如守，且使臣下往。○则守，手又反，又如字，下同。**曹伯曰："不可。"** 臣下不可独往。**三谏不从，遂去之。故君子以为得君臣之义也。** 孔子曰："所谓大臣者，以道事君，不可则止。"此之谓也。谏必三者，取月生三日而成魄，臣道就

---

❶ "日"上原有"明"字，据武英殿本删。

❷ "师"，原作"帅"，据阮刻本改。

也。不从得去者，仕为行道，道不行，义不可以素餐，所以申贤者之志，孤恶君也。谏有五：一曰讽谏，孔子曰："家不藏甲，邑无百雉之城。"季氏自堕之是也；二曰顺谏，曹羁是也；三曰直谏，子家驹是也；四曰争谏，子反请归是也；五曰赣谏，百里子、蹇叔子是也。○魄，普白反。餐，七干反。讽，方凤反。堕，许规反。争，争斗之争。赣谏，陟降反，又呼弄反，又丑用反。

赤归于曹郭公。

赤者何？曹无赤者，盖郭公也。以郭公在赤下。○赤归于曹郭公，此连为句。郭，音虢，亦如字。连读郭公为一句。**郭公者何？失地之君也。**失地者，出奔也。名言归，倒郭公置赤下者，欲起曹伯为戎所杀，故使若曹伯死，谥之为郭公。而赤微者，自归曹也。不言赤奔者，从微者例，不得录出奔。

二十有五年，春，陈侯使女叔来聘。称字者，敬老也。礼，七十，虽庶人，主字❶而礼之。《孝经》曰"昔者明王之以孝治天下也，不敢遗小国之臣"是也。○女，音汝。

夏，五月，癸丑，卫侯朔卒。《春秋》篡明者当书葬，朔不书葬，嫌与篡同例，身绝国不绝，故去葬，明犯天子命重，不得书葬，与盗国同。○故去，起吕反，年末同。

六月，辛未，朔，日有食之。鼓用牲于社。

日食则曷为鼓用牲于社？据日食在天。**求乎阴之道也。**求，责求也。**以朱丝营社，或曰胁之，或曰为暗，恐**

---

❶ "字"，原作"孝"，据阮刻本校勘记改。

人犯之，**故营之**。或曰者，或人辞，其义各异也。或曰胁之，与责求同义。社者，土地之主也。月者，土地之精也。上系于天而犯日，故鸣鼓而攻之，胁其本也。朱丝营之，助阳抑阴也。或曰为暗者，社者，土地之主，尊也，为日光尽，天暗冥，恐人犯历之，故营之。然此说非也。记或传者，示不欲绝异说尔。先言鼓，后言用牲者，明先以尊命责之，后以臣子礼接之，所以为顺也。不言鼓于社用牲者，与禘于大庙用致夫人同，嫌起用牲为非礼。书者，善内感惧天灾，应变得礼也。是后夫人遂不制，通于二叔，杀二嗣子也。○营社，一倾反，又如字，本亦作"萦"，同。为暗，于伪反，注"为暗""为日光"同。大庙，音泰。应变，应对之应。

伯姬归于杞。

秋，大水。鼓用牲于社于门。

其言于社于门何？据一鼓用牲耳。**于社，礼也。于门，非礼也。**于门非礼，故略不复举鼓用牲。不举非礼为重者，如去于社，嫌于门礼也。大水与日食同礼者，水亦土地所为，云实出于地，而施于上乃雨，归功于天，犹臣归美于君。○复，扶又反。

冬，公子友如陈。如陈者，聘也。内朝聘言如者，尊内也。书者，录内所交接也。朝京师大国，善有加录文，如楚有危文。聘无月者，比于朝轻也。

二十有六年，春❶，公伐戎。

夏，公至自伐戎。

---

❶ 原本无"春"字，据阮刻本校勘记补。

曹杀其大夫。

何以不名？据莒小于曹，杀公子意恢名。**众也。曷为众杀之？**据杀三郤名。**不死于曹君者也。**曹诸大夫与君俱敌戎战，曹伯为戎所杀，诸大夫不伏节死义，独退求生，后嗣子立而诛之。《春秋》以为得其罪，故众略之不名。凡❶书君杀大夫，大夫有罪，以专杀书，他皆以罪举。**君死乎位曰灭，曷为不言其灭？**据胡子髡灭。○髡，苦门反。**为曹羁讳也。此盖战也。何以不言战？**如上语知为战。○为曹，于伪反，下同。**为曹羁讳也。**讳者，上出奔，嫌辟难，欲起其贤，又所谏者战也，故为去战灭之文，所以致其意也。曹无大夫，书杀大夫者，起当诛也。○避难，乃旦反。为去，于伪反；下起吕反。

秋，公会宋人、齐人伐徐。

冬，十有二月，癸亥，朔，日有食之。异与上日食略同。

二十有七年，春，公会杞伯姬于洮。书者，恶公教内女以非礼也。洮，内也。凡公出，在外致，在内不致。其与妇人会，不别得意，虽在外犹不致。伯姬不卒者，盖不与卒于无服。女会来例皆时。○洮，他刀反。恶公，乌路反，下"恶庄"同。别，彼列反。

夏，六月，公会齐侯、宋公、陈侯、郑伯同盟于幽。
秋，公子友如陈，葬原仲。

原仲者何？陈大夫也。大夫不书葬，此何以书？据益师等皆不书葬。称字者，葬从主人也。**通乎季子之私行也。**

---

❶ "凡"，原作"心"，据阮刻本改。

不以公事行曰私行。私行，不言葬原仲于陈。若告籴者，告籴上有无麦禾，知以国事起。此上下无起文，而不言如陈，嫌不辟国事，实私行也。不嫌使乎大夫者，有国文也。○告籴，音狄，下同。使，所吏反。**何通乎季子之私行？** 据大夫私行不书。**辟内难也。** 欲起其辟内难。○内难，乃旦反，注及下皆同。**君子辟内难，而不辟外难。**《礼记》曰："门内之治恩掩义，门外之治义掩恩。"○之治，直吏反，下"之治"同。

内难者何？公子庆父、公子牙、公子友皆庄公之母弟也。公子庆父、公子牙通乎夫人， 通者，淫通。**以胁公。** 语在三十二年。**季子起而治之，则不得与于国政；坐而视之，则亲亲，** 亲，至亲也。○与，音预。**因不忍见也。** 因缘己心不忍见亲亲之乱。**故于是复请至于陈，而葬原仲也。** 书者，恶庄公不能任用，使辟难而出。

冬，杞伯姬来。

其言来何？ 据有来归。**直来曰来，** 直来，无事而来也。诸侯夫人尊重，既嫁，非有大故不得反。唯自大夫妻，虽无事，岁一归宗。**大归曰来归。** 大归者，废弃来归也。妇人有七弃、五不娶、三不去：尝更三年丧不去，不忘恩也；贱取贵不去，不背德也；有所受，无所归不去，不穷穷也。丧妇长女不娶，无教戒也；世有恶疾不娶，弃于天也；世有刑人不娶，弃于人也；乱家女不娶，类不正也；逆家女不娶，废人伦也。无子弃，绝世也；淫泆弃，乱类也；不事舅姑弃，悖德也；口舌弃，离亲也；盗窃弃，反义也；嫉妒弃，乱家也；恶疾弃，不可奉宗庙也。○更，音庚。背，音佩。丧妇，息浪反。长女，丁丈反。悖，补内反。

莒庆来逆叔姬。

莒庆者何？莒大夫也。莒无大夫，**此何以书？**讥。**何讥尔？大夫越竟逆女，非礼也。**礼，大夫任重，为越竟逆女，于政事有所损旷，故竟内乃得亲迎，所以屈私赴公也。言叔姬者，妇人以字通。言叔姬，贱，故略与归同文，重乖离也。

杞伯来朝。杞，夏后，不称公者，《春秋》黜杞，新周而故宋，以《春秋》当新王。黜而不称侯者，方以子贬，起伯为黜。说在僖二十三年。○夏，户雅反。

公会齐侯于城濮。○濮，音卜。

二十有八年，春，王三月，甲寅，齐人伐卫。卫人及齐人战，卫人败绩。

伐不日，此何以日？据郑人伐卫不日。**至之日也。**用兵之道，当先至竟侵责之，不服乃伐之。今日至，便以今日伐之，故曰以起其暴也。**战不言伐，此其言伐何？至之日也。**至日便伐，明暴故举伐。**《春秋》伐者为客，**伐人者为客，读伐长言之，齐人语也。○伐者为客，何云"读伐长言之"，伐人者也。**伐者为主。**见伐者为主，读伐短言之，齐人语也。○伐者为主，何云"读伐短言之"，见伐者也。**故使卫主之也。**战序上言及者为主。**曷为使卫主之？**据宋襄公伐齐，宋主齐。**卫未有罪尔。**盖为幽之会，服父丧未终而不至故。○盖为，于伪反。**败者称师，卫何以不称师？**据桓十三年己巳，燕人战败绩称师也。**未得乎师也。**未得成列为师也。诈战不言战，言战者，卫未有罪，方欲使卫主齐，见直文也。不地者，因都主国也。○见直，贤遍反。

夏，四月，丁未，邾娄子琐卒。日者，附从霸者朝天子，行进。○琐，素果反。

秋，荆伐郑。公会齐人、宋人、邾娄人救郑。书者，善中国能相救。

冬，筑微。○筑微，《左氏》作"麋"。

大无麦禾。

冬，既见无麦禾矣，曷为先言筑微，而后言无麦禾？讳以凶年造邑也。讳使若造邑而后无麦禾者，恶愈也。此盖秋水所伤，就筑微下俱举水，则嫌冬水，推秋无麦禾，使若冬水所伤者，但言无麦禾，则嫌秋自不成，不能起秋水，因疾庄公行类同，故加大，明有秋水也。此夫人淫泆之所致。

臧孙辰告籴于齐。

告籴者何？请籴也。买谷曰籴。何以不称使？据上大无麦禾，知以国事行，当言如也。以为臧孙辰之私行也。曷为以臧孙辰之私行？据国事也。君子之为国也，必有三年之委。一年不熟，告籴，讥也。古者三年耕，必余一年之储；九年耕，必有三年之积，虽遇凶灾，民不饥乏。庄公享国二十八年，而无一年之畜，危亡切近，故讳使若国家不匮，大夫自私行籴也。○委，於鬼反。诸，直鱼反。畜，敕六反。匮，其位反。

二十有九年，春，新延厩。

新延厩者何？修旧也。旧，故也。缮故曰新，有所增益曰作，始造曰筑。○厩，九又反。修旧不书，此何以书？据新宫灾后修不书。讥。何讥尔？凶年不修。不讳者，缮故功费差轻于造邑。延厩，马厩也。○费，芳味反。差，初卖反。

夏，郑人侵许。

秋，有蜚。

何以书？记异也。蜚者，臭恶之虫也，象夫人有臭恶之行。言有者，南越盛暑所生，非中国之所有。○蜚，扶味反，臭虫也。行，下孟反。

冬，十有二月，**纪叔姬卒。**国灭卒者，从夫人行，待之以初也。

城诸及防。诸，君邑。防，臣邑。言及，别君臣之义。君臣之义正，则天下定矣。○别，彼列反。

三十年，春，王正月。

夏，师次于成。

秋，七月，齐人降鄣。

鄣者何？纪之遗邑也。降之者何？取之也。取之则曷为不言取之？为桓公讳也。时霸功足以除恶，故为讳。言降者，能以德见归，自来服者可也。○降鄣，户江反，下注同。鄣，音章。为桓，于伪反，注同。**外取邑不书，此何以书？尽也。**襄公服纪以过，而复尽取其邑，恶其不仁之甚也。月者，重于取邑。○复，扶又反。恶其，乌路反，下同。

八月，癸亥，**葬纪叔姬。**

外夫人不书葬，此何以书？隐之也。何隐尔？其国亡矣，徒葬乎叔尔。

九月，庚午，朔，日有食之。**鼓用牲于社。**是后鲁比弑二君，狄灭邢、卫。○比杀，申志反。

冬，公及齐侯遇于鲁济。○济，子礼反。

齐人伐山戎。

此齐侯也，其称人何？据下言齐侯来献戎捷。贬。曷
为贬？据齐侯伐北戎不贬。子司马子曰："盖以操之为已
蹙矣。"操，迫也。已，甚也。蹙，痛也。迫杀之甚痛。○
以操，七刀反，迫也，注同。蹙，子六反。此盖战也。何以
不言战？据得捷也。《春秋》敌者言战。桓公之与戎狄，
驱之尔。时桓公力但可驱逐之而已，戎亦天地之所生，而乃
迫杀之甚痛，故去战贬见其事，恶不仁也。山戎者，戎中之别
名，行进故录之。○去，起吕反。见，贤遍反。

三十有一年，春，筑台于郎。

何以书？讥。何讥尔？临民之所漱浣也。无垢加功曰
漱，去垢曰浣，齐人语也。讥者，为渎下也。礼，天子外屏，
诸侯内屏，大夫帷，士帘，所以防泄慢之渐也。礼，天子有灵
台以候天地，诸侯有时台以候四时。登高远望，人情所乐，动
而无益于民者，虽乐不为也。四方而高曰台。○漱，素口反。
浣，户管反。垢，古口反。去，起吕反。为渎，于伪反，下
"为威"同。

夏，四月，薛伯卒。卒者，薛与滕俱朝隐公，桓弑隐而
立，滕朝桓公，薛独不朝，知去就也。○桓杀，申志反。

筑台于薛。

何以书？讥。何讥尔？远也。礼，诸侯之观不过郊。
○观，工唤反。

六月，齐侯来献戎捷。战所获物曰捷。

齐，大国也。曷为亲来献戎捷？据齐未尝朝鲁。威我
也。以威恐怖鲁也。如上难知为威鲁书之。○恐怖，丘勇反；
下普故反。其威我奈何？旗获而过我也。旗，军帜名，各有

色，与金鼓俱举，使士卒望而为陈者。旗获，建旗县所获得以过鲁也。不书威鲁者，耻不能为齐所忌难，见轻侮也。言献捷系戎者，《春秋》王鲁，因见王义，古者方伯征伐不道，诸侯交格而战者，诛绝其国，献捷于王者。楚献捷时，此月者，刺齐桓骄慢恃盈，非所以就霸功也。○帜，音志，又申志反，又尺志反，本又作"织"，同。难，乃旦反。因见，贤遍反。

秋，筑台于秦。

何以书？讥。何讥尔？临国也。言国者，社稷、宗庙、朝廷皆为国，明皆不当临也。临社稷、宗庙则不敬，临朝廷则泄慢也。

冬，不雨。

何以书？记异也。京房《易传》曰："旱异者，旱久而不害物也。斯禄去公室，福由下作，故阳虽不施，而阴道独行，以成万物也。"先是比筑三台，庆牙专政之应。○施，申豉反。

三十有二年，春，城小穀。

夏，宋公、齐侯遇于梁丘。

秋，七月，癸巳，公子牙卒。

何以不称弟？据公弟叔肸卒。○肸，许乙反。杀也。杀则曷为不言刺之？据公子买有罪杀之，言刺不言卒。为季子讳杀也。曷为为季子讳杀？据叔孙得臣卒不日者，恶不发扬公子遂弑也。○为季，于伪反，下"为季"、"而为"、注"故为"同。季子之遏恶也。遏，止。○遏，於葛反，止也。不以为国狱，不就狱致其刑，故言卒。缘季子之心而为之讳。季子过在亲亲，疑于非正，故为之讳，所以别嫌明疑。

○别，彼列反。**季子之遏恶奈何？庄公病将死，以病召季子。**召之于陈。**季子至而授之以国政。**至不书者，内大夫出与归，不两书。**曰："寡人即不起此病，吾将焉致乎鲁国？"**致，与也。○焉，於虔反。**季子曰："般也存，君何忧焉？"公曰："庸得若是乎？**庸，犹佣佣无节目之辞。○般，音班。**牙谓我曰：'鲁一生一及，君已知之矣。'**父死子继曰生，兄死弟继曰及。言隐公生，桓公及，今君生，庆父亦当及，是鲁国之常也。**庆父也存。"**时庄公以为牙欲立庆父。**季子曰："夫何敢？是将为乱乎？夫何敢！"**再言夫何敢者，反覆思惟，且欲以安病人也。孔子曰："君子有九思：视思明，听思聪，色思温，貌思恭，言思忠，事思敬，疑思问，忿思难，见得思义。"○夫何，音扶，下及注同。覆，芳服反。思难，乃旦反。**俄而牙弑械成。**是时牙实欲自弑君，兵械已成，但事未行尔。有攻守之器曰械。○俄，五多反。牙杀，申志反，注及下"亲弑"同。械，户戒反。**季子和药而饮之，**药者，酖毒也，传曰"酖之"是也。时季子亦有械，故能饮之。传不道者，从可知。○饮，於鸩反，注同。酖毒，本亦作"鸩"，直荫反，下文同。**曰："公子从吾言而饮此，则必可以无为天下戮笑，必有后乎鲁国。**时世大夫，诔不宣扬，子当继体如故。**不从吾言而不饮此，则必为天下戮笑，必无后乎鲁国。"于是从其言而饮之，饮之无傫氏，至乎王堤而死。公子牙今将尔，**今将欲杀。○无傫，无本又作"巫"；傫，音力委反，又力追反。堤，丁兮反。**辞曷为与亲弑者同？**辞，传序经辞。亲，躬亲也。**君亲无将，将而诛焉。**亲，谓父母。○无将，如字，闵公"本将不诛"将而"皆同；或子匠反，非也。**然则善之与？曰：然。杀世子母弟直称君者，甚之也。季子杀母兄，何善尔？诛不得辟兄，君臣之义也。**以臣事君之义也。唯人君然后得申亲亲之恩。○与，音余。**然则曷为不直诛而鸩之？行诛乎兄，隐而逃之，使托若以疾死然，亲亲之道也。**明当以亲亲原而与之，于治乱，当赏疑从重；于平世，当罚疑从轻。庄不卒大夫而卒牙者，本以当国将弑君。书日者，录季子遏恶也。行诛亲亲，虽鸩之犹有恩也。

八月，癸亥，公薨于路寝。

路寝者何？正寝也。公之正居也。天子诸侯皆有三寝：一曰高寝，二曰路寝，三曰小寝。父居高寝，子居路寝，孙从王父母，妻从夫寝，夫人居小寝。在寝地者，加录内也。夫人不地者，外夫人不卒，内书薨已录之矣，故出乃地。

冬，十月，乙未，子般卒。

子卒云子卒，此其称子般卒何？据子赤不言子赤卒。**君存称世子，**明当世父位为君。**君薨称子某，**缘民臣之心，不可一日无君，故称子某，明继父也。名者，尸枢尚存，犹以君前臣名也。**既葬称子，**不名者，无所屈也。缘终始之义，一年不二君，故称子也。**逾年称公。**不可旷年无君。**子般卒，何以不书葬？**据定姒俱称卒书葬。**未逾年之君也，有子则庙，**则立庙也。**庙则书葬。**录子恩也。**无子不庙，不庙则不书葬。**未逾年之君，礼，臣下无服，故无子不庙，不庙则不书葬，示一年不二君也。称卒不地者，降成君也。日者，为臣子恩录之也。杀不去日见隐者，降子赤也。○去，起吕反。见，贤遍反。

公子庆父如齐。如齐者，奔也。是时季子新鸩牙，庆父虽归狱邓扈乐，犹不自信于季子，故出也。不言奔者，起季子不探其情，不暴其罪。○乐，音洛。暴，步卜反。

狄伐邢。

《春秋公羊》卷第三

经传伍阡贰伯捌拾叁字
注壹万贰伯壹拾贰字
音义贰阡叁伯捌拾柒字

卷四

闵公第四

元年，春，王正月。

公何以不言即位？继弑君不言即位。复发传者，嫌继未逾年君义异故也。明当隐之如一。○弑，申志反。复，扶又反，下同。**孰继？**据子般弑不见。○见，贤遍反。**继子般也。孰弑子般？**庆父也。杀公子牙，今将尔，季子不免。**庆父弑君，何以不诛？将而不免，遏恶也。既而不可及，因狱有所归，不探其情而诛焉，亲亲之道也。**论季子当从议亲之辟，犹律亲亲得相首匿，当与叔孙得臣有差。○探，他南反。辟，婢亦反。匿，女力反。**恶乎归狱？归狱仆人邓扈乐。曷为归狱仆人邓扈乐？**据师还也。○恶，音乌。扈乐，音洛，或如字。庄公存之时，乐曾淫于宫中，子般执而鞭之。庄公死，庆父谓乐曰："般之辱尔，国人莫不知，盍弑之矣。"**使弑子般，然后诛邓扈乐而归狱焉。**杀邓扈乐不书者，微也。○曾，才能反。盍，户腊反。**季子至而不变也。**至者，闻君弑，从家至朝，季子知乐势不能独弑，而不变正其真伪。

齐人救邢。

夏，六月，辛酉，葬我君庄公。

秋，八月，公及齐侯盟于洛姑。时庆父内则素得权

146

重，外则出奔强齐，恐为国家祸乱，故季子如齐闻之，奉闵公托齐桓为此盟。下书归者，使与君致同。主书者，起托君也。

季子来归。

其称季子何？据如陈名不称季，卒不称子。**贤也。**嫌季子不探诛庆父有甚恶，故复于托君安国贤之。所以轻归狱，显所当任，达其功。不称季友者，明齐继鲁，本感洛姑之托，故令与高子俱称子，起其事。○令，力呈反。**其言来归何？**据召归不书，隐如言至。**喜之也。**季子来归则国安，故喜之。而变至加录云尔，盖与贤相起。言归者，主为喜出。言来者，起从齐自外来。盟不日，公不致者，桓之盟不日，其会不致，信之也。○主为，于伪反，下文注皆同。

冬，齐仲孙来。

齐仲孙者何？公子庆父也。公子庆父，则曷为谓之齐仲孙？系之齐也。曷为系之齐？据栾盈出奔楚，还不系楚。**外之也。曷为外之？**据俱出奔还也。**《春秋》为尊者讳，**为闵公讳受贼人也。**为亲者讳，**为季子亲亲而受之，故讳也。**为贤者讳。**以季子有遏牙不杀庆父之贤，故为讳之。**子女子曰："以'春秋'为《春秋》，以史记氏族为《春秋》，**言古谓史记为"春秋"。**齐无仲孙，其诸吾仲孙与？"**齐有高国崔，鲁有仲孙氏，亦足以知鲁仲孙。言仲孙者，以后所氏起其事明。主书者，贼不宜来，因以起上如齐，实弑君出奔。○子女子，音汝。

二年，春，王正月，齐人迁阳。不为桓公讳者，功未足以覆比灭人之恶也。

夏，五月，乙酉，吉禘于庄公。

其言吉何？据禘于大庙不言吉。○吉禘，大计反。大庙，音泰，下同。**言吉者，未可以吉也。**都未可以吉祭。经举重，不书禘于大庙，嫌独庄公不当禘，于大庙可禘者故加吉，明大庙皆不当。**曷为未可以吉？**据三年也。**未三年也。**礼，禘祫从先君数，朝聘从今君数，三年丧毕，遭禘则禘，遭祫则祫。○君数，所主反，下同。祫，音洽。**三年矣，曷为谓之未三年？**三年之丧，实以二十五月。时庄公薨至是适二十二月，所以必二十五月者，取期再期，恩倍，渐三年也。孔子曰："子生三年，然后免于父母之怀。夫三年之丧，天下之通丧。"《礼·士虞》记曰："期而小祥，曰荐此常事。又期而大祥，曰荐此常事。中月而禫，是月也，吉祭尤未配。"是月者，二十七月也。传言二十五月者，在二十五月外可不讥。○取期，音基，下同。禫，大感反。**其言于庄公何？**据禘于大庙不言周公，祫僖公不言僖宫。**未可以称宫庙也。**时闵公以庄公在三年之中，未可入大庙，禘之于新宫，故不称宫庙，明皆非也。**曷为未可以称宫庙？**据言禘也。**在三年之中矣。**当思慕悲哀，未可以鬼神事之。**吉禘于庄公何以书？**讥。**何讥尔？讥始不三年也。**与托始同义。

秋，八月，辛丑，公薨。

公薨何以不地？隐之也。何隐尔？弒也。孰弒之？庆父也。杀公子牙，今将尔，季子不免。庆父弒二君，何以不诛？将而不免，遏恶也。既而不可及，缓追逸贼，亲亲之道也。与不探其情同义。不书葬者，贼未讨。○弒，音试，下及注同。

九月，夫人姜氏孙于邾娄。为淫二叔、杀二嗣子，出奔。不如文姜于出奔贬之者，为内臣子，明其义，不得以子绝母。凡公夫人奔例日，此月者，有罪。

公子庆父出奔莒。庆父弑二君，不当复见。所以复见者，起季子缓追逸贼也。不日者，内大夫奔例，无罪者日，有罪者月；外大夫奔例皆时。○当复，扶又反，下同。见，贤遍反，下文"复见"同。

冬，齐高子来盟。

高子者何？齐大夫也。以有高傒也。**何以不称使？**据郑伯使其弟语来盟。**我无君也。**时闵公弑，僖公未立，故正其义，明君臣无相适之道也。《春秋》谨于别尊卑，理嫌疑，故绝去使文，以起事张例，则所谓君不使乎大夫也。○别，彼列反。故绝去，起吕反，下"欲去"同。**然则何以不名？**据国佐盟名。**喜之也。何喜尔？正我也。其正我奈何？庄公死，子般弑，闵公弑，比三君死，旷年无君。**与旷年无君无异。**设以齐取鲁，曾不兴师，徒以言而已矣。**设时势然。**桓公使高子将南阳之甲，**南阳，齐下邑。甲，革，皆铠胄也。○革，更百反。铠，苦爱反。胄，直又反。**立僖公而城鲁。或曰自鹿门至于争门者是也。或曰自争门至于吏门者是也，鲁人至今以为美谈，曰：犹望高子也。**久阔思相见者，引此为喻，美谈至今不绝也。立僖公城鲁不书者，讳微弱。喜而加高子者，美大齐桓继绝于鲁，故尊其使，起其功，明得子续父之道。鹿门，鲁南城东门也。○其使，所吏反。

十有二月，狄入卫。

郑弃其师。

郑弃其师者何？连国者，并问称国。**恶其将也。**以言弃师。○恶其，乌路反，下及注同。将也，子匠反，下同。

郑伯恶高克，使之将，逐而不纳，弃师之道也。郑伯素恶高克，欲去之无由，使将师救卫，随后逐之，因将师而去。其本虽逐高克，实弃师之道，故不书逐高克，举弃师为重，犹赵盾加弑也。不解国者，重众从国体录可知。系闵公篇于庄公下者，子未三年，无改于父之道，传曰："则曷为于其封内三年称子？""缘孝子之心，则三年不忍当也。"○盾，徒本反。

《春秋公羊》卷第四

经传陆伯肆拾字

注壹阡叁拾字

音义壹伯柒拾壹字

仁仲比校讫

卷五

僖公第五

元年，春，王正月。

公何以不言即位？据文公言即位。继弑君，子不言即位。此非子也，其称子何？僖公者，闵公庶兄。据闵公继子般，传不言子。○弑，申志反。臣子一例也。僖公继成君，闵公继未逾年君。礼，诸侯臣诸父兄弟，以臣之继君，犹子之继父也，其服皆斩衰，故传称臣子一例。○衰，七雷反。

齐师、宋师、曹师次于聂北，救邢。

救不言次，此其言次何？据夏师救齐不言次。○聂，女涉反。不及事也。不及事者何？邢已亡矣。刺其救急舒缓，使至于亡，故录之止次以起之。孰亡之？盖狄灭之。以上有狄伐邢。曷为不言狄灭之？据狄灭温言灭。为桓公讳也。曷为为桓公讳？据徐人取舒，晋灭夏阳，楚灭黄皆不讳。○为桓，于伪反，下"为桓""曷为"，并下注"为讳""为桓""为内""为僖"皆同。夏，户雅反。上无天子，下无方伯，天下诸侯有相灭亡者，桓公不能救，则桓公耻之。故以为讳，所以醇其能，以治世自任而厚责之。曷为先言次，而后言救？据叔孙豹先言救。君也。叔孙豹，臣也。当先通君命，故先言救。今此先言次，知实诸侯。君则其称师何？不与诸侯专封也。故没君文，但举师而已。曷为不与？据狄灭之，为桓公讳。**实与**，不书所封归是也。**而文不与。文曷为不与？**据实与也。**诸侯之义，不得专封也。**此道大平制。○大，音泰。**诸侯之义不得专封，则其曰实与之何？上无天子，下无方伯，天下诸侯有相灭亡者，力能救之，则救之可也。**主书者，起文从实也。

夏，六月，邢迁于陈仪。

迁者何？其意也。其意自欲迁，时邢创畏狄兵，更欲依险阻。○陈仪，《左氏》作"夷仪"。**迁之者何？非其意也。**谓宋人迁宿也。书者，讥之也。王者封诸侯，必居土中，所以教化者平，贡赋者均，在德不在险，其后为卫所灭是也。迁例，大国月，重烦劳也；小国时，此小国月者，霸者所助城，故与大国同。

齐师、宋师、曹师城邢。

此一事也，曷为复言齐师、宋师、曹师？据首戴前目而后凡。○复言，扶又反，下同。**不复言师，则无以知其为一事也。**言诸师，则嫌与首戴同，嫌实师。言诸侯，则嫌与缘陵同。嫌归，闻其迁，更与诸侯来城之，未必反故入也，故顺上文，则知桓公宿留城之为一事也。

秋，七月，戊辰，夫人姜氏薨于夷，齐人以归。

夷者何？齐地也。齐地，则其言齐人以归何？据从国中归不当书，邾娄人执鄫子，不书以归是也。○鄫，似陵反。**夫人薨于夷，则齐人以归。**夫人所以薨于夷者，齐人以归至夷。**夫人薨于夷，则齐人曷为以归？**据上说夫人薨于夷者，齐人以归至夷也。齐人曷为故以归至于夷。**桓公召而缢杀之。**先言薨，后言以归，而不言丧者，起桓公召夫人于邾娄，归杀之于夷，因为内讳耻，使若夫人自薨于夷，然后齐人以归者也。主书者，从内不绝录，因见桓公行霸王，诛不阿亲亲，疾夫人淫泆二叔，杀二嗣子，而杀之。○缢，一赐反，一本作"搤"，於革反。见，贤遍反。泆，音逸。

楚人伐郑。楚称人者，为僖公讳与夷狄交婚，故进使若中国，又明嫁娶当慕贤者。

八月，公会齐侯、宋公、郑伯、曹伯、邾娄人于柽。月者，危公会霸者而与邾娄有辨也。不从有夫人丧出会恶之者，不如危重也。○柽，敕贞反，又他丁反，《左氏》作"桱"。恶之，乌路反，下同。

九月，公败邾娄师于缨。有夫人丧，不恶亲用兵者，时怨邾娄人以夫人与齐，于丧事无薄故也。○于缨，《左氏》作"偃"。

冬，十月，壬午，公子友帅师败莒师于犁，获莒拿。

莒拿者何？莒大夫也。莒无大夫，此何以书？大季子之获也。何大乎季子之获？据获人当坐。○于犁，力知反，又力兮反，《左氏》作"郦"。莒拿，女居反，一音女加反；一本作"茹"，音同。**季子治内难以正，**谓拒庆父。○内难，乃旦反，下同。**御外难以正。其御外难以正奈何？公子庆父弑闵公，走而之莒，莒人逐之，将由乎齐，齐人不纳。却反舍于汶水之上，使公子奚斯入请。季子曰："公子不可以入，入则杀矣。"**义不可见贼而不杀。**奚斯不忍反命于庆父，自南涘，**涘，水涯。○涘，音俟。**北面而哭。**时庆父自汶水之北。**庆父闻之曰："嘻！**嘻，发痛语首之声。○嘻，许其反。**此奚斯之声也。诺已。"**诺已，皆自毕语。曰："吾不得入矣。"于是抗辀经而死。辀，小车辕，冀州以北名之云尔。○辀，竹由反，车辕也。莒人闻之曰："吾已得子之贼矣。"以求赂乎鲁，鲁时虽缓追，犹外购求之。○购，古豆反。鲁人不与，为是兴师而伐鲁。故与季子获之。季子待之以偏战。传云尔者，善季子忿不加暴，得君子之道。

十有二月，丁巳，夫人氏之丧至自齐。

夫人何以不称姜氏？据薨于夷称姜氏。经有氏，不但问不称姜，并言氏者，嫌据夫人妇姜，欲使去氏。○去，起吕反。贬，曷为贬？据薨于夷不贬。与弑公也。与庆父共弑闵公。○与杀，音预，又如字；下申志反。然则曷为不于弑焉贬？据鸧牙于卒时贬。贬必于重者，莫重乎其以丧至也。刑人于市，与众弃之，故必于臣子集迎之时贬之。所以明诛得其罪，因正王法所加，臣子不得以夫人礼治其丧也。贬置氏者，杀子差轻于杀夫，别逆顺也。致者，从书薨，以常文录之。言自齐者，顺上以归文。○差，初卖反，又初佳反。别，彼列反。

二年，春，王正月，城楚丘。

孰城之❶？据内城不月，故问之。城卫也。曷为不言城卫？据无迁文以言城，故当言城卫。灭也。孰灭之？盖狄灭之。以上有狄入卫。曷为不言狄灭之？为桓公讳也。曷为为桓公讳？上无天子，下无方伯，天下诸侯有相灭亡者，桓公不能救，则桓公耻之也。然则孰城之？据不出主名，

---

❶ "之"字原无，据阮刻本校勘记补。

见桓公德优不待之，又不独书齐，实诸侯也。○为桓，于**❶**伪反，下"为桓"、"曷为"、注"深为"同。见桓，贤遍反，下传"荀息见"并注同。**桓公城之。曷为不言桓公城之？不与诸侯专封也。曷为不与？实与而文不与。文曷为不与？诸侯之义，不得专封。诸侯之义，不得专封，则其曰实与之何？上无天子，下无方伯，天下诸侯有相灭亡者，力能救之，则救之可也。**复发传者，君子乐道人之善也。不系卫者，明去卫而国楚丘，起其迁也。不书迁与救次者，深为桓公讳。使若始时尚仓卒有所救，其后晏然无干戈之患，所以重其任而厚责之。主书者，起文从实也。○复，扶又反。卒，寸忽反。

夏，五月，辛巳，葬我小君哀姜。

哀姜者何？庄公之夫人也。诛当绝，不当以夫人礼书葬。书葬者，正齐桓讨贼，辟责内仇齐。

虞师、晋师灭夏阳。

虞，微国也，曷为序乎大国之上？据称师有加文，知不主会。○夏阳，《左氏》作"下阳"。**使虞首恶也。曷为使虞首恶？**据楚人、巴人灭庸不使巴首恶。**虞受赂，假灭国者道，以取亡焉。其受赂奈何？献公朝诸大夫而问焉，曰："寡人夜者寝而不寐，其意也何？"诸大夫有进对者曰："寝不安与？其诸侍御有不在侧者与？"献公不应。荀息进曰："虞郭见与？"**犹曰：虞郭岂见于君之心乎？荀息素知献公欲伐此二国，故云尔。○安与，音余，下"者与""见与"同。应，应对之应。郭，音虢，又如字，注及

---

❶ "于"，原作"乎"，据阮刻本改。

下同。献公揖而进之，以手通指曰揖。遂与之入而谋曰：
"吾欲攻郭，则虞救之；攻虞，则郭救之，如之何？愿与
子虑之。"荀息对曰："君若用臣之谋，则今日取郭，而
明日取虞尔，君何忧焉？"献公曰："然则奈何？"荀
息曰："请以屈产之乘，屈产，出名马之地。乘，备驷也。
○屈，具物反。之乘，绳证反，注及下同。与垂棘之白璧，
垂棘，出美玉之地。玉以尚白为美。○棘，一本作"蕀"，
音同。往，必可得也。则宝出之内藏，藏之外府；如虞可
得，犹外府藏也。○内藏，才浪反，注同。马出之内厩，系
之外厩尔，君何丧焉？"献公曰："诺。虽然，宫之奇存
焉，如之何？"荀息曰："宫之奇，知则知矣，君欲言其
知，实知也。○厩，九又反。丧，息浪反。知则，音智，下及
注同。虽然，虞公贪而好宝，见宝，必不从其言。请终以
往。"于是终以往。虞公见宝，许诺。宫之奇果谏："记
曰：'唇亡则齿寒。'记，史记也。○好，呼报反。虞郭之
相救，非相为赐。赐，犹惠也。则晋今日取郭，而明日虞
从而亡尔，君请勿许也。"虞公不从其言，终假之道以取
郭。明郭非虞不灭，虞当坐灭人。还，四年，反取虞。还复
往，故言反。虞公抱宝牵马而至，荀息见曰："臣之谋何
如？"献公曰："子之谋则已行矣。宝则吾宝也，虽然，
吾马之齿亦已长矣。"盖戏之也。以马齿长戏之，喻荀息
之年老。传极道此者，以终荀息、宫之奇言，且以为戒，又恶
献公不仁，以灭人为戏谑也。晋至此乃见者，著晋、楚俱大
国，后治同姓也。以灭人见义者，比楚先治大恶，亲疏之别。
○牵马，本又作"挚"，音同。已长，丁丈反，注同。恶，乌

路反。谑，许略反。别，彼列反。**夏阳者何？郭之邑也。曷为不系于郭？国之也。曷为国之？君存焉尔。**

秋，九月，齐侯、宋公、江人、黄人盟于贯泽。

江人、黄人者何？远国之辞也。桓公德盛，不嫌使微者，知以远国辞称人。○贯泽，古乱反，二传无"泽"字。**远国至矣，则中国曷为独言齐、宋至尔？大国言齐、宋，远国言江、黄，则以其余为莫敢不至也。**晋大于宋，不序晋而序宋者，时实晋、楚之君不至，君子成人之美，故褒益以为偏至之辞，所以奖大霸功而勉盛德也。江、黄附从霸者当进，不进者，方为偏至之辞。○偏至，音遍，下同。

冬，十月，不雨。

何以书？记异也。说与前同。

楚人侵郑。

三年，春，王正月。不雨。

夏，四月，不雨。

何以书？记异也。大平一月不雨即书，《春秋》乱世一月不雨，未害物，未足为异，当满一时乃书。一月书者，时僖公得立，欣喜不恤庶众，比致三旱，即能退辟正殿，饬过求己，循省百官，放佞臣郭都等，理冤狱四百余人，精诚感天，不雩而得澍雨，故一月即书，善其应变改政。旱不从上发传者，著人事之备积于是。○大平，音泰。饬过，音敕，下同。冤，於元反。澍，之树反。其应，应对之应，后灾祥之应皆放此。

徐人取舒。

其言取之何？据国言灭。易也。易者，犹无守御之

备。不为桓讳者，刺其不救也。○易，以豉反，注同。为，于
伪反。

六月，雨。

其言六月雨何？据上得雨不书。**上雨而不甚也。**所以
详录贤君精诚之应也。僖公饬过求己，六月澍雨；宣公复古行
中，其年谷大丰，明天人相与报应之际，不可不察其意。

秋，齐侯、宋公、江人、黄人会于阳谷。

此大会也，曷为末言尔？末者，浅耳。但言会，不言
盟，据贯泽言盟。桓公曰："无障谷，无障断川谷，专水利
也。水注川曰溪，注溪曰谷。○障，之亮反，一音章，注同。
断，丁管反。溪，口兮反。无贮粟，有无当相通。○贮，中
吕反。无易树子，树立本正辞，无易本正当立之子。无以
妾为妻。"此四者，皆时人所患。时桓公功德隆盛，诸侯咸
曰："无言不从，曷为用盟哉！"故告誓而已。

冬，公子友如齐莅盟。

莅盟者何？往盟乎彼也。犹曰往盟于齐。莅，临也。
时因齐都盟，主国主名不出者，《春秋》王鲁，故言莅以见
王义，使若王者遣使临诸侯盟，饬以法度。○莅，音利，又
音类，注同。以见，贤遍反，下同。遣使，所吏反。**其言来
盟者何？来盟于我也。**此亦因鲁都以见王义，使若来之京师
盟，白事于王，不加莅者，来就鲁，鲁已尊矣。

楚人伐郑。

**四年，春，王正月。公会齐侯、宋公、陈侯、卫侯、
郑伯、许男、曹伯侵蔡，蔡溃。**

溃者何？下叛上也。国曰溃，邑曰叛。不与诸侯溃之

为文，重出蔡者，侵为加蔡举，溃为恶蔡录，义各异也。月者，善义兵也。溃例月，叛例时。○蔡溃，户内反，下及注同。重，直用反。恶蔡，乌路反，下"恶其专"并六年注同。

遂伐楚，次于陉。

其言次于陉何？ 据召陵侵楚不言次，来盟不言陉。○陉，音刑。召陵，上照反，下文同。**有俟也。孰俟？俟屈完也。** 时楚强大，卒暴征之，则多伤士众。桓公先犯其与国，临蔡，蔡溃，兵精威行，乃推以伐楚，楚惧，然后使屈完来受盟，修臣子之职，不顿兵血刃，以文德优柔服之，故详录其止次待之，善其重爱民命，生事有渐，故敏则有功。○屈，居勿反。卒，寸忽反。

夏，许男新臣卒。 不言卒于师者，桓公师无危。不月者，为下盟，去月方见大信。○为，于伪反，下"为桓公"同。去，起吕反。见，贤遍反。

楚屈完来盟于师，盟于召陵。

屈完者何？楚大夫也。何以不称使？ 据陈侯使袁侨如会。○侨，其骄反，一本作"骄"，音同。**尊屈完也。曷为尊屈完？** 据陈侯使袁侨如会，不尊之。**以当桓公也。** 增倍使若得其君，以醇霸德，成王事也。**其言盟于师，盟于召陵何？** 据戊寅叔孙豹及诸侯之大夫，及陈袁侨盟，不举会与地。**师在召陵也。** 时喜得屈完来服于陉，即退次召陵，与之盟，故言盟于师，盟于召陵。**师在召陵，则曷为再言盟？** 据齐侯使国佐如师，己酉，及国佐盟于❶袁娄，俱从地，不再言盟。

---

❶ "于"，原作"汙"，据阮刻本改。

喜服楚也。孔子曰："书之重，辞之复，呜呼！不可不察，其中必有美者焉。"○重，直用反，又直容反。之复，扶又反，年末"乃复"同，又音福。何言乎喜服楚？据服蔡无喜文。楚有王者则后服，桓公行霸，至是乃服楚。无王者则先叛。桓公不修其师，先叛盟是也。夷狄也，而亟病中国。数侵灭中国。○亟，去冀反。数，音朔。南夷与北夷交，南夷，谓楚灭邓、榖，伐蔡、郑。北夷，谓狄灭邢、卫，至于温，交乱中国。中国不绝若线。线，缝帛缕。以喻微也。○线，思贱反。桓公救中国，存邢、卫是也。而攘夷狄，攘，却也。北伐山戎是也。○攘，如羊反，却也。卒怗荆，卒，尽也。怗，服也。荆，楚也。○怗，他协反，一本作"贴"，服也。刘兆同，《广雅》云"静也"，《玉篇》又丁箪反，一本作"拈"，或音章贬反。以此为王者之事也。言桓公先治其国以及诸夏，治诸夏以及夷狄，如王者为之，故云尔。其言来何？据陈袁侨如会不言来。与桓为主也。以从内文，知与桓公为天下霸主。前此者有事矣，谓城邢、卫是也。后此者有事矣。谓城缘陵是也。则曷为独于此焉与桓公为主，序绩也。序，次也。绩，功也。累次桓公之功德，莫大于服楚、明德及强夷，最为盛。

齐人执陈袁涛涂。

涛涂之罪何？辟军之道也。其辟军之道奈何？涛涂谓桓公曰："君既服南夷矣，何不还师，滨海而东，服东夷且归？"滨，涯也。顺海涯而东也。东夷，吴也。从召陵东归，不经陈，而趋近海道，多广泽水草，军所便也。○涛，徒刀反。辟，匹亦反，又音避，下同。滨，音宾。涯，五佳反。近，附近之近。便，婢面反。**桓公曰："诺。"于是还师，滨海而东，大陷于沛泽之中。**草棘曰沛，渐洳曰泽。○沛泽，音贝，又普贝反，草棘曰沛，渐洳曰泽。渐，子廉反。洳，人庶反。**顾而执涛涂。**时涛涂与桓公俱行。**执者曷为或称侯，或称人？称侯而执者，伯讨也。**言有罪，方伯所宜讨。**称人而执者，非伯讨也。此执有罪，何以不得为伯讨？古者周公东征则西国怨，西征则东国怨。**此道黜陟之时也。《诗》云："周公东征，四国是皇。"**桓公假涂于陈而伐楚，则陈人不欲其反由己者，师不正故也。**故令涛涂有此言。○令，力呈反。**不修其师而执涛涂，古人之讨，则不然也。**以己所招而反执人，古人所不为也。凡书执者，恶其专执。

秋，及江人、黄人伐陈。

八月，公至自伐楚。

楚已服矣，何以致伐？楚叛盟也。为桓公不修其师，而执涛涂故也。月者，凡公出满二时月，危公之久。

葬许缪公。得卒葬于所传闻世者，许大小次曹，故卒少在曹后。○传，丈专反。

冬，十有二月，公孙慈帅师会齐人、宋人、卫人、郑人、许人、曹人侵陈。月者，刺桓公不修其师，因见患诳，不内自责，乃复加人以罪。○慈，《左氏》作"兹"。诳，九况反。

五年，春，晋侯杀其世子申生。

曷为直称晋侯以杀？据郑杀其大夫申侯称国也。续问以杀者，问杀所称例尔，非谓晋侯不当称国爵也。**杀世子母**

弟，直称君者，甚之也。甚之者，甚恶杀亲亲也。《春秋》公子贯于先君，唯世子与母弟，以今君录，亲亲也。今舍国体，直称君，知以亲亲责之。○舍，音捨。

杞伯姬来朝其子。

其言来朝其子何？据微者不当书朝。连来者，内辞也。与其子来者，问为直来乎？为下朝出？○为下，于伪反。**内辞也。与其子俱来朝也。**因其与子俱来。礼，外孙初冠，有朝外祖之道，故使若来朝其子，以杀直来之耻，所以辟教戒之不明也。微，无君命，言朝者，明非实。○冠，古乱反。

夏，公孙慈如牟。○牟，莫侯反。

公及齐侯、宋公、陈侯、卫侯、郑伯、许男、曹伯，会王世子于首戴。

曷为殊会王世子？据宰周公不殊别也。○首戴，《左氏》作"首止"。别，彼列反。**世子贵也。世子，犹世世子也。**解贵意也。言当世父位，储君副主，不可以诸侯会之为文，故殊之，使若诸侯为世子所会也。自王者言之，以屈远世子在三公下，《礼·丧服》斩衰曰"公士大夫之众臣"是也。自诸侯言之，世子尊于三公。此礼之威仪，各有所施。言及者，因其文可得见汲汲也。世子所以会者，时桓公德衰，诸侯背叛，故上假王世子，示以公义。

秋，八月，诸侯盟于首戴。

诸侯何以不序？据上会序。**一事而再见者，前目而后凡也。**省文从可知，间无事不省诸侯。会盟一事，不举盟[1]

---

[1] "盟"，原作"重"，据阮刻本改。

者，时世子不与盟。○见，贤遍反。省文，所景反，下同。与，音预。

郑伯逃归不盟。

其言逃归不盟者何？据上言诸侯，郑伯在其中，弟子疑，故执不知问。**不可使盟也。**时郑伯内欲与楚，外依古不盟为解，安居会上，不肯从桓公盟，故后言不盟。○解，古卖反。**不可使盟，则其言逃归何？**据后言不盟，居会上辞。**鲁子曰："盖不以寡犯众也。"** 诸侯以义相约，而郑伯怀二心，依古不肯盟，故言逃归，所以抑一人之恶，申众人之善，故云尔。

楚人灭弦，弦子奔黄。

九月，戊申，朔，日有食之。此象齐桓德衰，是后楚遂背叛，狄伐晋灭温，晋里克比弑其二❶君。○比弑❷，申志反。

冬，晋人执虞公。

虞已灭矣，其言执之何？据灭言以归。上传云"四年反取虞"，知去灭，变以归言执。○去，起吕反，下同。**不与灭也。曷为不与灭？灭者，亡国之善辞也。**言灭者，王者起当存之，故为善辞。**灭者，上下之同力者也。**言灭者，臣子与君戮力一心，共死之辞也。不但去灭，复去以归，言执者，明虞公灭人以自亡，当绝，不得责不死位也。晋称人者，本灭而执之，不以王法执治之，故从执无罪辞也。虞称公者，

---

❶ "二"，原作"一"，据阮刻本改。
❷ "弑"，原作"杀"，据阮刻本改。

夺正爵，起从灭也。不从灭例月者，略之。○戮，音六，又作
"勠"，力彫反。

六年，春，王正月。

夏，公会齐侯、宋公、陈侯、卫侯、曹伯伐郑，围
新城。

邑不言围，此其言围何？强也。恶桓公行霸，强而无
义也。郑背叛，本由桓公过陈不以道理，当先修文德以来之，
而便伐之，强非所以附疏。○强也，其良反。

秋，楚人围许，诸侯遂救许。

冬，公至自伐郑。事迁于救许，以伐郑致者，举不
得意。

七年，春，齐人伐郑。

夏，小邾娄子来朝。至是所以进称爵者，时附从霸者，
朝天子，旁朝罢，行进，齐桓公白天子进之，固因其得礼，著
其能以爵通。

郑杀其大夫申侯。

其称国以杀何？据晋侯杀其世子申生称侯。称国以杀
者，君杀大夫之辞也。诸侯国体，以大夫为股肱，士民为肌
肤，故以国体录。

秋，七月，公会齐侯、宋公、陈世子款、郑世子华盟
于甯毋。○款，苦管反。毋，音无，或音某。

曹伯般卒。

公子友如齐。

冬，葬曹昭公。

八年，春，王正月，公会王人、齐侯、宋公、卫侯、

许男、曹伯、陈世子款、郑世子华盟于洮。

王人者何？微者也。曷为序乎诸侯之上？先王命也。衔王命会诸侯，诸侯当北面受之，故尊序于上。时桓公德衰，甯毋之盟，常会者不至，而陈、郑又遣世子，故上假王人之重以自助。○洮，他刀反。

郑伯乞盟。

乞盟者何？处其所而请与也。以不序也。其处其所而请与奈何？盖酌之也。酌，挹也。时郑伯欲与楚，不肯自来盟，处其国，遣使挹取其血而请与之约束，无汲汲慕中国之心，故抑之使若叩头乞盟者也。不录使者，方抑郑伯，使若自来也。不盟不为大恶者，古者不盟也。○遣使，所吏反，下"录使"同。

夏，狄伐晋。

秋，七月，禘于大庙，用致夫人。

用者何？用者不宜用也。致者何？致者不宜致也。禘用致夫人，非礼也。以致文在庙下，不使入庙，知非礼也。礼，夫人始见庙，当特祭，而因禘诸公庙见，欲以省烦劳，不谨敬，故讥之。不日者，下用失礼明。○大，音泰。始见，贤遍反，下同。省，所景反。夫人何以不称姜氏？贬，曷为贬？据夫人姜氏入不贬。讥以妾为妻也。以逆不书，入庙当称妇姜，而称夫人者，夫人当坐篡嫡也。妾之事嫡，犹臣之事君同。○篡嫡，初患反；下音的，下同。其言以妾为妻奈何？盖胁于齐媵女之先至者也。以不致楚女，及夫人至皆不书也。僖公本聘楚女为嫡，齐女为媵，齐先致其女，胁僖公使用为嫡，故从父母辞言致。不书夫人及楚女至者，起齐先致其女，然后胁鲁立也。楚女未至而豫废，故皆不得以夫人至书也。

冬，十有二月，丁未，天王崩。惠王也。

九年，春，王三月，丁丑，宋公御说卒。

何以不书葬？为襄公讳也。襄公背殡出会宰周公，有不子之恶，后有征齐忧中国尊周室之心，功足以除恶，故讳不书葬，使若非背殡也。○说，音悦。为襄，于伪反，下注"为天""为桓"皆同。

夏，公会宰周公、齐侯、宋子、卫侯、郑伯、许男、曹伯于葵丘。

宰周公者何？天子之为政者也。宰，犹治也，三公之职号尊名也。以加❶宰，知其职大尊重，当与天子参听万机，而下为诸侯所会，恶不胜其任也。宋未葬不称子某者，出会诸侯，非尸柩之前，故不名。○恶不，乌路反。胜，音升。

秋，七月，乙酉，伯姬卒。

此未适人，何以卒？据杞叔姬不卒。**许嫁矣。妇人许嫁，字而笄之。**字者，尊而不泄，所以远别也。笄者，簪也，所以系持发，象男子饰也。服此者，明系属于人，所以养贞一也。《婚礼》曰："女子许嫁，笄而醴之，称字。"○笄，古兮反。泄，息列反。别，彼列反。簪，庄林反。**死则以成人之丧治之。**不以殇礼降也。许嫁卒者，当为诸侯夫人，有即贵之渐，犹侠卒也。日者，恩尤重于未命大夫，故从诸侯夫人例。○侠，音协。

九月，戊辰，诸侯盟于葵丘。

---

❶ "加"，原作"如"，据阮刻本改。

桓之盟不日，此何以日？危之也。何危尔？贯泽之会，桓公有忧中国之心。不召而至者，江人、黄人也。葵丘之会，桓公震而矜之，叛者九国。下伐厉善义兵是也。会不书者，叛也。叛不书者，为天子亲遣三公会之，而见叛，故上为天子，下为桓公讳也。会盟一事，不举重者，时宰周公不与盟。○不预，音豫。震之者何？犹曰振振然。亢阳之貌。矜之者何？犹曰莫若我也。色自美大之貌。

甲戌，晋侯诡诸卒。不书葬者，杀世子也。○诡，九委反。

冬，晋里克弑其君之子奚齐。

此未逾年之君，其言弑其君之子奚齐何？据弑其君舍，不连先君。连名者，上不书葬子某，弑君名，未明也。○杀其，音试，下及注放此。弑未逾年君之号也。欲言弑其子奚齐，嫌无君文，与杀大夫同；欲言弑其君，又嫌与弑成君同，故引先君冠子之上，则弑未逾年君之号定，而坐之轻重见矣。加之者，起先君之子。不解名者，解言杀，从弑名可知也。弑未逾年君，例当月，不月者，不正遇祸，终始恶明，故略之。○冠，古乱反。见，贤遍反。

十年，春，王正月，公如齐。书如者，录内所与外交接也，故如京师，善则月荣之；如齐、晋，善则月安之；如楚，则月危之，明当尊贤慕大，无友不如己者。月者，僖公本齐所立，桓公德衰见叛，独能念恩朝事之，故善录之。

狄灭温。

温子奔卫。

晋里克弑其君卓子，及其大夫荀息。

及者何？累也。弑君多矣，舍此无累者乎？曰有，孔父、仇牧皆累也。舍孔父、仇牧无累者乎？曰有。有则此何以书？贤也。何贤乎荀息？据与孔父同。○君卓子，敕角反，又丁角反，《左氏》经无"子"字。舍，音捨，下同。**荀息可谓不食其言矣。**不食言者，不如食受之而消亡之，以奚齐、卓子皆立。**其不食其言奈何？奚齐、卓子者，骊姬之子也，荀息傅焉。**礼，诸侯之子，八岁受之少傅，教之以小学，业小道焉，履小节焉；十五受大傅，教之以大学，业大道焉，履大节焉。○骊，力知反。少，诗照反。大傅，音泰。**骊姬者，国色也。**其颜色一国之选。○选，息恋反。**献公爱之甚，欲立其子，于是杀世子申生。申生者，里克傅之。献公病将死，谓荀息曰："士何如，则可谓之信矣？"**献公自知废正当有后患，欲托二子于荀息，故动之云尔。**荀息对曰："使死者反生，生者不愧乎其言，则可谓信矣。"**荀息察言观色，知献公欲为奚齐、卓子来动己，故答之云尔。○欲为，于伪反，下文"为文公""不为""故为"皆同。**献公死，奚齐立。里克谓荀息曰："君杀正而立不正，废长而立幼，**长谓重耳。○长，丁丈反，注同。**如之何？愿与子虑之。"荀息曰："君尝讯臣矣，**上问下曰讯。言臣者，明君臣相与言不可负。○讯，音信，上问下曰讯。**臣对曰：'使死者反生，生者不愧乎其言，则可谓信矣。'"里克知其不可与谋，退，弑奚齐。荀息立卓子，里克弑卓子，荀息死之。荀息可谓不食其言矣。**起时莫不背死乡生，去败与成。荀息一受君命，终身死之，故言及，与孔父同义。不日者，不正遇祸，终始恶明，故略之。○背，音佩。乡，许亮反。

夏，齐侯、许男伐北戎。

晋杀其大夫里克。

里克弑二君，则曷为不以讨贼之辞言之？据卫人杀州吁。**惠公之大夫也。**惠公篡立已定，晋国君臣合为一体，无所复责，故曰此乃惠公之大夫，安得以讨贼之辞言之？○所复，扶又反，下同。**然则孰立惠公？**欲难杀之意。○难，乃旦反。**里克也。**里克弑奚齐、卓子，逆惠公而入。里克立惠公，则惠公曷为杀之？惠公曰："尔既杀夫二孺子矣，孺子，小子也。奚齐、卓子时皆幼小。○夫，音扶。孺，如住反。**又将图寡人。**如我有不可，将复图我如二孺子。**为尔君者，不亦病乎？"于是杀之。然则曷为不言惠公之入？**据齐小白入于齐。**晋之不言出入者，踊为文公讳也。**踊，豫也，齐人语。若关西言浑矣。献公杀申生，文公与惠公恐见及，出奔，不子当绝，还入为篡，文公功足以并掩前人之恶，故惠公入、怀公出、文公入浑皆不书，悉为文公讳故也。为文公讳者，欲明文公之功大也。语在下。怀公者，惠公子也。惠公卒，怀公立，而秦纳文公，故出奔。惠公、文公出奔不书者，非命嗣也。○踊，音勇，豫也。言浑，户昆反，又户本反，下同。**齐小白入于齐，则曷为不为桓公讳？桓公之享国也长，**享，食。**美见乎天下，故不为之讳本恶也。文公之享国也短，美未见乎天下，故为之讳本恶也。**桓公功大，善恶相除，足封有余，较然为天下所知。文公功少，嫌未足除身篡，而有封功，故为之讳。并不言惠公、怀公出入者，明非徒足以除身篡而已，有足封之明较也，美不如桓公之功大。○美见，贤遍反，下同。较然，音角，下同。

秋，七月。

冬，大雨雹。

何以书？记异也。夫人专爱之所生也。○雨，于付反。雹，步角反。

十有一年，春，晋杀其大夫丕郑父。○丕，普悲反。

夏，公及夫人姜氏会齐侯于阳谷。

秋，八月，大雩。公与夫人出会，不恤民之应。

冬，楚人伐黄。

十有二年，春，王三月，庚午，日有食之。是后楚灭黄，狄侵卫。

夏，楚人灭黄。

秋，七月。

冬，十有二月，丁丑，陈侯处臼卒。○处臼❶，《左氏》作"杵臼"。

十有三年，春，狄侵卫。

夏，四月，葬陈宣公。

公会齐侯、宋公、陈侯、卫侯、郑伯、许男、曹伯于鹹。桓公自贯泽、阳谷之会后，所以不复举小国者，从一法之后，小国言从令行，大国唯曹、许以上乃会。○鹹，音咸。不复，扶又反，下同。

秋，九月，大雩。由❷阳谷之会不恤民，复会于鹹，城

---

❶ "臼"，原似作"日"，下同，据正文及阮刻本改。

❷ "由"，原作"田"，据阮刻本改。

缘陵，烦扰之应。

冬，公子友如齐。

十有四年，春，诸侯城缘陵。

孰城之？诸侯不序，故问谁城。**城杞也。曷为城杞？**
灭也。孰灭之，盖徐、莒胁之。以下皆狄徐也。言胁者，
杞，王者之后，尤微，是见恐曷而亡。○恐，丘勇反。曷，
火葛反。**曷为不言徐、莒胁之？为桓公讳也。曷为为桓公**
讳？上无天子，下无方伯，天下诸侯有相灭亡者，桓公不
能救，则桓公耻之也。然则孰城之？桓公城之。曷为不
言桓公城之？不与诸侯专封也。曷为不与？实与而文不
与。文曷为不与？诸侯之义，不得专封也。诸侯之义不
得专封，则其曰实与之何？上无天子，下无方伯，天下
诸侯有相灭亡者，力能救之，则救之可也。辄发传者，与
城卫同义。言诸侯者，时桓公德衰，待诸侯然后乃能存之。外
城不月者，文言诸侯，非内城明矣。○为桓，于伪反，下"为
桓""为天下"并注"臣为"同。

夏，六月，季姬及鄫子遇于防，使鄫子来朝。

鄫子曷为使乎季姬来朝？据使者臣为君衔命文也。**内**
辞也。非使来朝，使来请己也。使来请娶己以为夫人，下书
归是也。礼，男不亲求，女不亲许。鲁不防正其女，乃使要遮
鄫子淫泆，使来请己，与禽兽无异，故卑鄫子使乎季姬，以绝
贱之也。月者，甚恶内也。○要，一遥反。遮，诸奢反。泆，
音逸。恶，乌路反。

秋，八月，辛卯，沙鹿崩。

沙鹿者何？河上之邑也。此邑也，其言崩何？据梁

山言崩。**袭邑也**。袭者，嘿陷入于地中。言崩者，以在河[●]上也。河岸有高下，如山有地矣，故得言崩也。**沙鹿崩，何以书？记异也。外异不书，此何以书？**据长狄之齐、晋不书。**为天下记异也**。土地者，民之主，霸者之象也。河者，阴之精，为下所袭者，此象天下异，齐桓将卒，霸道毁，夷狄动，宋襄承其业，为楚所败之应。而不系国者，起天下异。

狄侵郑。

冬，蔡侯肸卒。不书葬者，溃当绝也。不月者，贱其背中国而附父仇，故略之甚也。肸立不书者，父献舞见获，留卒于楚，肸以次立，非篡也。○肸，许乙反，注同。背，音佩。

十有五年，春，王正月，公如齐。月者，善公既能念恩，尊事齐桓，又合古五年一朝之义，故录之。

楚人伐徐。

三月，公会齐侯、宋公、陈侯、卫侯、郑伯、许男、曹伯盟于牡丘，遂次于匡。

公孙敖率师及诸侯之大夫救徐。言次者，刺诸侯缓于人恩，既约救徐而生事，止次不自往，遣大夫往，卒不能解也。大夫不序者，起会上大夫，君已目，故臣凡也。内独出名氏者，臣不得因君殊尊省文，别尊卑也。○别，彼列反。

夏，五月，日有食之。是后秦获晋侯，齐桓公卒，楚执宋公，霸道衰，中国微弱之应。

秋，七月，齐师、曹师伐厉。月者，善录义兵。厉，葵丘之会，叛天子之命也。曹称师者，桓公霸道衰，曹独能从

● "河"，原作"何"，据阮刻本改。

之，征伐不义，故褒之，所以劝勉不能，扶助霸功，激扬解惰也。○厉，如字，旧音赖。激，古历反。解，古卖反。惰❶也，徒卧反。

八月，螽。公久出，烦扰之所生。○螽，之戎反。

九月，公至自会。

桓公之会不致，此何以致？据柯之会不致。久也。久暴师众过三时。○暴，步卜反。

季姬归于鄫。

己卯，晦，震夷伯之庙。

晦者何？冥也。昼日而冥。○冥，亡丁反，又亡定反，注同。震之者何？雷电击夷伯之庙者也。夷伯者，曷为者也？季氏之孚也。孚，信也。季氏所信任臣。季氏之孚则微者，其称夷伯何？大之也。曷为大之？据阳虎称盗。天戒之，故大之也。明此非但为微者异，乃公家之至戒，故尊大之，使称字，过于大夫，以起之，所以畏天命。孔子曰："君子有三畏：畏天命，畏大人，畏圣人之言。"何以书？记异也。此象桓公德衰，强楚以邪胜正，僖公蔽于季氏，季氏蔽于陪臣，陪臣见信得权，僭立大夫庙，天意若曰，蔽公室者，是人也，当去之。○去，起吕反。

冬，宋人伐曹。

楚人败徐于娄林。谓之徐者，为灭杞，不知尊先圣法度，恶重，故狄之也。不月者，略两夷狄也。○为，于伪反。

十有一月，壬戌，晋侯及秦伯战于韩，获晋侯。

---

❶ "惰"，原作"隋"，据阮刻本改。

此偏战也。何以不言师败绩？据泓之战言宋师败绩。
〇泓，乌宏反。**君获，不言师败绩也。**举君获为重也。释不
书者，以获君为恶；书者，以恶见获，与获人君者，皆当绝
也。主书者，从获人例。〇恶，乌路反。

十有六年，春，王正月，戊申，朔，霣石于宋五。是
月，六鹢退飞，过宋都。

曷为先言霣而后言石？据星霣后言霣。〇十六年，本
或从此下别为卷。案《七志》《七录》何注止十一卷，《公
羊》以闵附庄故也。后人以僖卷大，辄分之尔。霣，于敏反。
是月，如字，或一音徒兮反。六鹢，五历反，水鸟。**霣石记
闻，闻其磌然，视之则石，察之则五。是月者何？仅逮
是月也。**是月边也。鲁人语也。在正月之几尽，故曰劣及是
月也。〇磌然，之人反，又大年反，声响也；一音芳君反，本
或作“砰”，八耕反。仅，其靳反，劣也。逮，音代，又大
计反，及也。几，音祈。**何以不日？**据五石言日。**晦日也。**
凡灾异，晦日不日，日食是也。日食常于晦朔，不日，晦可
知也。六鹢无常，故言是月以起晦也。**晦则何以不言晦？**据
上言朔。**《春秋》不书晦也。**事当日者日，平居无他卓诡，
无所求取，言晦朔也，趡盟奚战是也。〇诡，尤委反。趡，翠
轨反。**朔有事则书，**重始，故书以录事，若泓之战及此皆是
也。**晦虽有事不书。**重始而终自正，故不复书以录事。〇不
复，扶又反，下同。**曷为先言六而后言鹢？**据霣石后言五。
**六鹢退飞，记见也：视之则六，察之则鹢，徐而察之则退
飞。**鹢小而飞高，故视之如此，事势然也。宋都者，宋国所
治也。人所聚曰都。言过宋都者，时独过宋都退飞。〇所治，

直吏反。**五石六鹢，何以书？**记异也。**外异不书，此何以书？为王者之后记异也。**王者之后有亡征，非亲王安存之象，故重录为戒，记灾异也。石者，阴德之专者也；鹢者，鸟中之耿介者，皆有似宋襄公之行。襄欲行霸事，不纳公子目夷之谋，事事耿介自用，卒以五年见执，六年终败，如五石六鹢之数。天之与人，昭昭著明，甚可畏也。于晦朔者，示其立功善甫始而败，将不克终，故详录天意也。○为王，于伪反，注同。耿介，音戒。之行，下孟反。

三月，壬申，公子季友卒。

其称季友何？据犁战，名不称季，来归不称友。**贤也。**闵公不书葬，故复于卒贤之，明季子当蒙讨庆父之功，遏牙存国，终当录也。不称子者，上归本当称字，起事言子。

夏，四月，丙申，鄫季姬卒。

秋，七月，甲子，公孙慈卒。日者，僖公贤君，宜有恩礼于大夫，故皆日也。一年丧骨肉三人，故曰痛之。

冬，十有二月，公会齐侯、宋公、陈侯、卫侯、郑伯、许男、邢侯、曹伯于淮。○月者，危桓公德衰，任竖刀、易牙，堕功灭项，自此始也。○堕，许规反。

十有七年，春，齐人、徐人伐英氏。称氏者，《春秋》前黜称氏也。伐国而舍氏言之者，非主名，故伐之得从国举。

夏，灭项。

孰灭之？齐灭之。以言灭，知非内也。以不讳，知齐灭。○项，户讲反，国名。**曷为不言齐灭之？**据齐师灭谭。**为桓公讳也。**《春秋》为贤者讳，**此灭人之国，何贤尔？**

君子之恶恶也疾始，绝其始，则不得终其恶。○为桓，于伪反，下及注同。恶恶，并如字，一读上乌路反。善善也乐终。乐贤者终其行。○行，下孟反。桓公尝有继绝立僖公也。存亡之功，存邢、卫、杞。故君子为之讳也。言尝者，时桓公德衰功废而灭人，嫌当坐，故上述所尝盛美而为之讳，所以尊其德，彰其功。传不言服楚，独举继绝存亡者，明继绝存亡，足以除杀子纠，灭谭遂项，覆终身之恶。服楚功在覆篡恶之表，所以封桓公，各当如其事也。不月者，桓公不坐灭，略小国。

秋，夫人姜氏会齐侯于卞。○卞，皮彦反。

九月，公至自会。

冬，十有二月，乙亥，齐侯小白卒。

十有八年，春，王正月，宋公会曹伯、卫人、邾娄人伐齐。月者，与襄公之征齐，善录义兵。

夏，师救齐。

五月，戊寅，宋师及齐师战于甗，齐师败绩。

战不言伐，此其言伐何？宋公与伐而不与战，故言伐。《春秋》伐者为客，伐者为主。曷为不使齐主之？据甲寅卫人及齐人战。○甗，鱼辇反，又音言。与伐，音预，下"不与"同。与襄公之征齐也。曷为与襄公之征齐？据齐桓公霸者，犹不与征卫。桓公死，竖刀、易牙争权不葬，为是故伐之也。不为文实者，保伍连率，本有用兵征伐不义之道。○刀，音彫。为是，于伪反，注同。

狄救齐。

秋，八月，丁亥，葬齐桓公。

冬，邢人、狄人伐卫。狄称人者，善能救齐，虽拒义兵，犹有忧中国之心，故进之。不于救时进之者，辟襄公，不使义兵壅塞。

十有九年，春，王三月，宋人执滕子婴齐。名者，著葵丘之会，叛天子命者也。不得为伯讨者，不以其罪执之，妄执之。所以著有罪者，为襄公杀耻也。襄公有善志，欲承齐桓之业，执一恶人，不能得其过，故为见其罪。所以助贤者，养善意也。月者，录责之。○为襄，于伪反，下"故为""起为""为襄公""深为""若不为"皆同。见，贤遍反。

夏，六月，宋人、曹人、邾娄人盟于曹南。因本会于曹南，盟故以地，实邾娄。说在下。**鄫子会盟于邾娄。**

其言会盟何？据外诸侯会盟不录，及曹伯襄言会诸侯。**后会也。**说与会伐宋同义。君不会大夫，刺后会者，起实君也。地以邾娄者，起为邾娄事也。不言君者，为襄公讳也。鲁本许嫁季姬于邾娄，季姬淫泆，使鄫子请己而许之，二国交怨，襄公为此盟，欲和解之。既在会❶间，反为邾娄所欺，执用鄫子，耻辱加于宋无异，故没襄公，使若微者也。不于上地以邾娄者，深为襄公讳，使若不为邾娄事盟，而鄫子自就邾娄，为所执者也。上盟不日者，深顺讳文，从微者例，使若下执，不以上盟为辨也。会盟不日者，言会盟不信已明，无取于日，自其正文也。

己酉，邾娄人执鄫子用之。

恶乎用之？用之社也。其用之社奈何？盖叩其鼻以血社也。恶无道也。不言社者，本无用人之道，言用之已重矣，

---

❶ "会"，原作"人"，据阮刻本改。

故绝其所用处也。日者，鲁不能防正其女，以至于此，明当痛其女祸而自责之。○恶乎，音乌。恶无，乌路反。用处，昌虑反。

秋，宋人围曹。

卫人伐邢。

冬，公会陈人、蔡人、楚人、郑人盟于齐。因宋征齐有隙，为此盟也。是后楚遂得中国，霍之会，执宋公。

梁亡。

此未有伐者，其言梁亡何？据蔡溃以自溃为文，举侵也。**自亡也。其自亡奈何？鱼烂而亡也。**梁君隆刑峻法，一家犯罪，四家坐之，一国之中，无不被刑者，百姓一旦相率俱去，状若鱼烂。鱼烂从内发，故云尔。著❶其自亡者，明百姓得去之，君当绝者。

二十年，春，新作南门。

何以书？讥。何讥尔？门有古常也。恶奢泰，不奉古制常法。○恶，乌路反。

夏，郜子来朝。

郜子者何？未有存文，嫌不名，故执不知问。○郜，古报反，姬姓之国，下同。**失地之君也，何以不名？**据邓、穀名。**兄弟辞也。**郜、鲁之同姓，故不忍言其绝贱，明当尊遇之，异于邓、穀也。书者，喜内见归。

五月，乙巳，西宫灾。

西宫者何？小寝也。小寝则曷为谓之西宫？有西宫

---

❶ "著"，原作"者"，据阮刻本校勘记改。

则有东宫矣。鲁子曰："以有西宫，亦知诸侯之有三宫也。"西宫者，小寝内室，楚女所居也。礼，诸侯娶三国女，以楚女居西宫，知二国女于小寝内各有一宫也，故云尔。礼，夫人居中宫，少在前；右媵居西宫，左媵居东宫，少在后。**西宫灾，何以书？记灾也。**是时僖公为齐所胁，以齐媵为嫡，楚女废在西宫而不见恤，悲愁怨旷之所生也。言西宫不系小寝者，小寝夫人所统，妾之所系也。天意若曰，楚女本当为夫人，不当系于齐女，故经亦云尔。○为适，丁历反，又作"嫡"。

郑人入滑。

秋，齐人、狄人盟于邢。狄称人者，能常与中国也。

冬，楚人伐随。叛楚故也。

二十有一年，春，狄侵卫。贬狄者，为犯中国讳。○为，于伪反，下"不为襄"、下文"为执"皆同。

宋人、齐人、楚人盟于鹿上。

夏，大旱。

何以书？记灾也。新作南门之所生。

秋，宋公、楚子、陈侯、蔡侯、郑伯、许男、曹伯会于霍，执宋公以伐宋。

孰执之？楚子执之。以下献捷贬。○霍，《左氏》作"盂"。**曷为不言楚子执之？**据溴梁盟下，执莒子、邾娄子，复出晋人也。○溴，古阒反。复出，扶又反，下同。**不与夷狄之执中国也。**不举执为重，复举伐者，劫质诸侯求其国，事当起也。不为襄公讳者，守信见执，无耻。说在下也。

冬，公伐邾娄。

楚人使宜申来献捷。

此楚子也，其称人何？据称使知楚子。○捷，在接反。贬。曷为贬？据齐侯献戎捷不贬。为执宋公贬。曷为为执宋公贬？据上已没不与执中国。宋公与楚子期以乘车之会，盖鹿上之盟。○乘车，绳证反，下同。公子目夷谏曰："楚，夷国也，强而无义，请君以兵车之会往。"宋公曰："不可。吾与之约以乘车之会，自我为之，自我堕之，曰不可。"终以乘车之会往，楚人果伏兵车，执宋公以伐宋。诈谖劫质诸侯，求其国，当绝，故贬。○堕，许规反。谁谖，谁本亦作诈。谖，音许元反，诈也；又音援。宋公谓公子目夷曰："子归守国矣。国，子之国也。吾不从子之言，以至乎此。"公子目夷复曰："君虽不言国，国固臣之国也。"所以坚宋公意，绝强楚之望。于是归，设守械而守国。楚人谓宋人曰："子不与我国，吾将杀子君矣。"宋人应之曰："吾赖社稷之神灵，吾国已有君矣。"楚人知虽杀宋公，犹不得宋国，于是释宋公。宋公释乎执，走之卫。襄公本谓公子目夷曰"国，子之国也"。宋公愧前语，故惭不忍反，走之卫。不书者，执解而往，非出奔也。○守，手又反，又如字。应，应对之应。公子目夷复曰："国为君守之，君曷为不入？"然后逆襄公归。凡出奔归书，执获归不书者，出奔已失国，故录。还应盗国，与执获者异。臣下尚随君事之，未失国，不应盗国，无为录也。○国为，于伪反，下"为襄""为公子"，注"为没""故为"皆同。恶乎捷？捷乎宋。以上言伐宋。○恶，音乌。曷为不言捷乎宋？据戎捷也。为襄公讳也。襄公本会楚，欲行霸忧中国也。不用目夷之言，而见诈执，伐宋几亡其国，故讳为没国文，所以申善志。不月者，因起其事。○几，音祈。**此围辞也，曷为不言其围？**据上言守国，知围也。**为公子目夷讳也。**目夷遭难，设权救君，有解围存国免主之功，故为讳围。起其事，所以彰目夷之贤也。归捷书者，刺鲁受恶人物也。○遭难，乃旦反。

十有二月，癸丑，公会诸侯盟于薄。言诸侯者，起霍之会诸侯也。不序者，起公从旁以议释宋公，会盟一事也。言会者，因以殊诸侯也。**释宋公。**

执未有言释之者，此其言释之何？据执滕子不言释。**公与为尔也。公与为尔奈何？公与议尔也。**善僖公能与楚议释贤者之厄。不言公释之者，诸侯亦有力也。

二十有二年，春，公伐邾娄，取须朐。○朐，其俱反，《左氏》作"句"。

夏，宋公、卫侯、许男、滕子伐郑。

秋，八月，丁未，及邾娄人战于升陉。○陉，音刑。

冬，十有一月，己巳，朔，宋公及楚人战于泓，宋师败绩。

偏战者日尔，此其言朔何？据奚之战不言朔。**《春秋》辞繁而不杀者，正也。**繁，多也。杀，省也。正，得正道尤美。○不杀，所戒反，注同。省，所景反。**何正尔？宋公与楚人期战于泓之阳。**泓，水名。水北曰阳。**楚人济泓而来。**济，渡。**有司复曰："请迨其未毕济而击之。"**迨，及。**宋公曰："不可。吾闻之也，君子不厄人。吾虽丧国之余，**我虽前几为楚所丧，所以得其余民以为国，喻褊弱。○丧国，息浪反，注同。几，音祈。**寡人**

不忍行也。"既济，未毕陈。有司复曰："请迫其未毕陈而击之。"宋公曰："不可。吾闻之也，君子不鼓不成列。"军法以鼓战，以金止，不鼓不战。不成列，未成陈也。君子不战未成陈之师。○毕陈，直觐反，下及注同。**已陈，然后襄公鼓之，宋师大败。故君子大其不鼓不成列，临大事而不忘大礼，有君而无臣。**言朔亦所以起有君而无臣，惜其有王德而无王佐也。若襄公所行，帝王之兵也。有帝王之君，宜有帝王之臣；有帝王之臣，宜有帝王之民。未能醇粹而守其礼，所以败也。○王德，于况反，又如字，下"王佐"同。醇粹，音纯；下虽遂反。**以为虽文王之战，亦不过此也。**有似文王伐崇。陆战当举地，举水者，大其不以水厄人也。

二十有三年，春，齐侯伐宋，围缗。

邑不言围，此其言围何？疾重故也。疾，痛也。重故，喻若重故创矣。襄公欲行霸，守正履信，属为楚所败，诸夏之君，宜杂然助之，反因其困而伐之，痛与重故创无异，故言围以恶其不仁也。○缗，亡巾反。重故，直用反，又直龙反，注同。故创，初良反，下同。属，音烛。杂，七合反，又如字。恶，乌路反。

夏，五月，庚寅，宋公慈父卒。

何以不书葬？盈乎讳也。盈，满也。相接足之辞也。襄公本以背殡，不书其父葬，至襄公身书葬，则嫌霸业不成，所覆者薄，故复使身不书葬，明当以前讳除背殡，以后讳加微封。内娶不去日，略之者，功覆之也。○慈父，《左氏》作"兹父"。复，扶又反。去，起吕反。

秋，楚人伐陈。

冬，十有一月，杞子卒。卒者，桓公存王者后，功尤美，故为表异卒录之。始见称伯，卒独称子者，微弱为徐、莒所胁，不能死位。《春秋》伯、子、男一也，辞无所贬。贬称子者，《春秋》黜杞不明，故以其一等贬之，明本非伯，乃公也。又因以见圣人子孙，有诛无绝，故贬不失爵也。不名不日不书葬者，从小国例也。○始见，贤遍反。

二十有四年，春，王正月。

夏，狄伐郑。

秋，七月。

冬，天王出居于郑。

王者无外，此其言出何？据王子瑕奔晋不言出。不能乎母也。不能事母，罪莫大于不孝，故绝之言出也。下无废上之义，得绝之者，明母得废之，臣下得从母命。鲁子曰：“是王也，不能乎母者，其诸此之谓与？”犹曰是王也，无绝义，不能事母而见绝外者，其诸谓此灼然异居，不复供养者与！主书者，录王者所居也。○与，音余。复，扶又反。供养，九用反；下余亮反。

晋侯夷吾卒。篡故不书葬，明当绝也。不日月者，失众身死，子见篡逐，故略之，犹薛伯定也。

二十有五年，春，王正月，丙午，卫侯毁灭邢。

卫侯毁何以名？据楚子灭萧不名。○毁，况委反。绝。曷为绝之？据俱灭人。灭同姓也。绝先祖支体尤重，故名，甚之也。日者，为鲁忧，内录之。○为鲁，于伪反，下同。

夏，四月，癸酉，卫侯毁卒。

宋荡伯姬来逆妇。

宋荡伯姬者何？荡氏之母也。荡氏，宋世大夫。**其言来逆妇何？**据莒庆言逆叔姬。连来者，嫌内女，为杀直来也。**兄弟辞也。其称妇何？有姑之辞也。**宋、鲁之间，名结婚姻为兄弟。称妇者，见姑之辞，以逆实文，知不杀直来也。主书者，无出道也。○见，贤遍反。

宋杀其大夫。

何以不名？据宋杀其大夫山名。**宋三世无大夫，三世内娶也。**三世谓慈父、王臣、处臼❶也。内娶大夫女也。言无大夫者，礼不臣妻之父母，国内皆臣，无娶道，故绝去大夫名，正其义也。外小恶正之者，宋以内娶，故公族以弱，妃党益强，威权下流，政分三门，卒生篡弑，亲亲出奔，疾其末❷，故正其本。○去，起吕反。

秋，楚人围陈，纳顿子于顿。

何以不言遂？据楚子、郑人侵陈，遂侵宋。**两之也。**微者不别遂，但别两耳。别之者，恶国家不重民命，一出兵为两事也。纳顿子书者，前出奔当绝，还入为盗国当诛，书楚纳之，与之同罪也。主书者，从楚纳之。顿子出奔不书者，小国例也。不见挈者，故君不可见挈于臣。○恶，乌路反。

葬卫文公。不月者，灭同姓，故夺臣子恩也。

冬，十有二月，癸亥，公会卫子、莒庆盟于洮。莒无大夫，书莒庆者，尊敬婿之义也。洮，内地。公与未逾年君、

---

❶ "臼"，原似作"曰"，据阮刻本改。
❷ "末"，原作"未"，据阮刻本改。

大夫盟，不别得意，虽在外犹不致也。○别，彼列反。

二十有六年，春，王正月，己未，公会莒子、卫甯遫盟于向。○遫，音速。向，舒亮反。

齐人侵我西鄙。公追齐师至巂，弗及。

其言至巂弗及何？据公追戎于济西，不言所至，又不言弗及。○巂，户圭反，又似兖反。佁也。佁，犹大也。大公能却强齐之兵。弗者，不之深者也。言齐人畏公士卒精猛，引师而去之，深远不可得及，故曰佁。不直言大之者，自为追，唯臣子得褒之耳，不得与追戎同也。言师者，佁大公所追也。国内兵不书，而举地者，善公齐师去则止，不远劳百姓，过复取胜，得用兵之节，故详录❶之。○佁，昌尔反，又昌者反，大也。卒，子忽反。自为，于伪反，下"深为"同。

夏，齐人伐我北鄙。

卫人伐齐。

公子遂如楚乞师。

乞者何？卑辞也。曷为以外内同若辞？据《春秋》尊鲁。重师也。外内皆同，卑其辞者，深为与人者重之。曷为重师？据泓之战不重师。师出不正反，战不正胜也。不正者，不正自谓出当复反，战当必胜。兵，凶器；战，危事，不得已而用之尔，乃以假人，故重而不暇别外内也。称师者，正所乞名也。乞师例时。○当复，扶又反，下同。别外，彼列反，下同。

秋，楚人灭隗，以隗子归。不月者，略夷狄灭微国也。

---

❶ "详录"，原作"录详"，据阮刻本校勘记改。

不言获者，举灭为重。书以归者，恶不死位。不名者，所传闻世，见治始起，责小国略，但绝不诛之。○隗，五罪反，二传作"嬇"。恶不，乌路反，下同。传，直专反。见治，贤遍反；下直吏反。

冬，楚人伐宋，围缗。

邑不言围，此其言围何？刺道用师也。时以师与鲁，未至，又道用之，于是恶其视百姓之命若草木，不仁之甚也。称人者，楚未有大夫，未得称师，楚自道用之，故从楚文。

公以楚师伐齐，取穀。言以者，行公意，别鲁兵也。称师者，顺上文。公至自伐齐。

此已取穀矣，何以致伐？据伐邾娄取丛不致。未得乎取穀也。未可谓得意于取穀。曷为未得乎取穀？据俱取邑。曰："患之起，必自此始也。"鲁内虚而外乞师，以犯强齐，会齐侯昭卒，晋文行霸，幸而得免。孔子曰："人之生也直，罔之生也幸而免。"故虽得意，犹致伐也。

二十七年，春，杞子来朝。贬称子者，起其无礼，不备，故鲁入之。

夏，六月，庚寅，齐侯昭卒。

秋，八月，乙未，葬齐孝公。

乙巳，公子遂师师入杞。日者，杞属修礼朝鲁，虽无礼，君子躬自厚而薄责于人，不当乃入之，故录责之。○属，音烛。

冬，楚人、陈侯、蔡侯、郑伯、许男围宋。

此楚子也，其称人何？据序诸侯之上。贬。曷为贬？据围郑不贬。为执宋公贬，故终僖之篇贬也。古者诸侯有难，王者若方伯和平之，后相犯，复故罪，楚前执宋公，僖公与共议释之。今复围犯宋，故贬，因以见义。终僖之篇贬者，言君子知平人，当终身保也。○为，于伪反。难，乃旦反。今复，扶又反。见，贤遍反。

十有二月，甲戌，公会诸侯盟于宋。地以宋者，起公解宋围，为此盟也。宋得与盟，则宋解可知也。而公释之见矣。○与，音预。

二十有八年，春，晋侯侵曹。晋侯伐卫。

曷为再言晋侯？据楚人围陈，纳顿子于顿，亦两事，不再出楚人。非两之也。然则何以不言遂？据侵蔡遂伐楚言遂。未侵曹也。未侵曹，则其言侵曹何？致其意也。其意侵曹，则曷为伐卫？晋侯将侵曹，假涂于卫，卫曰："不可得。"则固将伐之也。曹有罪，晋文行霸征之，卫雍遏，不得使义兵以时进，故著言侵曹，以致其意，所以通贤者之心，不使雍塞也。宋襄公伐齐月，此不月者，晋文公功信未著，且当修文德，未当深求于诸侯，故不美也。○卫雍，於勇反，下同；又作"雝"，同。遏，於葛反。

公子买戍卫，不卒戍，刺之。

不卒戍者何？不卒戍者，内辞也。不可使往也。即往，当言戍卫不卒。不可使往，则其言戍卫何？据言戍卫行文。遂公意也。使臣子不可使，耻深，故讳使若往，不卒竟事者，明臣不得雍塞君命。刺之者何？杀之也。杀之，则曷为谓之刺之？内讳杀大夫，谓之刺之也。有罪无罪，皆不得专杀，故讳杀言刺之。不言刺公子买，但言不卒戍刺之者，起为上事刺之也。内杀大夫例，有罪不日，无罪日。外杀大夫皆时。〇起为，于伪反，下"为下卒""为晋""深为""不为"同。

楚人救卫。

三月，丙午，晋侯入曹，执曹伯畀宋人。

畀者何？与也。其言畀宋人何？据下执卫侯，言归之于京师。〇畀宋，必二反，与也，下同。**与使听之也。**与使听其狱也。时天王居于郑，晋文欲讨楚师，以宋王者之后，法度所存，故因假使治之。宋称人者，明听讼必师断，与其师众共之。〇断，丁乱反，下"当断"同。**曹伯之罪何？甚恶也。其甚恶奈何？不可以一罪言也。**曹伯数侵伐诸侯，以自广大，传曰"晋侯执曹伯，班其所取侵地于诸侯"是也。齐桓既没，诸侯背叛，无道者非一。晋与曹同姓，恩惠当先施，刑罚当后加，起而征之，嫌其失义，故著其甚恶者可知也。以兵得不言获者，晋文伯讨，不坐获者，故亦不责曹不死义兵。日者，喜义兵得时入。〇数，所角反，下"数道"同。

夏，四月，己巳，晋侯、齐师、宋师、秦师及楚人战于城濮，楚师败绩。

此大战也，曷为使微者？据秦称师录功，知大战必不使微者，楚虽无大夫，齐桓行霸书屈完也。〇濮，音卜。**子玉得臣也。**以上败绩，下杀得臣。**子玉得臣，则其称人何？**据屈完当桓公称名氏。**贬。曷为贬？**据邲之战，林父不贬。〇邲，皮必反。**大夫不敌君也。**臣无敌君战之义，故绝正也。秦称师者，助霸者征伐，克胜有功，故褒进之。齐桓先朝天子，晋文先讨夷狄者，晋文之时，楚与争强，所遭遇异。

楚杀其大夫得臣。楚无大夫，其言大夫❶者，欲起上楚人，本当言子玉得臣。所以详录霸事，不氏者，子玉得臣，楚之骄蹇臣，数道其君侵中国，故贬，明当与君俱治也。○道，音导。

卫侯出奔楚。晋文逐之。不书逐之者，以王事逐之，择立其次，无绝卫之心，恶不如出奔重。

五月，癸丑，公会晋侯、齐侯、宋公、蔡侯、郑伯、卫子、莒子盟于践土。陈侯如会。

其言如会何？据曹伯襄言会诸侯。后会也。说与会伐宋同，刺陈侯不慕霸者，反歧意于楚，失信后会。会不致者，安信与晋文也。盟日者，谲也。卫称子者，起叔武本无即位之意。陈歧意于楚，在二十七年。○谲，古穴反。

公朝于王所。

曷为不言公如京师？据三月公如京师。天子在是也。天子在是，则曷为不言天子在是？据狩于河阳。不与致天子也。时晋文公年老，恐霸功不成，故上白天子曰"诸侯不可卒致，愿王居践土"，下谓诸侯曰"天子在是，不可不朝"，迫使正君臣，明王法，虽非正，起时可与，故书朝，因正其义。不书诸侯朝者，外小恶不书，独录内也。不书如，不言天王者，从外正君臣，所以见文公之功。○卒，七忽反，下"仓卒"同。见，贤遍反，下"不见""当见""见其"同。

六月，卫侯郑自楚复归于卫。言复归者，天子有命归之。名者，刺天子归有罪也。言自楚者，为天子之讳也。天子

---

❶ "夫"，原作"天"，据阮刻本改。

所以陵迟者，为善不赏，为恶不诛。卫侯出奔当绝，叔武让国，不当复废，而反卫侯令杀叔武，故使若从楚归者。复归例皆时，此月者，为下卒出也。○当复，扶又反。令，力呈反，下"令自"同。

卫元咺出奔晋。○咺，况阮反。

陈侯款卒。不书葬者，为晋文讳，行霸不务教人以孝。陈有大丧，而强会其孤，故深为耻之。宋襄亦背殡，独不为齐桓讳者，时宋襄自会之。卒不日者，贱其歧意于楚。

秋，杞伯姬来。

公子遂如齐。

冬，公会晋侯、齐侯、宋公、蔡侯、郑伯、陈子、莒子、邾娄子、秦人于温。

天王狩于河阳。

狩不书，此何以书？据常事也。不与再致天子也。一失礼尚愈再失礼重，故深正其义，使若天子自狩，非致也。鲁子曰："温近而践土远也。"此鲁子一说也。温近狩地，故可言狩。践土远狩地，故不言狩也。公以再朝而日言之，上说是。

壬申，公朝于王所。

其日何？据上朝不日。录乎内也。危录内再失礼，将为有义者所恶。不月而日者，自是诸侯不系天子，若日不系于月。○恶，乌路反，下"恶卫"同。

晋人执卫侯归之于京师。

归之于者何？归于者何？归之于者，罪已定矣。归于者，罪未定也。罪未定，则何以得为伯讨？此难成公十五年"晋侯执曹伯归于京师"。○难，乃旦反，下"方难"同。归之于者，执之于天子之侧者也。罪定不定，已可知矣。归之者，决绝之辞。执于天子之侧，已白天子，罪定不定，自在天子，故言已可知。归于者，非执之于天子之侧者也。罪定不定，未可知也。未得白天子分别之者，但欲明诸侯尊贵，不得自相治，当断之于天子尔。大恶虽未可知，执有罪，当为伯讨矣。无罪而执人，当贬称人。○别，彼列反。卫侯之罪何？杀叔武也。何以不书？据杀大夫书。为叔武讳也。《春秋》为贤者讳，何贤乎叔武？据失兄意。○为叔，于伪反，下"为贤""为叔武"及注"而为""深为"皆同。让国也。其让国奈何？文公逐卫侯而立叔武，叔武辞立而他人立，则恐卫侯之不得反也，故于是己立。故上称子。然后为践土之会，治反卫侯。叔武讼治于晋文公，令白王者反卫侯，使还国也。叔武让国见杀，而为叔武讳杀者，明叔武治反卫侯，欲兄缟国，故为去杀己之罪，所以起其功，而重卫侯之无道。○为去，起吕反。卫侯得反，曰："叔武篡我。"元咺争之曰："叔武无罪。"终杀叔武，元咺走而出。此晋侯也，其称人何？此以伯讨而何贬者，言归之于伯讨，明知坐他事，故更问之。○篡，初患反。贬。曷为贬？据他罪不见。卫之祸，文公为之也。文公为之奈何？文公逐卫侯而立叔武，使人兄弟相疑。《春秋》许人臣者必使臣，许人子者必使子。文公恶卫侯大深，爱叔武大甚，故使兄弟相疑。○大深，音泰，下同。放乎杀母弟者，文公为之也。文公本逐之非，故致此祸也。逐之文不见，故贬。主书者，以起文公逐之。○放乎，甫往反。

卫元咺自晋复归于卫。

自者何？有力焉者也。有力焉者，有力于晋也。言恃晋有属己力以归，方难下意，故于是发问。○属，音烛。**此执其君，其言自何？**上元咺出奔晋，而文公执卫侯，知以元咺诉执之，怪诉其君而助之。**为叔武争也。**解文公助之意，以元咺为叔武争诉，以为忠于己而助之。虽然，臣无诉君之义，复于卫非也，悖君臣之义，故著言自，明不当有力于恶人也。言复归者，深为霸者耻之，使若无罪。○争，争斗之争，下注同。悖，必内反。

诸侯遂围许。

曹伯襄复归于曹。

遂会诸侯围许。曹伯言复归者，天子归之也。名者，与卫侯郑同义。执归不书，书者，名恶当见。本无事，不当言遂，又不更举曹伯者，见其能悔过，即时从霸者征伐也。霸兵不月者，刺文公不偃武修文以附疏，仓卒欲❶服许，卒不能降，威信自是衰，故不成其善。○降，户江反。

二十有九年，春，介葛卢来。

介葛卢者何？夷狄之君也。何以不言朝？据诸侯来曰朝。○介葛，音戒，国名。**不能乎朝也。**不能升降揖让也。介者，国也。葛卢者，名也。进称名者，能慕中国，朝贤君，明当扶勉以礼义。

公至自围许。

夏，六月，公会王人、晋人、宋人、齐人、陈人、蔡

---

❶ "欲"，原作"饮"，据阮刻本改。

人、秦人盟于狄泉。文公围许不能服，自知威信不行，故复上假王人以会诸侯，年老志衰，不能自致，故诸侯亦使微者会之。月者，恶霸功之废于是。○故复，扶又反，年末同。恶，乌路反。

秋，大雨雹。夫人专爱之所生。○雨，于付反。雹，步角反。

冬，介葛卢来。前公围许不在，故更来朝。不称字者，一年再朝不中礼，故不复进也。○中，丁仲反。

三十年，春，王正月。

夏，狄侵齐。

秋，卫杀其大夫元咺及公子瑕。

卫侯未至，其称国以杀何？据归在下。道杀也。时已得天子命还国，于道路遇而杀之，坐之与至国同，故但称国，不复别也。言及公子瑕者，下大夫，别尊卑。○复，扶又反。别尊，彼列反。

卫侯郑归于卫。

此杀其大夫，其言归何？据未至而有专杀之恶，与入恶同。归恶乎元咺也。卫侯归杀无恶，则元咺之恶明矣。曷为归恶乎元咺？据师还。元咺之事君也，君出则己入，晋人执卫侯归之于京师，元咺自晋复归于卫，恃晋力以归是也。君入则己出，卫侯郑自楚复归于卫，元咺出奔晋是也。以为不臣也。故不从犯伯执，为天子所还，言复归，从出入无恶言归，以见元咺有出入罪，卫侯得杀之，所以专臣事君之义。名者，为杀叔武恶天子归有罪也。执归不书，主书者，名恶当见。○以见，贤遍反，下同。为，于伪反。恶夫，乌路反。

晋人、秦人围郑。

介人侵萧。称人者，侵中国，故退之。

冬，天王使宰周公来聘。与葵丘会同义。

公子遂如京师，遂如晋。

大夫无遂事，此其言遂何？公不得为政尔。不从公政令也。时见使如京师，而横生事，矫君命聘晋，故疾其骄蹇自专，当绝之。不举重者，遂当有本。○桥君，居表反，本又作"矫"。

三十有一年，春，取济西田。

恶乎取之？以不月，与取运异，知非内叛邑。○恶，音乌。取之曹也。曷为不言取之曹？据取丛言邿娄田也。讳取同姓之田也。同姓相贪利，恶差重，耻差深。○恶差，初卖反，下同。此未有伐曹者，则其言取之曹何？据伐同姓不讳。即有兵，当举伐曹，下日，若甲戌取须朐。晋侯执曹伯，班其所取侵地于诸侯也。班者，布徧还之辞。○布徧，音遍，下文同。晋侯执曹伯，班其所取侵地于诸侯，则何讳乎取同姓之田？据晋还之得为伯。久也。鲁本为霸者所还，当时不取，久后有悔，更缘前语取之，不应复得，故当坐取邑。

公子遂如晋。

夏，四月，四卜郊，不从，乃免牲，犹三望。

曷为或言三卜，或言四卜？三卜，礼也，四卜，非礼也。三卜何以礼？四卜何以非礼？据俱卜也。求吉之道三。三卜，吉凶必有相奇者，可以决疑，故求吉必三卜。○奇，居宜反。禘尝不卜，郊何以卜？禘比祫为大，尝比四时祭为大，故据之。卜郊，非礼也。礼，天子不卜郊。卜郊何以非礼？据上言三卜礼。**鲁郊，非礼也。**以鲁郊非礼，故卜尔。昔武王既没，成王幼少，周公居摄，行天子事，制礼作乐，致大平，有王功。周公薨，成王以王礼葬之，命鲁使郊，以彰周公之德。非正故卜，三卜，吉则用之，不吉则免牲。谓之郊者，天人相与交接之意也。不言郊天者，谦不敢斥尊。○少，诗照反。大平，音泰。王功，于况反。**鲁郊何以非礼？**据成公乃不郊恶之。○恶之，乌路反，下皆同。**天子祭天，**郊者，所以祭天也。天子所祭，莫重于郊。居南郊者，就阳位也。槀席玄酒，器用陶匏，大珪不瑑，大羹不和，为天至尊，物不可悉备，故推质以事之。○槀，古老反。匏，白交反。瑑，大转反。和，户卧反。为天，于伪反，下"则为""本为""主为"皆同。**诸侯祭土。**土，谓社也。诸侯所祭，莫重于社。卿大夫祭五祀，士祭其先祖。**天子有方望之事，**方望，谓郊时所望祭四方群神、日月星辰、风伯雨师、五岳四渎及余山川，凡三十六所。**无所不通。**尽八极之内，天之所覆，地之所载，无所不至，故得郊也。**诸侯山川有不在其封内者，则不祭也。**故鲁郊非礼也。**曷为或言免牲？或言免牛？免牲，礼也。**鲁卜郊不吉，免之。礼，卜郊不吉，则为牲作玄衣纁裳，使有司玄端，放之于南郊，明本为天，不敢留天牲。**免牛，非礼也。免牛何以非礼？伤者曰牛。**养牲不谨敬，有灾伤，天不飨用，不得复为天牲，故以本牛名之。非礼者，非天牲不当复见免，但当内自省责而已。○复为，扶又反，下同。见免，贤遍反，下"以见"同。**三望者何？望祭也。然则曷祭？祭泰山河海。曷为祭泰山河海？**据郊者主为祭天。○大山，音泰，本亦作"泰"，下同。**山川有能润**

于百里者，天子秩而祭之。此皆助天宣气布功，故祭天及之。秩者，随其大小尊卑高下所宜。礼，祭天牲角茧栗，社稷宗庙角握，六宗五岳四渎角尺，其余山川视卿大夫。天燎地瘗，日月星辰布，山县水沉，风磔雨升。燎者，取俎上七体，与其珪宝，在辨中，置于柴上烧之。○茧，古典反。燎，力召反。瘗，於例反。县，音玄。磔，陟百反。**触石而出，肤寸而合，**侧手为肤，按指为寸，言其触石理而出，无有肤寸而不合。○肤寸，方于反，侧手为肤，按指为寸。**不崇朝而遍雨乎天下者，唯泰山尔。**崇，重也。不重朝，言一朝也。○崇朝，如字，注同。雨，于付反，又如字。崇重，直龙反，下同。**河海润于千里。**亦能通气致雨，润泽及于千里。《韩诗传》曰"汤时大旱，使人祷于山川"是也。郊望非一，独祭三❶者，鲁郊非礼，故独祭其大者，**犹者何？通可以已也。**已，止。**何以书？讥不郊而望祭也。**讥尊者不食，而卑者独食。书者，恶失礼也。鲁至是郊者，僖公贤君，欲尊明其先祖之功德，不就废之。讥者，《春秋》不见事不书，皆从事举可知也。不吉，言不从者，明己意汲汲欲郊，而卜不从尔。所以见事鬼神当加精诚。

秋，七月。

冬，杞伯姬来求妇。

其言来求妇何？兄弟辞也。其称妇何？有姑之辞也。书者，无出道也。

狄围卫。十有二月，卫迁于帝丘。月者，恶大国迁至

---

❶ "三"，原作"二"，据阮刻本改。

公羊传

小国，城郭坚固，人众强，迁徙畏人，故恶之也。

三十有二年，春，王正月。

夏，四月，己丑，郑伯接卒。不书葬者，杀大夫申侯也。君杀大夫，皆就葬，别有罪无罪，唯内无贬公之道，不可去葬，故从杀时别之。○接，二传作"捷"。别有，彼列反，下同。去，起吕反。

卫人侵狄。

秋，卫人及狄盟。不地者，起因上侵就狄盟也。复出卫人者，嫌与内微者同也。言及者，时出不得狄君也。称人而言及，则知狄盟者卑。○复，扶又反。

冬，十有二月，己卯，晋侯重耳卒。○重，直龙反。

三十有三年，春，王二月，秦人入滑。

齐侯使国归父来聘。

夏，四月，辛巳，晋人及姜戎败秦于殽。

其谓之秦何？据败者称师，未得师称人。○殽，本又作"肴"，户爻反，或户高反。夷狄之也。曷为夷狄之？据俱见败。秦伯将袭郑，轻行疾至，不戒以入曰袭。○轻，遣政反。百里子与蹇叔子谏曰："千里而袭人，未有不亡者也。"行疾不假涂，变必生；道远多险阻，遭变必亡。○蹇，居辇反。秦伯怒曰："若尔之年者，宰上之木拱矣，宰，冢也。拱，可以手对抱。○拱，九勇反，以手对抱。尔曷知！"师出，百里子与蹇叔子送其子而戒之曰："尔即死，必于殽之嶔岩，是文王之所辟风雨者也，其处险阻隘势，一人可要百，故文王过之驱驰，常若辟风雨，袭郑所当由也。○嶔，苦衔反，邹深生、褚诠之音《上林赋》并

198

同，徐音钦，韦昭《汉书音义》去瞻反；又本或作"厬"，同。岩，五衔反，韦音严。处，昌虑反。隘，於卖反。要，一遥反，传"要之"同。**吾将尸尔焉。"** 在床曰尸，在棺曰柩。**子揖师而行。** 揖其父于师中，介胄不拜，为其拜如蹲。○胄，直又反。为，于伪反。蹲，音存。**百里子与蹇叔子从其子而哭之，秦伯怒曰："尔曷为哭吾师？"对曰："臣非敢哭君师，哭臣之子也。"** 言恐臣先死，子不见臣，故先哭之。**弦高者，郑商也。** 郑商，贾人。○贾，音古。**遇之殽，矫以郑伯之命而犒师焉。** 诈称曰矫。犒，劳也。见其军行非常，不似君子，恐见虏掠，故生意矫君命劳之。○矫以，居表反。犒，苦报反，劳也。劳，力报反，下同。掠，音亮。**或曰往矣，或曰反矣。** 军中语也。时以为郑实使弦高犒之，或以为郑伯已知将见袭，必设备，不如还。或曰既❶出，当遂往之。**然而晋人与姜戎，要之殽而击之，匹马只轮无反者。** 然，然上议，犹豫留住之顷也。匹马，一马也。只，踦也。皆喻尽。○只轮如字，一本又作易轮。董仲舒云："车皆不还，故不得易轮辙。"只踦，居宜反，一本作"易踦"。**其言及姜戎何？** 据秦人白狄，不言及吴子主会也。**姜戎，微也。** 故绝言及。**称人，亦微者也，何言乎姜戎之微？** 据邢人、狄人伐卫不言及。**先轸也。** 先轸，晋大夫也。言姜戎微，则知称人者尊。**或曰襄公亲之。** 以既贬，又危文公葬。**襄公亲之，则其称人何？** 据桓十三年卫侯背殡用兵不称人。**贬。曷为贬？** 据俱背殡用兵。**君在乎殡而用师，**

---

❶ "既"，原作"绪"，据阮刻本校勘记改。

危不得葬也。与卫迫齐、宋异，故恶不子也。○恶不，乌路反，下同。**诈战不日，此何以日？**据不言败绩，外诈战文也。诈，卒也。齐人语也。○卒，七忽反。**尽也。**恶晋不仁。

　　癸巳，葬晋文公。

　　狄侵齐。

　　公伐邾娄，取丛。取邑不致者，得意可知例。○取菆，才工反，二传作"取訾楼"。

　　秋，公子遂率师伐邾娄。

　　晋人败狄于箕。不月者，略微者与夷狄也。

　　冬，十月，公如齐。月者，善公念齐恩及子孙。

　　十有二月，公至自齐。

　　乙巳，公薨于小寝。

　　霣霜不杀草，霣，于敏反。**李梅实。**

　　何以书？记异也。何异尔？不时也。周之十二月，夏之十月也。《易·中孚》记曰："阴假阳威之应也。早霣霜而不杀万物，至当霣霜之时，根生之物复荣不死，斯阳假与阴威，阴威列索，故阳自霣霜而反不能杀也。"此禄去公室，政在公子遂之应也。○复，扶又反。索，息各反。

　　晋人、陈人、郑人伐许。

　　《春秋公羊》卷第五

　　经传柒阡壹伯丹叁字
　　注壹万玖伯叁拾字
　　音义贰阡叁伯壹拾陆字

卷六

文公第六

元年，春，王正月，公即位。

二月，癸亥，朔，日有食之。是后楚世子商臣弑其君，楚灭江、六，狄比侵中国。

天王使叔服来会葬。

其言来会葬何？据奔丧以非礼书，归含且赗不言来。○归含，本又作"唅"，户暗反，五年经同。赗，芳凤反。会葬，礼也。但解会葬者，明言来者常文，不为早晚施也。常事书者，文公不肖，诸侯莫肯会之，故书天子之厚，以起诸侯之薄，盖以长补短也。叔服者，王子虎也。服者，字也。叔者，长幼称也。不系王者，不以亲疏录也。不称王子者，时天子诸侯，不务求贤而专贵亲亲，故尤其在位子弟，刺其早任以权也。鲁得言公子者，方录异辞，故独不言弟也。诸侯得言子弟者，一❶国失贤轻。○不为，于伪反，下"不为"同。长幼，丁丈反。称也，尺证反。

夏，四月，丁巳，葬我君僖公。

天王使毛伯来锡公命。

锡者何？赐也。命者何？加我服也。复发传者，嫌礼

---

❶ 原无"一"字，据阮刻本补。

与桓公同，死生异也。主书者，恶天子也。古者三载考绩，三考黜陟幽明。文公新即位，功未足施而锡之，非礼也。○锡，思历反。复，扶又反。恶，乌路反。

晋侯伐卫。

叔孙得臣如京师。书者，与庄二十五年同。知不为丧聘书者，聘为贡职天子，当得异方之物以事宗庙，又欲以知君父无恙，不以丧废，故不讥也。如他国，就不三年一讥而已。○恙，余亮反。

卫人伐晋。

秋，公孙敖会晋侯于戚。○戚，于寂反。

冬，十月，丁未，楚世子商臣弑其君髠。楚无大夫，言世子者，甚恶世子弑父之祸也。不言其父，言其君者，君之于世子，有父之亲，有君之尊，言世子者，所以明有父之亲；言君者，所以明有君之尊，又责臣子当讨贼也。日者，夷狄子弑父，忍言其日。○髠，苦门反，《左氏》作"頵"。

公孙敖如齐。书者，讥丧娶，吉凶不相干。

二年，春，王二月，甲子，晋侯及秦师战于彭衙，秦师败绩。称秦师者，愍其众，恶其将，前以不用贤者之言，匹马只轮无反者，今复重师败绩。师敌君不正者，贱之，不嫌得敌君。○衙，音牙，本或作"牙"。恶，乌路反。将，子匠反。复，扶又反，下"不复"皆同。重，直用反。

丁丑，作僖公主。

作僖公主者何？为僖公作主也。为僖公庙作主也。主状正方，穿中央，达四方，天子长尺二寸，诸侯长一尺。○为僖公庙，于伪反，下"盖为""以为"，下"欲为"同。**主者曷用？虞主用桑，**礼，平明而葬，日中而反虞，以阳求阴，谓之虞者，亲丧以下圹，皇皇无所见❶，求而虞事之。虞，犹安神也。用桑者，取其名，与其粗粗，所以副孝子之心。礼，虞祭，天子九，诸侯七，卿大夫五，士三，其奠处犹吉祭。〇圹，苦晃反，又音旷。粗，才古反，又七奴反。**练主用栗。**谓期年练祭也，埋虞主于两阶之间，易用栗也。夏后氏以松，殷人以柏，周人以栗。松犹容也，想见其容貌而事之，主人正之意也。柏犹迫也，亲而不远，主地正之意也。栗犹战栗，谨敬貌，主天正之意也。《礼·士虞》记曰："桑主不文，吉主皆刻而谥之，盖为禘祫时别昭穆也。"虞主三代同者，用意尚粗粗，未暇别也。〇期年，音基，三年同。人正，音征，下同。别，彼列反，下同。**用栗者，藏主也。**藏于庙室中常所当奉事也。质家藏于堂。**作僖公主，何以书？**据作余公主不书。**讥。何讥尔？不时也。其不时奈何？欲久丧而后不能也。**礼，作练主当以十三月。文公乱圣人制，欲服丧三十六月，十九月作练主，又不能卒竟，故以二十五月也。日者，重失礼鬼神。

三月，乙巳，及晋处父盟。

此晋阳处父也，何以不氏？据晋❷阳处父伐楚救江。**讳与大夫盟也。**讳去氏者，使若得其君，如经言邾娄仪父矣。不地者，起公就于晋也。日者，起公盟也。俱没公，齐高傒不

---

❶ "见"，原作"亲"，据阮刻本校勘记改。
❷ "晋"，原作"阳"，据阮刻本改。

使若君，处父使若君者，亲就其国，耻不得其君，故使若得其君也。如晋不书不致者，深讳之。○去，起吕反。

夏，六月，公孙敖会宋公、陈侯、郑伯、晋士縠盟于垂敛。盟不日者，欲共盟诛商臣，虽不能诛，犹为疾恶故也，褒与信辞也。不如平丘两举会盟详录之者，时至即盟，会礼不成。○縠，户木反。垂敛，《左氏》作"垂陇"。

自十有二月不雨，至于秋七月。

何以书？记异也。以不言旱。**大旱以灾书，此亦旱也，曷为以异书？大旱之日短而云灾，**云，言也。言有灾。**故以灾书。此不雨之日长而无灾，故以异书也。**此禄去公室，政在公子遂之所致也。不就庄三十一年发传者，此最甚事著。

八月，丁卯，大事于大庙，跻僖公。

大事者何？大祫也。以言大，与有事异。又从僖八年禘数之，知为大祫。○大庙，音太，下"太祖"皆同。跻❶僖，子兮反，升也，本又作"隮"❷，同。祫，音洽，大祭。禘数，大帝反；下所主反。**大祫者何？合祭也。其合祭奈何？毁庙之主，陈于大祖。**毁庙，谓亲过高祖，毁其庙，藏其主于大祖庙中。礼，取其庙室笮以为死者炊沐。大祖，周公之庙。陈者，就陈列大祖前，大祖东乡，昭南乡，穆北乡，其余孙从王父。父曰昭，子曰穆。昭取其乡明，穆取其北面尚敬。○笮，侧白反。炊沐，昌垂反；下音木。东乡，许亮反，

---

❶ "跻"，原作"隮"，据阮刻本改。
❷ "隮"，原作"跻"，据阮刻本改。

下同。**未毁庙之主，皆升，合食于大祖，**自外来曰升。**五年而再殷祭。**殷，盛也。谓三年祫，五年禘。禘所以异于祫者，功臣皆祭也。祫，犹合也。禘，犹谛也。审谛无所遗失。礼，天子特禘特祫；诸侯禘则不礿，祫则不尝；大夫有赐于君，然后祫其高祖。○谛，音帝。礿，羊略反。**跻者何？升也。何言乎升僖公？**据禘于大庙不道所升。**讥。何讥尔？逆祀也。其逆祀奈何？先祢而后祖也。**升谓西上。礼，昭穆指父子，近取法《春秋》，惠公与庄公当同南面西上；隐、桓与闵、僖亦当同北面西上，继闵者在下。文公缘僖公于闵公为庶兄，置僖公于闵公上，失先后之义，故讥之。传曰"后祖"者，僖公以臣继闵公，犹子继父，故闵公于文公，亦犹祖也。自先君言之，隐、桓及闵、僖各当为兄弟，顾有贵贱耳。自继代言之，有父子君臣之道，此恩义逆顺，各有所施也。不言吉祫者，就不三年不复讥，略为下张本。○祢，乃礼反。

冬，晋人、宋人、陈人、郑人伐秦。

公子遂如齐纳币。

纳币不书，此何以书？讥。何讥尔？讥丧娶也。娶在三年之外，则何讥乎丧娶？据逆在四年。○丧取，七住反，本亦作"娶"，同。三年之内不图婚。僖公以十二月薨，至此未满二十五月，又礼先纳采、问名、纳吉，乃纳币，此四者皆在三年之内，故云尔。**吉禘于庄公讥。然则曷为不于祭焉讥？**据吉禘于庄公，讥始不三年，大事、图婚，俱不三年。**大事犹**[1]**从吉禘，不复讥。三年之恩疾矣。**疾，痛。非虚加

---

[1] "犹"，原作"独"，据阮刻本改。

之也，非虚加责之。**以人心为皆有之。**以人心为皆有疾痛，不忍娶。**以人心为皆有之，则曷为独于娶焉讥？**据孝子疾痛，吉事皆不当为，非独娶也。**娶者，大吉也。**合二姓之好，传之于无穷，故为大吉。○好，呼报反。传，直专反。**非常吉也。**与大事异。**其为吉者，主于己。**主于己身，不如祭祀尚有念先人之心。**以为有人心焉者，则宜于此焉变矣。**变者，变恸哭泣也。有人心念亲者，闻有欲为己图婚，则当变恸哭泣矣，况乃至于纳币成婚哉。○恸，杜贡反。

三年，春，王正月，叔孙得臣会晋人、宋人、陈人、卫人、郑人伐沈，沈溃。○伐沈，音审，国名。溃，户内反。

夏，五月，王子虎卒。

王子虎者何？天子之大夫也。外大夫不卒，**此何以卒？**据原仲也。**新使乎我也。**王子虎即叔服也。新为王者使来会葬，在葬后三年中卒，君子恩隆于亲亲，则加报之，故卒，明当有恩礼也。尹氏卒日，此不日者，在期外也。名者，卒从正。○新使，所吏反。

秦人伐晋。

秋，楚人围江。

雨螽于宋。

雨螽者何？**死而坠也。**以先言雨也。坠，隋地也。不言如雨，言雨螽者，本飞从地上而下至地，似雨尤醇。○雨螽，于付反，下及注同，一音如字；螽，音终。而队，直类反，注同。隋，大果反。上，时掌反。醇，音纯。**何以书？记异也。**外异不书，**此何以书？为王者之后记异也。**螽，犹众也。众死而坠者，群臣将争强相残贼之象，是后大臣比争斗相杀，司城惊逃，子哀奔亡，国家廓然无人，朝廷久虚❶，盖由❷三世内娶，贵近妃族，祸自上下，故异之云尔。○为王，于伪反。近，附近之近。

冬，公如晋。十有二月，己巳，公及晋侯盟。

晋阳处父帅师伐楚救江。

此伐楚也。其言救江何？据两之，当先言救也；非两之，当重出处父也；生事当言遂，三者皆违例，知后言救江，起伐楚意，故问之。○重，直用反。为谖也。谖，诈。○谖，许元反。其为谖奈何？伐楚，为救江也。救人之道，当指其所之，实欲救江而反伐楚，以为其势必当引围江兵当还自救也。故云尔。孔子曰："自古皆有死，民无信不立。"

四年，春，公至自晋。

夏，逆妇姜于齐。

其谓之逆妇姜于齐何？据不书逆者主名，不言如齐，不称女。略之也。称妇姜，至文也；逆与至共文，故为略。

高子曰："娶乎大夫者，略之也。"贱非所以奉宗庙，故略之。不书逆者主名，卑不为录使也。不言如齐者，大夫无国也。不称女者，方以妇姜见与至共文，重至也。不称夫人为致文者，贱不可奉宗庙也。不言氏者，本当称女。女者，父母辞，君子不夺人之亲，故使从父母辞不言氏。○为，于伪反。使，所吏反。见与，贤遍反。

---

❶ "虚"，原作"空"，据阮刻本校勘记改。
❷ "由"，原作"犹"，据阮刻本改。

狄侵齐。

秋，楚人灭江。

晋侯伐秦。

卫侯使甯俞来聘。

冬，十有一月，壬寅，夫人风氏薨。○甯俞，乃定反；下音余。

五年，春，王正月，王使荣叔归含，且赗。

含者何？口实也。孝子所以实亲口也。缘生以事死，不忍虚其口：天子以珠，诸侯以玉，大夫以碧，士以贝，春秋之制也。文家加饭以稻米。○饭，扶晚反。**其言归含且赗何？**据宰咺归两赗，不言且也。连赗何之者，嫌据赗言归。○咺，况阮反。**兼之。兼之非礼也。**且，兼辞。以言且，知讥兼之也。含言归者，时主持含来也。去天者，含者臣子职，以至尊行至卑事，失尊之义也。不从含晚言来者，本不当含也。主书者，从含也。○去，起吕反，下同。

三月，辛亥，葬我小君成风。

成风者何？僖公之母也。风，氏也。任、宿、颛臾之姓。○任，音壬。颛臾，音专；下音榆。

王使召伯来会葬。去天者，不及事，刺比失丧礼也。

夏，公孙敖如晋。

秦人入鄀。○鄀，音弱。

秋，楚人灭六。

冬，十月，甲申，许男业卒。

六年，春，葬许僖公。

夏，季孙行父如陈。

秋，季孙行父如晋。

八月，乙亥，晋侯谨卒。○谨，好官反。

冬，十月，公子遂如晋。

葬晋襄公。 书遂者，刺公生时数如晋，葬不自行，非礼也。礼，诸侯薨，使大夫吊，自会葬。○数，所角反。

晋杀其大夫阳处父。

晋狐射姑出奔狄。

晋杀其大夫阳处父，则狐射姑曷为出奔？ 据蔡杀其大夫公子燮，蔡公子履出奔楚。此非同姓，恐见及。○射姑，音亦，又音夜，《穀梁》作"夜"。**射姑杀也。** 以非恐见及，知其杀。**射姑杀，则其称国以杀何？君漏言也。** 自上言泄，下曰漏。○君漏，力豆反，泄也。言泄，息列反，又以制反。**其漏言奈何？君将使射姑将，** 谓作中军大夫。○姑将，子匠反，下同。阳处父谏曰："射姑，民众不说，不可使将。"于是废将。阳处父出，射姑入，君谓射姑曰："阳处父言曰：'射姑，民众不说，不可使将。'"射姑怒，出刺阳处父于朝而走。明君漏言杀之，当坐杀也。《易》曰："君不密则失臣，臣不密则失身，几事不密则害成。"○不说，音悦，下同。刺，七亦反，又一音七赐反。

闰月不告月，犹朝于庙。

不告月者何？不告朔也。 礼，诸侯受十二月朔政于天子，藏于大祖庙，每月朔朝庙，使大夫南面奉天子命，君北面而受之。比时使有司先告朔，慎之至也。受于庙者，孝子归美先君，不敢自专也。言朝者，缘生以事死，亲在，朝朝莫夕；已死，不敢渫鬼神。故事必于朔者，感月始生而朝。○大祖，音泰。比，必利反。朝朝，上如字；下直遥反。渫，息列反。**曷为不告朔？据俱月也。天无是月也，闰月矣。何以谓之天无是月？是月❶，非常月也。**所在无常，故无政也。**犹者何？通可以已也。**朝者，因视朔政尔。无政而朝，故加犹。不言朔者，闰月无告朔礼也。不言公者，内事可知。

七年，春，公伐邾娄。

三月，甲戌，取须朐。

取邑不日，此何以日？据取丛也。○朐，其俱反。**内辞也。使若他人然。**使若公春伐邾娄而去，他人自以甲戌日取之。内再取邑，然后甚而日也。今此一取而日，故使若他人然。所以深讳者，扈之盟不见序，并为取邑故。○并为，于伪反，年末注同。

遂城郚。主书者，甚其生事，困极师众。○郚，音吾。

夏，四月，宋公王臣卒。不书葬者，坐杀大夫也。不日者，内娶略。

宋人杀其大夫。

何以不名？据宋杀其大夫山名。宋三世无大夫，三世内娶也。故使无大夫。

戊子，晋人及秦人战于令狐。○令，力丁反。**晋先眜以师奔秦。**

此偏战也，何以不言师败绩？据秦师败绩。○眜，音篾，《左氏》作"蔑"。**敌也。**俱无胜负。**此晋先眜也，其称人何？据奔无出文，知先眜也。贬。曷为贬？据新筑之**

---

❶ 原无"是月"二字，据阮刻本校勘记补。

211

战，卫孙良夫败绩不贬。**外也。其外奈何？以师外也。**怀持二心，有功欲还，无功便持师出奔，故于战贬之，起其以师外也。本所以怀持二心者，其咎亦由晋侯要以无功当诛也。不起者，敌而外事可知也。○咎，其九反。**何以不言出？**据楚囊瓦俱战而奔言出。**遂在外也。**起其生事成于竟外，从竟外去。

狄侵我西鄙。

秋，八月，公会诸侯、晋大夫盟于扈。

诸侯何以不序？大夫何以不名？序，次也。据新城盟，诸侯序，赵盾名。**公失序也。公失序奈何？诸侯不可使与公盟，眣晋大夫使与公盟也。**以目通指曰眣。文公内则欲久丧而后不能，丧娶逆祀，外则贪利取邑，为诸侯所薄贱不见序，故深讳为不可知之辞。不日者，顺讳为善文也。○眣，音舜，本又作"眣"，尹❶乙反，又大结反，以目通指曰眣；本又作"睞"，音同。字书云，眣，瞋也。以忍反。

冬，徐伐莒。谓之徐者，前共灭王者后，不知尊先圣法度。今自先犯，文对事连，可以起同恶，莒在下不得狄，故复狄徐也。一罪再狄者，明为莒狄之尔。徐先狄，在僖十五年。○复，扶又反。

公孙敖如莒莅盟。

八年，春，王正月。

夏，四月。

秋，八月，戊申，天王崩。

---

❶ "尹"，原作"丑"，据阮刻本改。

冬，十月，壬午，公子遂会晋赵盾，盟于衡雍。○雍，於用反。

乙酉，公子遂会伊雒戎盟于暴。四日不能再出，不卒名者，非一事再见也。○雒，音洛。暴，步报反，本又作"曝"，一音甫沃反。见，贤遍反。

公孙敖如京师，不至复。丙戌，奔莒。

不至复者何？不至复者，内辞也。不可使往也。安居不肯行，故讳使若已行，但不至还尔。即已行，当道所至乃言复，如至黄矣。不可使往，则其言如京师何？遂公意也。正其义，不使君命壅塞。○壅，於勇反。何以不言出？据庆父言出奔。遂在外也。讳使若从外奔，不敢复还者也。日者，嫌敖罪明，则起君弱，故讳使若无罪。○复，扶又反。

螽。先是公如晋，公子遂、公孙敖比出不可使，势夺于大夫，烦扰之应。○螽，音终。

宋人杀其大夫司马。

宋司城来奔。

司马者何？司城者何？皆官举也。皆以官名举言之。天子有大司徒、大司马、大司空，皆三公官名也。诸侯有司徒、司马、司空，皆卿官也。宋变司空为司城者，辟先君武公名也。曷为皆官举？据宋杀其大夫山，不官举。宋三世无大夫，三世内娶也。宋以内娶，故威势下流，三世妃党争权相杀，司城惊逃，子哀奔亡，主或不知所任，朝廷久空，故但举官起其事也。大夫相杀，例皆时。

九年，春，毛伯来求金。

毛伯者何？天子之大夫也。何以不称使？据南季称使。当丧未君也。时王新有三年丧。**逾年矣，何以谓之未君？** 据崩在八年，逾年当即位。**即位矣，而未称王也。未称王，何以知其即位？以诸侯之逾年即位，亦知天子之逾年即位也。** 俱继体，其礼不得异。**以天子三年然后称王，亦知诸侯于其封内三年称子也。** 各信恩于其下。○信，音申。**逾年称公矣，则曷为于其封内三年称子？缘民臣之心，不可一日无君；缘终始之义，一年不二君。** 故君薨称子某，既葬称子，明继体以系民臣之心。不可旷年无君。故逾年称公。**缘孝子之心，则三年不忍当也。** 孝子三年志在思慕，不忍当父位，故虽即位，犹于其封内三年称子。子张曰："《书》云：'高宗凉闇，三年不言。'何谓也？"孔子曰："何必高宗，古之人皆然。君薨，百官总己以听冢宰三年。"○凉，音亮，又音良。闇，如字，又音阴。**毛伯来求金，何以书？讥。何讥尔？王者无求，求金非礼也。然则是王者与？** 据未称王。○与，音余。**曰："非也。"非王者，则曷为谓之王者？王者无求。曰："是子也，** 虽名为三年称子者，其实非唯继父之位。**继文王之体，守文王之法度，文王之法无求，而求，故讥之也。"** 引文王者，文王始受命，制法度。

夫人姜氏如齐。 奔父母之丧也。不言奔丧者，尊内，犹不言朝聘也，故以致起得礼也。书者，大夫家，危重。言如齐者，大夫系国。

二月，叔孙得臣如京师。

辛丑，葬襄王。

王者不书葬，此何以书？ 不及时书，过时书，重录失时。**我有往者则书。**谓使大夫往也，恶文公不自往，故书葬，以起大夫会之。日者，僖公成风之丧，襄王比加礼，故恩录之，所以甚责内。○恶，乌路反。

晋人杀其大夫先都。

三月，夫人姜氏至自齐。出独致者，得礼，故与臣子辞。月者，妇人危重，从始至例。

晋人杀其大夫士榖，及箕郑父。

楚人伐郑。

公子遂会晋人、宋人、卫人、许人救郑。

夏，狄侵齐。

秋，八月，曹伯襄卒。

九月，癸酉，地震。

地震者何？动地也。动者，震之故。传先言动者，喻若物之动地以晓人也。**何以书？记异也。**天动地静者，常也。地动者，象阴为阳行。是时鲁文公制于公子遂，齐、晋失道，四方叛德，星孛之萌，自此而作，故下与北斗之变所感同也。不传天下异者，从王内录可知。○行，下孟反。孛，音佩。

冬，楚子使椒来聘。

椒者何？楚大夫也。楚无大夫，此何以书？始有大夫也。入文公所闻世，见治❶升平，法内诸夏以外夷狄也。屈完、子玉得臣者，以起霸事，此其正也。聘而与大夫者，本大国。○椒，子遥反，一本作"萩"，子小反。见，贤遍反。**始有大夫，则何以不氏？**据屈完氏。**许夷狄者，不一而足**

---

❶ 原无"治"字，据阮刻本校勘记补。

也。许，与也。足其氏，则当纯以中国礼贵之，嫌夷狄质薄，不可卒备。故且以渐。○卒，七忽反。

秦人来归僖公、成风之襚。

其言僖公、成风何？兼之。兼之非礼也。礼主于敬，当各使一使，所以别尊卑。○襚，音遂，赠丧之衣服。一使，所吏反。别，彼列反，下同。曷为不言及成风？据及者，别公夫人尊卑文也。连成风者，但问尊卑体当绝，非欲上成风使及僖公。○上，时掌反，又如字。成风尊也。不可使卑及尊也。母尊序在下者，明妇人有三从之义：少系父，既嫁系夫，夫死系子。○少，诗召反。

葬曹共公。○共，音恭。

十年，春，王三月，辛卯，臧孙辰卒。

夏，秦伐晋。谓之秦者，起令狐之战，敌均不败，晋先眜以师奔秦，可以足矣，而犹不知止，故夷狄之。

楚杀其大夫宜申。

自正月不雨，至于秋七月。公子遂之所招。

及苏子盟于女栗。○女，音汝，本亦作汝。

冬，狄侵宋。

楚子、蔡侯次于屈貉。鲁恐，故书，刺微弱也。○屈貉，居勿反，又音厥；下麦，又户各反，二传作“厥貉”。

十有一年，春，楚子伐圈。○圈，求阮反，一音卷，《说文》作“圂”，《字林》：臼万反，二传作“麇”。

夏，叔彭生会晋郤缺❶于承匡。

---

❶ “郤缺”，原作“郄缺”，后同改。

秋，曹伯来朝。

公子遂如宋。

狄侵齐。

冬，十月，甲午，叔孙得臣败狄于鹹。

狄者何？以日，嫌夷狄不能偏战，故问也。○鹹，音咸。长狄也。盖长百尺。兄弟三人，言相类如兄弟。一者之齐，一者之鲁，一者之晋。不书者，外异也。其之齐者，王子成父杀之；其之鲁者，叔孙得臣杀之。经言败，杀不明，故复云尔。○复，扶又反。则未知其之晋者也。其言败何？据败者，内战文，非杀一人也。大之也。长狄之三国，皆欲为君。长大非一人所能讨，兴师动众，然后杀之，如大战，故就其事言败。其日何？据日而言败，与公子友败莒师于犁同，非杀一人文。○犁，力知反，又力兮反。大之也，如结日大战。其地何？大之也。如大战，故地。何以书？记异也。鲁成就周道之封，齐、晋霸尊周室之后，长狄之操，无羽翮之助，别之三国，皆欲为君，此象周室衰，礼义废，大人无辅佐，有夷狄行，事以三成，不可苟指一，故自宣、成以往，弑君二十八，亡国四十。○行，下孟反。

十有二年，春，王正月，盛伯来奔。

盛伯者何？失地之君也。何以不名？兄弟辞也。与郜子同义。月者，前为鲁所灭，今来见归，尤当加意厚遇之。

杞伯来朝。

二月，庚子，子叔姬卒。卒者，许嫁。此未适人，何以卒？许嫁矣。妇人许嫁，字而笄之，死则以成人之丧治之。其称子何？据伯姬卒，亦许嫁不称子。○笄，古兮反。贵也。其贵奈何？母弟也。不称母妹而系先君言子者，远别也。礼，男子不绝妇人之手，妇人不绝男子之手。○别，彼列反。

夏，楚人围巢。

秋，滕子来朝。

秦伯使遂来聘。

遂者何？秦大夫也。秦无大夫，此何以书？贤缪公也。何贤乎缪公？据聘不足与大夫，荆人来聘是也。○使遂，二传作"术"。缪，音穆。**以为能变也。其为能变奈何？惟詍詍善竫言。**詍詍，浅薄之貌。竫，犹撰也。○詍詍，徐在浅反，又子浅反，又音笺，《尚书》作❶"截"，浅薄貌也；贾逵注《外传》云"巧言也"。善竫，在井反，撰也；本或作"谝"，皮勉反，又必浅反；本作"撰"，七全反，又仕勉反。**俾君子易怠，**俾，使也。易怠，犹轻惰也。○俾，必尔反，注同，使也。易，以豉反，注同。惰，大卧反。**而况乎我多有之，惟一介断断焉无他技。**一介，犹一概。断断，犹专一也。他技，奇巧异端也。孔子曰："攻乎异端，斯害也已。"○一介，古拜反，一介犹一概也，《尚书》音古贺反。断断，丁乱反，专一也，注同。技，其绮反。概，古爱反。奇，其宜反，本又作"琦"，同。**其心休休，**休休，美大貌。○休休，许虬反，美大貌。**能有容，**能含容贤者逆耳之言。**是难也。**是难行也。秦缪公自伤前不能用百里子、蹇叔子之言，感而自变悔，遂霸西戎，故因其能聘中国，善而与之，使有大夫。子贡曰：

---

❶ "作"，原作"截"，据阮刻本校勘记改。

"君子之过也，如日月之食焉。过也，人皆见之；更也，人皆仰之。"此之谓也。

冬，十有二月，戊午，晋人、秦人战于河曲。

此偏战也，何以不言师败绩？敌也。曷为以水地？以水地者，谓以水曲折，起地远近所在也。据战于泓不言曲。○折，之设反。**河曲疏矣，河千里而一曲也。**河曲疏，以据地明，故可以曲地，因以起二国之君，数兴兵相伐，战无已时，故不言及。不别曲直，而地以河曲，明两曲也。○数，所角反。不别，彼列反，下同。

季孙行父帅师城诸及运。书帅师者，刺鲁微弱，臣下不可使，邑久不修，不敢徒行，兴师厉众，然后敢城之。言及者，别君邑臣邑也。○运，二传作"郓"，后皆尔。

十有三年，春，王正月。

夏，五月，壬午，陈侯朔卒。不书葬者，盈为晋文讳也。晋文虽霸，会人孤以尊天子，自补有余，故复盈为讳。○盈为，于伪反，下文"盈为""为周公"皆同。复，扶又反。

邾娄子蘧篨卒。○蘧篨，其居反；下直居反。

自正月不雨，至于秋七月。公子遂所致。

世室屋坏。

世室者何？鲁公之庙也。鲁公，周公子伯禽。○世室，二传作"大室"。**周公称大庙，鲁公称世室，群公称宫。**少差异其下者，所以上尊周公。○大庙，音泰，下同。**此鲁公之庙也，曷为谓之世室？世室犹世室也，世世不毁也。**鲁公始封之君，故不毁也。**周公何以称大庙于鲁？**据鲁公始封也。**封鲁公以为周公也。**为周公故，语在下。

周公拜乎前，鲁公拜乎后。始受封时，拜于文王庙也。《尚书》曰"用命赏于祖"是也。父子俱拜者，明以周公之功封鲁公也。曰："生以养周公，生以鲁国供养周公。○以养，余亮反，注皆同。供养，九用反，下同。死以为周公主。"如周公死，当以鲁公为祭祀主。加曰者，成王始受其茅土之辞。《礼记·明堂位》曰："封周公于曲阜，地方七百里，革车千乘，盖以为有王功，故半天子也。"○死以为，如字，注"死以为周公主"同。乘，绳证反。王，于况反。然则周公之鲁乎？曰："不之鲁也。封鲁公以为周公主。"然则周公曷为不之鲁？据为周公者，谓生以养周公，死以为周公主。周公不之鲁，则不得供养为主。欲天下之一乎周也。周公圣人，德至重，功至大，东征则西国怨，西征则东国怨。嫌之鲁，恐天下回心趣乡之，故封伯禽，命使遥供养，死则奔丧为主，所以一天下之心于周室。○乡，许亮反。鲁祭周公，何以为牲？据庙异也。周公用白牡，白牡，殷牲也。周公死有王礼，谦不敢与文、武同也。不以夏黑牡者，嫌改周之文，当以夏辟嫌也。鲁公用骍犅，骍犅，赤脊，周牲也。鲁公以诸侯不嫌，故从周制，以脊为差。○骍，息营反。犅，音罚，《诗》作"刚"。骍犅，赤脊也。群公不毛。不毛，不纯色，所以降于尊祖。鲁祭周公，何以为盛？据牲异也。○盛，成政反，又音成，粢盛也，在器曰盛。周公盛，盛者，新谷。鲁公焘，焘者，冒也，故上以新也。○焘，徒报反，一本作"涛"，音同，冒也。冒，亡报反。群公廪。廪者，连新于陈上，财令半相连尔。此谓方祫祭之时，序昭穆之差。○廪，力甚反。财令，力呈反，下同。**世室屋坏，何以书？讥。何讥尔？久不修也。**简忽，久不以时修治，至令坏败，故讥之。言屋者，重宗庙，详录之。以不务公室不月者，知久不修，当蒙上月。

冬，公如晋。卫侯会于沓。○沓，徒合反。

狄侵卫。

十有二月，己丑，公及晋侯盟。还自晋，郑伯会公于斐。

还者何？善辞也。何善尔？往党，卫侯会公于沓，至得与晋侯盟。反党，郑伯会公于斐，故善之也。党，所也。所，犹时，齐人语也。文公前扈之盟不见序，后能救郑之难，不逆王者之求，上得尊尊之义，下得解患之恩，一出三为诸侯所荣，故加录，于其还时皆深善之。○斐❶，本又作“棐”，芳尾反。难，乃旦反。

十有四年，春，王正月，公至自晋。月者，为臣子喜录上事。○为臣，于伪反，下“为后”“故为”同。

邾娄人伐我南鄙。

叔彭生帅师伐邾娄。

夏，五月，乙亥，齐侯潘卒。不书葬者，潘立储嗣不明，乍欲立舍，乍欲立商人，至使临葬更相篡弑，故绝其身，明当更立其先君之次。○潘，普干反。更相，音庚，下“吴楚更”同。篡杀，申志反，下同。

六月，公会宋公、陈侯、卫侯、郑伯、许男、曹伯、晋赵盾。癸酉，同盟于新城。盟下日者，刺诸侯微弱，信在

---

❶ “斐”，原作“棐”，据阮刻本改。

赵盾。○盾，徒本反。

秋，七月，有星孛入于北斗。

孛者何？彗星也。状如彗。○孛，步内反，徐扶愤反。其言入于北斗何？据大辰不言入，又不言孛名。北斗有中也。中者，魁中。何以书？记异也。孛者，邪乱之气。彗者，扫故置新之象也。北斗，天之枢机，玉衡七政所出，是时桓文迹息，王者不能统政，自是之后，齐、晋并争，吴、楚更谋，竞行天子之事，齐、宋、莒、鲁弑其君而立之应。○争，争斗之争。

公至自会。

晋人纳接菑于邾娄，弗克纳。

纳者何？入辞也。其言弗克纳何？据言于邾娄，与纳顿子于顿同，俱入国得立辞。○捷菑，在妾反，又如字；下侧其反，二传作“捷菑”。大其弗克纳也。克，胜也。郑伯以胜为恶，此弗胜，故为大。何大乎其弗克纳？据伐齐纳子纠，耻不能纳。晋郤缺帅师，革车八百乘，以纳接菑于邾娄，力沛若有余，沛，有余貌。○乘，绳证反。沛若，普贝反，有余貌。而纳之。邾娄人言曰：“接菑，晋出也。貜且，齐出也。出，外孙也。○貜且，俱缚反；下子余反。子以其指，指，手指。则接菑也四，貜且也六。言俱不得天之正性。子以大国压之，压，服也。服邾娄使从命。○压，於甲反，又於辄反，服也。则未知齐、晋孰有之也。设齐复兴兵来纳貜且，亦欲服邾娄使从命，未知齐、晋谁能使外孙有邾娄者。○齐复，扶又反，下同。贵则皆贵矣。时邾娄再娶，二子母尊同体敌。虽然，貜且也长。”既两不得正性，又皆贵，唯当以年长故立之。○长，丁丈反，注同。郤缺曰："非吾力不能纳也，义实不尔克也。"如邾娄人言，义不可夺也，故云尔。引师而去之，故君子大其弗克纳也。大其不以己非夺人之是。此晋郤缺也，其称人何？贬。曷为贬？据赵鞅纳蒯聩不贬。不与大夫专废置君也。曷为不与？据大其弗克纳。实与，弗克纳是。而文不与。文曷为不与？大夫之义，不得专废置君也。不复发上无天子，下无方伯传者，诸侯本有锡命征伐忧天下之道故，明有乱义，大夫不得专也。接菑不系邾娄者，见挈于郤缺也。不氏者，本当言邾娄接菑，见当国也。○见挈，贤遍反；下音苦结反。

九月，甲申，公孙敖卒于齐。已绝，卒之者，为后齐胁鲁归其丧有耻，故为内讳，使若尚为大夫。

齐公子商人弑其君舍。

此未逾年之君也，其言弑其君舍何？据弑其君之子奚齐也。连名何之者，弑成君未成君俱名，问例所从也。己立之，己杀之，商人本正当立，恐舍缘潘意为害，故先立而弑之。成死者而贱生者也。恶商人怀诈无道，故成舍之君号，以贱商人之所为。不解名者，言成君可知。从成君不日者，与卓子同。○恶，乌路反。卓，敕角反。

宋子哀来奔。

宋子哀者何？无闻焉尔。

冬，单伯如齐。齐人执单伯。齐人执子叔姬。

执者曷为或称行人？或不称行人？此问诸侯相执大夫所称例。称行人而执者，以其事执也。以其所衔奉国事执之，晋人执我行人叔孙舍是也。**不称行人而执者，以己执也。**己者，己大夫，自以大夫之罪执之。分别之者，罪恶各当归其本。○别，彼列反。**单伯之罪何？道淫也。恶乎淫？淫乎子叔姬。**时子叔姬嫁，当为齐夫人，使单伯送之。○恶，音乌。**然则曷为不言齐人执单伯及子叔姬？**据夫人妇姜系公子遂。**内辞也，使若异罪然。**深讳使若各自以他事见执者。不书叔姬归于齐者，深讳以起道淫。书单伯如齐者，起送叔姬也。齐称人者，顺讳文，使若非伯讨。

十有五年，春，季孙行父如晋。

三月，宋司马华孙来盟。月者，文公微弱，大夫秉政，宋亦蔽于三世之党，二乱结盟，故不与信辞。不称使者，宋无大夫。官举者，见宋乱也。录华孙者，明恶二国，非以月恶华孙也。○华孙，户化反。见，贤遍反。恶二，乌路反，下皆同。

夏，曹伯来朝。

齐人归公孙敖之丧。

何以不言来？据齐人来归子叔姬。**内辞也。胁我而归之，笋将而来也。**笋者，竹箯，一名编舆，齐、鲁以此名之曰笋。将，送也。为叔姬淫，恶鲁类，故取其尸置编舆中，传送而来，胁鲁令受之，故讳不言来，起其来有耻，不可言来也。不月者，不以恩录，与子叔姬异。○笋将，音峻，竹箯也。将，送也。竹箯，婢绵反，一音步贤反，服虔音编，韦昭音如频反。编，必绵反，一音篇，郭璞音步典反。舆，音余。为叔，于伪反，下"父为""子为""若为""实为"同。传，直专反。令受，力呈反，下同。

六月，辛丑，朔，日有食之。鼓用牲于社。是后楚人灭庸，宋人弑其君处臼，齐人弑其君商人，宣公弑子赤，莒弑其君庶其。

单伯至自齐。大夫不致，此致者，喜患祸解也。不省去氏者，淫当绝，使若他单伯至也。○解，户买反。省，所景反。

晋郤缺帅师伐蔡。戊申，入蔡。

入不言伐，此其言伐何？至之日也。其日何？据甲寅齐人伐卫日伐也。至之日也。嫌至日伐，不至日入，故曰入也。主书，与甲寅同义。

秋，齐人侵我西鄙。

季孙行父如晋。

冬，十有一月，诸侯盟于扈。不序不日者，顺上讳文，使若扈之盟，都不可得而知。

十有二月，齐人来归子叔姬。

其言来何？据齐人归公孙敖之丧不言来。闵之也。闵伤其弃绝来归。此有罪，何闵尔？父母之于子，虽有罪，犹若其不欲服罪然。孔子曰："父为子隐，子为父隐，直在其中矣。"所以崇父子之亲也。言齐人不以弃归为文者，令与敖同文相发明。叔姬于文公为姊妹，言父母者，时文公母在，明孝子当申母恩也。月者，闵录之，从无罪例。

齐侯侵我西鄙，遂伐曹，入其郭。

郭者何？恢郭也。恢，大也。郭，城外大郭。○郭，芳夫反，郭也。恢郭，苦回反，大也。入郭书乎？曰："不书。"围不言入，入郭是也。入郭不书，此何以书？动我也。讳使若为同姓见入郓故，动惧我也。**动我者何？内辞也。其实我动焉尔。**齐侵鲁，鲁实为子叔姬故，动惧失操云尔。乡者不去，几亦入我郓，故举入郓以起鲁耻，且明兵之所乡，苟得其罪，则莫敢不惧。○乡者，许亮反，下同。几，音祈。

十有六年，春，季孙行父会齐侯于阳谷，齐侯弗及盟。

其言弗及盟何？据序上会也。连盟何者，嫌据盟。**不见与盟也。**与齐期盟，为叔姬故，中见简贱，不见与盟，侮辱有耻，故讳使若行父会而去，齐侯不及得与盟，故言齐侯弗及，亦所以起齐侯不肯。○为，于伪反。

夏，五月，公四不视朔。视朔说在六年。不举不朝庙者，礼，月终于庙先受朔政，乃朝，明王教尊也。朝庙，私也，故以不视朔为重。常以朔者，重始也。**公曷为四不视朔？**据无事也。**公有疾也。**以不讳举公知有疾，公有疾乃复举公是也。○乃复，扶又反，下同。**何言乎公有疾不视朔？**据有疾无恶也。**自是公无疾不视朔也。**有疾无恶不当书。又不言有疾者，欲起公自是无疾不视朔也。**然则曷为不言公无疾不视朔？有疾，犹可言也，无疾，不可言也。**言无疾大恶，不可言也。是后公不复视朔，政事委任公子遂。

六月，戊辰，公子遂及齐侯盟于犀丘。○犀丘，音西，《左氏》作"郪丘"，《穀梁》作"师丘"。

秋，八月，辛未，夫人姜氏薨。

毁泉台。

公羊传

泉台者何？郎台也。庄公所筑台于郎，以郎讥临民之漱浣。○漱，素侯反。浣，户管反。郎台则曷为谓之泉台？未成为郎台，未成时，但以地名之。既成为泉台。既成，更以所置名之。毁泉台何以书？讥。何讥尔？筑之讥，毁之讥。先祖为之，己毁之，不如勿居而已矣。但当勿居，令自毁坏，不当故毁，暴扬先祖之恶也。筑毁讥同，知例皆时。○令，力呈反。暴，步卜反。

楚人、秦人、巴人灭庸。○巴，布加反。

冬，十有一月，宋人弑其君处臼。

弑君者曷为或称名氏？或不称名氏？大夫弑君称名氏，贱者穷诸人；贱者，谓士也。士正自当称人。○处臼，二传作"杵臼"。大夫相杀称人，贱者穷诸盗。贱者穷诸人首，言士先自称人，今弑君亦称人，故曰穷诸人矣。云贱者穷诸盗者，言士之贱名不过于盗故也❶。降大夫使称人，降士使称盗者，所以别死刑有轻重也。无尊上，非圣人，不孝者，斩首枭之；无营上，犯军法者，斩要；杀人者，刿胆，故重者录，轻者略也。不日者，内娶，略贱之。○别，彼列反。枭，古尧反。要，一遥反。刿，亡粉反。头，如字。本又作"脰"，音豆。

十有七年，春，晋人、卫人、陈人、郑人伐宋。

夏，四月，癸亥，葬我小君圣姜。

圣姜者何？文公之母也。○圣姜，二传作"声姜"。

齐侯伐我西鄙。

---

❶ "贱者穷"至"盗故也"一段，原本无，据阮刻本校勘记补。

六月，癸未，公及齐侯盟于穀。

诸侯会于扈。

秋，公至自穀。

冬，公子遂如齐。

十有八年，春，王二月，丁丑，公薨于台下。

秦伯罃卒。秦穆公也。至此卒者，因其贤。○伯罃，乙耕反，何云"穆公也"。《左氏》：穆公子康公。

夏，五月，戊戌，齐人弑其君商人。商人，弑君贼，复见者，与大夫异。齐人已君事之，杀之宜当坐弑君。○复见，扶又反，下同；下贤遍反。

六月，癸酉，葬我君文公。

秋，公子遂、叔孙得臣如齐。不举重者，讥鲁猥使二大夫出，虚国家，废政事，重录内也。

冬，十月，子卒。

子卒者孰谓？谓子赤也。**何以不日？**据子般卒日。**隐之也。何隐尔？弑也。弑则何以不日？**据子般卒日。○弑也，音试，下及注同。**不忍言也。**所闻世，臣子恩痛王父深厚，故不忍言其日，与子般异。

夫人姜氏归于齐。归者，大归也。夫死子弑贼人立，无所归留，故去也。有去道书者，重绝不复反。

季孙行父如齐。

莒弑其君庶其。

称国以弑何？据莒人弑其君密州。**称国以弑者，众弑君之辞。**一人弑君，国中人人尽喜，故举国以明失众，当坐绝也。例皆时者，略之也。

《春秋公羊》卷第六

经传叁阡伍伯叁拾柒字
注伍阡柒伯叁拾伍字
音义壹阡叁伯柒拾玖字
余仁仲刊于家塾

卷七

宣公第七

元年，春，王正月，公即位。

继弑君不言即位，此其言即位何？其意也。桓公篡成君，宣公篡未逾年君，嫌其义异，故复发传。

公子遂如齐逆女。讥丧娶。复书不亲迎者，嫌触讳不成其文也。有母言如者，缘内讳，无贬公文。

三月，遂以夫人妇姜至自齐。

遂何以不称公子？一事而再见者，卒名也。卒，竟也。竟但举名者，省文。夫人何以不称姜氏？据侨如以夫人妇姜氏至自齐也，经有姜，不但问不称氏者，嫌据夫人氏欲使去姜。贬。曷为贬？据俱至也。讥丧娶也。丧娶者公也，则曷为贬夫人？据师还也。内无贬于公之道也。明下无贬上之义。内无贬于公之道，则曷为贬夫人？据俱有讳义。夫人与公一体也。耻辱与公共之。夫人贬，则公恶明矣。去氏比于去姜差轻，可言，故不讳贬夫人。○差，初卖反。其称妇何？据桓公夫人至，不称妇。有姑之辞也。有姑当以妇礼至，无姑当以夫人礼至，故分别言之。言以者，见行遂意也。见继重在遂，因远别也。月者，公不亲迎，危录之，例也。

夏，季孙行父如齐。

晋放其大夫胥甲父于卫。

放之者何？犹曰无去是云尔。是，是卫。然则何言尔？近正也。此其为近正奈何？古者大夫已去，三年待放。古者刑不上大夫，盖以为摘巢毁卵，则凤凰❶不翔；刳胎焚夭，则麒麟不至。刑之则恐误刑贤者，死者不可复生，刑者不可复属，故有罪放之而已，所以尊贤者之类也。三年者，古者疑狱三年而后断。《易》曰："系用徽墨，置于丛棘，三岁不得，凶。"是也。自嫌有罪当诛，故三年不敢去。○摘，吐狄反。刳，口狐❷反。属，音蜀。丛棘，才工反。君放之，非也。曰无去是，非也。大夫待放，正也。听君不去为❸正也。古者臣有大丧，则君三年不呼其门。重夺孝子之恩也。礼，父母之丧，三年不从政，齐衰、大功之丧，三月不从政，故孔子曰："夏后氏三年之丧，既殡而致事；殷人既葬而致事；周人卒哭而致事。君子不夺人之亲，亦不可夺亲也。"已练可以弁冕。此说时衰政❹失，非谓礼当然。弁，礼所谓皮弁、爵弁也。皮弁，武冠。爵弁，文冠。夏曰收，殷曰哻，周曰弁。加旒曰冕，主所以入宗庙。○哻，况甫反。服金革之事，谓以兵事使之。君使之，非也。非古道也。臣行之，礼也。臣顺君命，亦礼也。此与君放之非，臣待君放正同，故引同类相发明。闵子闵子骞，以孝闻。要绖而服事。礼，已练，男子除乎首，

---

❶ "凰"，原作"皇"，据阮刻本改。
❷ "狐"，原作"狐"，据阮刻本改。
❸ "为"，原作"卫"，据阮刻本校勘记改。
❹ "政"，原作"正"，据阮刻本校勘记改。

妇人除乎带。○要，一遥反。**既而曰："若此乎，古之道不即人心？"**既，事毕。言古者，不敢斥君。即，近也。**退而致仕。**退，退身也。致仕，还禄位于君。**孔子盖善之也。**善其服事，外得事君之义；致仕，内不失亲亲之恩。言古者，又孙顺不讪其君也。不言君子者，时贤者多以为非，唯孔子以为是。○孙，音逊。

公会齐侯于平州。

公子遂如齐。

六月，齐人取济西田。

外取邑不书，此何以书？据曹取之不书。○济，子礼反。**所以赂齐也。**鲁所以赂遗齐，故称人，共国辞。○遗，唯季反。**曷为赂齐？**据上无战伐，无所谢。**为弑子赤之赂也。**子赤，齐外孙，宣公篡弑之。恐为齐所诛，为是赂之，故讳使若齐自取之者，亦因恶齐取篡者赂，当坐取邑。未之齐坐者，由律行言许受赂也。月者，恶内甚于邾娄子益。

秋，邾娄子来朝。

楚子、郑人侵陈，遂侵宋。微者不得言遂。遂者，楚子之遂也。不从郑人去遂者，兵尊者兼将。○将，子匠反。

晋赵盾帅师救陈。宋公、陈侯、卫侯、曹伯会晋师于斐林，伐郑。

此晋赵盾之师也。据上赵盾救陈，微者不能会诸侯。○斐，芳尾反。**曷为不言赵盾之师？**据公子遂会晋赵盾于衡雍，伊雒戎盟，再出名氏。**君不会大夫之辞也。**时诸侯为赵盾所会，不与卑致尊，故正之。去大夫名氏，使若更有师也。殊会地之者，起诸侯为盾所会。

冬，晋赵穿帅师侵柳。

柳者何？天子之邑也。天子之间田也，有大夫守之，晋与大夫忿争，侵之。○间，音闲。曷为不系乎周？据王师败绩于贸戎系王。○贸，音茂。不与伐天子也。绝正其义，使若两国自相伐。

晋人、宋人伐郑。

二年，春，王二月，壬子，宋华元帅师，及郑公子归生帅师，战于大棘。宋师败绩，获宋华元。复出宋者，非独恶华元，明耻辱及宋国。○华，户化反。

秦师伐晋。秦称师者，闵其众，恶其将。本秦之忿，起殽之战，今襄公、缪公已死，可以止矣，而复伐晋，恶其构怨结祸无已。

夏，晋人、宋人、卫人、陈人侵郑。

秋，九月，乙丑，晋赵盾弑其君夷獆。○夷獆，户刀反，又古刀反，二传作“夷皋”。

冬，十月，乙亥，天王崩。匡王。

三年，春，王正月，郊牛之口伤，改卜牛。牛死，乃不郊，犹三望。

其言之何？据食角不言之。缓也。辞间容之，故为缓，不若食角急也，别天牲主以角。书者，讥宣公养牲不谨敬、不洁清而灾。重事至尊，故详录其简甚。曷为不复卜？据定十五年牛死改卜牛。养牲养二卜。二卜语在下。帝牲不吉，帝，皇天大帝，在北辰之中，主总领天地五帝群神也。不吉者，有灾。则扳稷牲而卜之。先卜帝牲养之，有灾，更引稷牲卜之，以为天牲，养之，凡当二卜尔。复不吉，不复郊。○扳，普颜反，又甫奸反。**帝牲在于涤三月。**涤，宫名，养帝牲三牢之处也。谓之涤者，取其荡涤洁清。三牢者，各主一月，取三月一时，足以充其天牲。○于涤，大历反，养牲宫名。**于稷者，唯具是视。**视其身体具，无灾害而已，不特养于涤宫，所以降稷尊帝。**郊则曷为必祭稷？**据郊者主为祭天。**王者必以其祖配。**祖谓后稷，周之始祖，姜嫄履大人迹所生。配，配食也。**王者则曷为必以其祖配？**据方父事天❶。**自内出者，无匹不行。**匹，合也。无所与会合则不行。**自外至者，无主不止。**必得主人乃止者，天道暗昧，故推人道以接之。不以文王配者，重本尊始之义也，故《孝经》曰："郊祀后稷以配天，宗祀文王于明堂以配上帝。"上帝，五帝，在大微之中，迭生子孙，更王天下。书改卜者，善其应变得礼也。○迭，大结反。更王，音庚；下于况反。

　　葬匡王。

　　楚子伐贲浑戎。○贲浑，旧音六，或音奔；下户门反。二传作"陆浑"。

　　夏，楚人侵郑。

　　秋，赤狄侵齐。

　　宋师围曹。

　　冬，十月，丙戌，郑伯兰卒。

　　葬郑缪公。葬不月者，子未三年而弑，故略之❷。○缪，

---

❶ "天"，原作"夫"，据阮刻本改。
❷ "之"下原有"也"字，据阮刻本校勘记删。

音穆。

四年，春，王正月，公及齐侯平莒及郯。莒人不肯，公伐莒，取向。

此平莒也，其言不肯何？据取汶阳田不言棘不肯。辞取向也。为公取向作辞也。耻行义为利，故讳使若莒不肯听公平❶，伐取其邑，以弱之者，愈也。莒言及者，明非莒不肯，起其平也。书齐侯者，公不能独平也。月者，恶录之。○公为，于伪反。

秦伯稻卒。

夏，六月，乙酉，郑公子归生弑其君夷。

赤狄侵齐。

秋，公如齐。

公至自齐。

冬，楚子伐郑。

五年，春，公如齐。

夏，公至自齐。

秋，九月，齐高固来逆子叔姬。

叔孙得臣卒。不日者，知公子遂欲弑君，为人臣知贼而不言，明当诛。

冬，齐高固及子叔姬来。

何言乎高固之来？据当举叔姬为重，大夫私事不当书。○为重，直用反，下同。言叔姬之来，而不言高固之来，则不可。礼，大夫妻岁一归宗。叔姬属嫁而与高固来，如

---

❶ "听公平"上原衍"起其平也"四字，按阮刻本校勘记删。

但言叔姬来，而不言高固来，则鲁负教戒重，不可言，故书高固，明失教戒重在固。言及者，犹公及夫人。**子公羊子曰："其诸为其双双而俱至者与？"**言其双行匹至，似于鸟兽。

楚人伐郑。

六年，春，晋赵盾、卫孙免侵陈。

赵盾弑君，此其复见何？据宋督、郑归生、齐崔杼弑其君，后不复见。○见何，贤遍反。**亲弑君者，赵穿也。**复见赵盾者，欲起亲弑者赵穿，非盾。**亲弑君者赵穿，则曷为加之赵盾？不讨贼也。何以谓之不讨贼？**据皆去葬不加❶弑。**晋史书贼曰："晋赵盾弑其君夷獔。"赵盾曰："天乎！无辜。**辜，罪也。呼天告冤。**吾不弑君，谁谓吾弑君者乎？"史曰："尔为仁为义，人弑尔君，而复国不讨贼，此非弑君如何？"**复，反也。赵盾不能复应者，明义之所责，不可辞。**赵盾之复国奈何？灵公为无道，使诸大夫皆内朝。**礼，公族朝于内朝，亲亲也；虽有贵❷者，以齿，明父子也。外朝以官，体异姓也。宗庙之中，以爵为位，崇德也。宗人授事以官，尊贤也。升馂受爵以上嗣，尊祖之道也。丧纪以服之精粗为序，不夺人之亲也。○馂，音俊。**然后处乎台上，引弹而弹之，己趋而辟丸。**己，己诸大夫也。○己，音纪。**是乐而已矣。**以是为笑乐。○是乐，音洛。**赵盾已朝而出，与诸大夫立于朝。有人**

---

❶ "加"，原作"如"，据阮刻本改。

❷ "贵"上原有"富"字，据阮刻本校勘记删。

荷畚, 荷，负也。畚，草器，若今市所量谷者是也，齐人谓之钟。○有人何，本又作"荷"，胡可反，又音河。畚，音本。**自闺而出者，** 宫中之门谓之闱，其小者谓之闺。从内朝出立于外朝，见出闺者，知外朝在闺外，内朝在闺内可知。**赵盾曰："彼何也？夫畚曷为出乎闺？"** 彼何者，始怪何等物之辞，熟视知其为畚。乃言夫畚者贱器，何故乃❶出尊者之闺乎？**呼之不至，** 怪而呼，欲问之。**曰："子，大夫也，欲视之，则就而视之。"** 顾君责己以视人，欲以见就为解也。古者士大夫通曰子。○解，佳卖反，又如字。**赵盾就而视之，则赫然死人也。** 赫然，已支解之貌。**赵盾曰："是何也？"曰："膳宰也。** 主宰割殽膳者，若今大官宰人。**熊蹯不熟，** 蹯，掌。**公怒，以斗掎而杀之，** 掎，犹掔也。掔，谓旁击头项。○掎，五羔反，又苦交反，犹掔也。掔，口吊反，击也。**支解，将使我弃之。"赵盾曰："嘻！"趋而入。灵公望见赵盾，愬而再拜。** 愬者，惊貌。礼，臣拜然后君答拜。灵公先拜者，畚出盾入，知其欲谏，欲以敬拒之，使不复言也。礼，天子为三公下阶，卿前席，大夫兴席，士式几。○愬，所革反，又诉路反。**赵盾逡巡北面再拜稽首。** 头至地曰稽首，头至手曰拜手。**趋而出。** 本欲谏君，君以拜谢知己意，冀当觉悟，故出。**灵公心怍焉，** 怍，惭貌。惭盾知己过。○怍，在洛反。**欲杀之。于是使勇士某者往杀之。** 某者，本有姓字，记传者失之。**勇士入其大门，则无人焉门**

---

❶ "乃"，原作"而"，据阮刻本改。

者；入其闺，则无人焉闺者❶；焉者，于也。是无人于闺门守视者也。**上其堂，则无人焉。**但言焉，绝语辞。堂不设守视人，故不言焉堂者❷。**俯而窥其户，**俯，俯头。户，室户。**方食鱼飧。勇士曰："嘻！子诚仁人也。吾入子之大门，则无人焉；入子之闺，则无人焉；上子之堂，则无人焉；**是子之易也。易犹省也。○飧，音孙。**子为晋国重卿，而食鱼飧，是子之俭也。君将使我杀子，吾不忍杀子也。虽然，吾亦不可复见吾君矣。"**负君命也。**遂刎颈而死。**勇士自断头也。传极道此者，明约俭之卫也。甚于重门击柝。孔子曰："礼与其奢也，宁俭。"此之谓也。○颈，居郢反。断，音短。重，直容反。柝，他洛反。**灵公闻之，怒，滋欲杀之甚，**滋，犹益也。**众莫可使往者。于是伏甲于宫中，召赵盾而食之。赵盾之车右祁弥明者，国之力士也。**礼，大夫骖乘，有车右，有御者。○而食，音嗣，下同。祁，工支反。**仡然从乎赵盾而入，**仡然，壮勇貌。○仡，鱼乙反。**放乎堂下而立。**嫌灵公复欲杀盾，故入以为意。《礼器》记曰："天子堂高九尺，诸侯七尺，大夫五尺，士三尺。"**赵盾已食，灵公谓盾曰："吾闻子之剑，盖利剑也。子以示我，吾将观焉。"**授君剑，当拔而进其首，灵公因欲以推杀之。**赵盾起，将进剑，祁弥明自下呼之曰："盾！食饱则出，何故拔剑于君所？"**

---

❶ "焉门者"原作"门焉者"，"焉闺者"原作"闺焉者"，据阮刻本校勘记改。

❷ "焉堂者"，原作"堂焉者"，据阮刻本校勘记改。

赵盾知之，由人曰知之，自己知曰觉焉。**蹋阶而走。**蹋，犹超遽，不暇以次。○蹋，丑略反，与蹽同，一本作"走"，音同。剧不，其据反，本亦作"遽"。**灵公有周狗，**周狗，可以比周之狗，所指如意。○比，毗志反。**谓之獒，**大四尺曰獒。○獒，五刀反。**呼獒而属之，獒亦蹋阶而从之。祁弥明逆而踆之，**以足逆躏曰踆。○踆，音存，以足逆躏之。躏，徒腊反。**绝其颔。**颔，口。○颔，户感反。**赵盾顾曰："君之獒，不若臣之獒也！"然而宫中甲，鼓而起。**甲，即上所道伏甲，约勒闻鼓声当起杀盾。**有起于甲中者，抱赵盾而乘之。**欲趋疾走。**赵盾顾曰："吾何以得此于子？"**犹曰吾何以得此救急之恩于子邪？非所以意悟。**曰："子某时所食，活我于暴桑下者也。"**某时者，记传者失之。暴桑，蒲苏桑。传道此者，明人当素积恩德。**赵盾曰："子名为谁？"**后欲报之。**曰："吾君孰为介？**介，甲也。犹曰我晋君谁为兴此甲兵，岂不为盾乎？**子之乘矣！何问吾名？"**之乘，即上车也。犹曰子已上车矣，何不疾去，而反徐问吾名乎？欲令蚤免去，不望报矣。○蚤，音早。**赵盾驱而出，众无留之者。**明盾贤，人不忍杀也。且灵公无道，民众不说，以致见杀。**赵穿缘民众不说，起弑灵公，然后迎赵盾而入，与之立于朝，**复大夫位也。即所谓复国不讨贼，明史得用责之。传极道此上事者，明君虽不君，臣不可以不臣。○不说，音悦。**而立成公黑臀。**不书者，明以恶夷獟，犹不书剽立。○臀，徒门反。剽，匹妙反。

夏，四月。

秋，八月，蠊。先是宣公伐莒取向，公比如齐所致。

冬，十月。

七年，春，卫侯使孙良夫来盟。

夏，公会齐侯伐莱。

秋，公至自伐莱。

大旱。为伐莱逾时也。○为，于伪反。

冬，公会晋侯、宋公、卫侯、郑伯、曹伯于黑壤。

八年，春，公至自会。

夏，六月，公子遂如齐，至黄乃复。

其言至黄乃复何？据公孙敖不言至复，又不言乃。有疾也。乃，难辞也。上言乃复，下有卒，知以疾为难。○难辞，乃旦反。何言乎有疾乃复？据公如晋以有疾乃复，杀耻，以为有疾无恶。讥。何讥尔？大夫以君命出，闻丧徐行而不反。闻丧者，闻父母之丧。徐行者，不忍疾行，又为君当使人追代之。以丧喻疾者，丧尚不当反，况于疾乎？顺经文而重责之。言乃不言有疾者，有疾犹不得反也。敖不言乃者，明无所难为重。敖当诛，遂当绝。

辛巳，有事于大庙。

仲遂卒于垂。

仲遂者何？据不称公子，故问之。公子遂也。自是后无遂卒，知公子遂。何以不称公子？据公子季友卒，虽加字，犹称公子也。贬。曷为贬？据叔孙得臣卒不贬。为弑子赤贬。然则曷为不于其弑焉贬？据翚终隐之篇贬，欲使于文十八年子赤卒年中贬。于文则无罪，于子则无年。此解十八年秋如齐不贬意也。十八年编于文公，贬之则嫌有罪于文公，无罪于子赤也。卒乃贬者，元年逆女，嫌为丧娶贬也。公会平州，下如齐也，嫌公遂；八年❶如齐，嫌坐乃复贬也。贬加字者，起婴齐所氏，明为归父后，大宗不得绝也。地者，卒外❷，明当有卒外礼也。日者，不去乐也。书有事者，为不去乐张本。○编，必连反。

壬午，犹绎。万入去籥。

绎者何？祭之明日也。礼，绎继昨日事，但不灌地降神尔。天子诸侯曰绎，大夫曰宾尸，士曰宴尸，去事之杀也。必绎者，尸属昨日配先祖食，不忍辄忘，故因以复祭，礼则无有误，敬慎之至。殷曰肜，周曰绎。绎者，据今日道昨日，不敢斥尊言之，文意也。肜者，肜肜不绝，据昨日道今日，斥尊言之，质意也。祭必有尸者，节神也。礼，天子以卿为尸，诸侯以大夫为尸，卿大夫以下，以孙为尸。夏立尸，殷坐尸，周旅酬六尸。○属，音烛。肜，羊弓反。万者何？干舞也。干，谓楯也。能为人扞难而不使害人，故圣王贵之，以为武乐。万者，其篇名。武王以万人服天下，民乐之，故名之云尔。○楯，食允反。扞，户旦反。籥者何？籥舞也。籥所吹以节舞也。吹籥而舞，文乐之长。其言万入去籥何？据入者不言万，去乐不言名。去其有声者，不欲令人闻之也。废其无声者，废，置也。置者，不去也，齐人语。存其心焉尔。存其心焉尔者何？知其不可而为之也。明其心犹存于乐，知其不可，故去其有声者而为之。犹者何？通可以已也。礼，大夫死，为废一时之祭，有事于庙而闻之者，去乐卒事；卒事而

---

❶ "八年"二字原无，据阮刻本校勘记补。

❷ "卒外"，原作"绝外卒"，据阮校本校勘记改。

闻之者，废绎。日者，起明日也。言入者，据未奏去籥时书。凡祭自三年丧已下，各以日月废时祭，唯郊社越绋而行事可。

戊子，夫人熊氏薨。

晋师、白狄伐秦。

楚人灭舒蓼。

秋，七月，甲子，日有食之，既。是后楚庄王围宋，析骸易子，伐郑胜晋，郑伯肉袒，晋大败于邲，中国精夺，屈服强楚之应。

冬，十月，己丑，葬我小君顷熊，雨不克葬。庚寅，日中而克葬。

顷熊者何？宣公之母也。熊氏楚女。宣公，即僖公妾子。○顷，音倾。而者何？难也。乃者何？谓问定公日下昃乃克葬。难也。礼，卜葬从远日。不克葬见难者，臣子重难，不得以正日葬其君。曷为或言而，或言乃？乃难乎而也。言乃者，内而深；言而者，外而浅。下昃，日昳久，故言乃。孔子曰："其为之也难，言之得无切乎。"皆所以起孝子之情也。雨不克葬者，为不得行葬礼。孔子曰："生事之以礼，死葬之以礼，祭之以礼。"故不得行礼，则不葬也。鲁录雨不克葬者，恩录内尤深也。别朝莫者，明见日乃葬也。○切，音刃。莫，音暮。

城平阳。

楚师伐陈。

九年，春，王正月，公如齐。月者，善宣公事齐合古礼，卒使齐归济西田。不就十年月者，五年再朝，近得正。孔子曰："知和而和，不以礼节之，亦不可行也。"明虽事人，皆当合礼。

公至自齐。

夏，仲孙蔑如京师。

齐侯伐莱。

秋，取根牟。

根牟者何？邾娄之邑也。曷为不系乎邾娄？讳亟也。亟，疾也。属有小君之丧，邾娄子来加礼，未期而取其邑，故讳不系邾娄也。上有小君丧，而下讳取之，则邾娄加礼明矣。未期年从加礼数者，犹王子虎从会葬数。○亟，去冀反。未期，音基。

八月，滕子卒。

九月，晋侯、宋公、卫侯、郑伯、曹伯会于扈。

晋荀林父帅师伐陈。

辛酉，晋侯黑臀卒于扈。

扈者何？晋之邑也。诸侯卒其封内不地。此何以地？据陈侯鲍卒不地。卒于会，故地也。起时衰多穷厄伐丧，而卒于诸侯会上，故地，危之。未出其地，故不言会也。左右皆臣民，虽卒于会上，危愈于竟外，故不复著言会也。出外死有轻重，死于师尤甚，于会次之，如人国次之，于封内最轻。不书葬者，故篡也。

冬，十月，癸酉，卫侯郑卒。不书葬者，杀公子瑕也。

宋人围滕。

楚子伐郑。

晋郤缺帅师救郑。

陈杀其大夫泄冶。

十年，春，公如齐。公至自齐。齐人归我济西田。

齐已取之矣，其言我何？据归谨及阐，齐已取不言我。○俾，本又作"阐"，昌善反。言我者，未绝于我也。曷为未绝于我？据有俄道。齐已言取之矣，齐已言语许取之。其实未之齐也。其人民贡赋，尚属于鲁，实未归于齐。不言来者，明不从齐来，不当坐取邑。凡归邑、物例皆时。

夏，四月，丙辰，日有食之。与甲子既同，事重故累食。

己巳，齐侯元卒。

齐崔氏出奔卫。

崔氏者何？齐大夫也。其称崔氏何？据齐高无咎出奔名。连崔氏者，与尹氏俱称氏，嫌为采邑。贬。曷为贬？据外大夫奔不贬。讥世卿。世卿非礼也。复见讥者，嫌尹氏王者大夫，职重不当世，诸侯大夫任轻可世也。因齐大国祸著，故就可以为法戒，明王者尊莫大于周室，强莫大于齐国，世卿犹能危之。

公如齐。不言奔丧者，尊内也。犹不言朝聘。

五月，公至自齐。

癸巳，陈夏征舒弑其君平国。

六月，宋师伐滕。

公孙归父如齐，葬齐惠公。

晋人、宋人、卫人、曹人伐郑。

秋，天王使王季子来聘。

王季子者何？天子之大夫也。其称王季子何？据叔服不系王，不称子，王札子不称季。**贵也。其贵奈何？母弟也**。子者，王子也。天子不言子弟，故变文，上季系先王以明之，著其骨肉贵，体亲也。

公孙归父帅师伐邾娄，取蘱。○蘱，类，又力对、欺类二反。

大水。先是城平阳，取根牟及蘱，役重民怨之所生。

季孙行父如齐。

冬，公孙归父如齐。

齐侯使国佐来聘。

饥。

何以书？以重书也。民食不足，百姓不可复兴，危亡将至，故重而书之。明当自省减，开仓廪，赡振之❶。哀公问于有若曰："年饥，用不足，如之何？"有若对曰："盍彻乎？"曰："二，吾犹不足，如之何其彻也？"对曰："百姓足，君孰与不足？百姓不足，君孰与足？"○赡，当❷艳反。

楚子伐郑。

十有一年，春，王正月。

夏，楚子、陈侯、郑伯盟于辰陵。不日月者，庄王行霸，约诸侯，明王法，讨征舒，善其忧中国，故为信辞。

公孙归父会齐人伐莒。

秋，晋侯会狄于攒函。离不言会。言会者，见所闻世治近升平，内诸夏而详录之，殊夷狄也。下发传于吴者，方具说

---

❶ "之"，原作"乏"，据阮刻本校勘记改。

❷ "当"，原作"常"，据阮刻本改。

其义，故从外内悉举者明言之。

冬，十月，楚人杀陈夏征舒。

此楚子也，其称人何？据下入陈称子。贬。曷为贬？据征舒有罪。不与外讨也。辟天子，故贬见之，即所谓贬绝，然后罪恶见。不与外讨者，因其讨乎外而不与也。虽内讨亦不与也。虽自讨其臣下，亦不得与也。曷为不与？据善为齐诛之。实与，不言执，与讨贼同文。而文不与。文曷为不与？诸侯之义，不得专讨也。诸侯之义不得专讨，则其曰实与之何？上无天子，下无方伯，天下诸侯有为无道者，臣弑君，子弑父，力能讨之，则讨之可也。与齐桓专封同义。不书兵者，时不伐。

丁亥，楚子入陈，日者，恶庄王讨贼之后，欲利其国。复出楚子者，为下纳善不当贬，不可因上贬文。纳公孙宁、仪行父于陈。

此皆大夫也，其言纳何？据纳者谓已绝也。今宁、仪行父上未有出奔绝文，故见大夫，反言纳也。○宁，乃定反，音宁。纳公党与也。征舒弑君，宁、仪行父如楚诉征舒，征舒之党从后绝其位，楚为讨征舒而纳之，本以助公见绝，故言纳公党与。不书征舒绝之者，以弑君为重。主书者，美楚能变悔[1]改过，以遂前功，卒不取其国而存陈。不系国者，因上入陈可知。

十有二年，春，葬陈灵公。

讨此贼者，非臣子也，何以书葬？据惠公杀里克，不

书卓子葬。**君子辞也。楚已讨之矣，臣子虽欲讨之，而无所讨也。**无所复讨也，不从杀泄冶不书葬者，泄冶有罪，故从讨贼书葬，则君子辞与泄冶罪两见矣。不月者，独甯、仪行父有诉楚功，上已言纳，故从余臣子恩薄略之。

楚子围郑。

夏，六月，乙卯，晋荀林父帅师，及楚子战于邲，晋师败绩。

大夫不敌君，此其称名氏以敌楚子何？据城濮之战，子玉得臣贬也。**不与晋而与楚子为礼也。**不与晋而反与楚子为君臣之礼，以恶晋。**曷为不与晋而与楚子为礼也？**据城濮之战贬得臣者，不与楚为礼。**庄王伐郑，胜乎皇门，**胜，战胜。皇门，郑郭门。**放乎路衢。**路衢，郭内衢。道四达谓之衢。**郑伯肉袒，左执茅旌，**茅旌，祀宗庙所用迎道神，指护祭者。断曰藉，不断曰旌。用茅者，取其心理[1]顺一，自本而畅乎末，所以通精诚，副至意。○断，音短。藉，在夜反。**右执鸾刀，**鸾刀，宗庙割切之刀，环有和，锋有鸾。执宗庙器者，示以宗庙不血食，自归首。**以逆庄王，曰："寡人无良边垂之臣，**诸侯自称曰寡人，天子自称曰朕。良，善也。无善，喻有过。言己有过于楚边垂之臣，谦不敢斥庄王。**以干天祸，**干，犯也。谦不敢斥庄王，归之于天。**是以使君王沛焉。**沛焉者，怒有余之貌，犹传曰"力沛若有余"。○沛，普盖反。**辱到敝邑。**远自劳辱，到于郑也。诸侯自称国曰敝邑。**君如矜此丧人，**自谓己丧亡。**锡之不毛之地，**硗埆不生

---

❶ "理"，原作"埋"，据阮刻本改。

五谷曰不毛，谦不敢求肥饶。○垆埞，上苦交反；下音崂。**使帅一二耋老而绥焉。**六十称耋，七十称老。绥，安也。谦不敢多索丁夫，愿得主帅一二老夫以自安。○多索，所白反，旧本作"策"，音索。**请唯君王之命。"庄王曰："君之不令臣，交易为言，**是亦庄王谦不斥郑伯之辞。令，善也。交易，犹往来也。言君之不善臣，数往来为恶言。○屡往，力住反，又作"数"，音朔。**是以使寡人得见君之玉面，而微至乎此。"**微，喻小也。积小语言，以致于此。**庄王亲自手旌，**自以手持旌也。缁广充幅长寻曰旐，继旐如燕尾曰旆，加文章曰旟❶，错革鸟曰旐❷，注旄首曰旌。**左右㧒军，退舍七里。将军子重谏曰："南郢之与郑，相去数千里，**南郢，楚都，不能二千里，言数千里者，欲深感庄王，使纳其言。○数，所主反。**诸大夫死者数人，厮役扈养死者数百人。**艾草为防者曰厮，汲水浆者曰役，养马者曰扈，炊亨者曰养。○扈养，余亮反。艾，鱼废反。**今君胜郑而不有，无乃失民臣之力乎？"**无乃，犹得无。**庄王曰："古者杅不穿，皮不蠹，则不出于四方。**杅，饮水器。穿，败也。皮，裘也。蠹，坏也。言杅穿皮蠹，乃出四方。古者出四方朝聘征伐，皆当多少图有所丧费，然后乃行尔。喻己出征伐，士卒死伤，固其宜也，不当以是故灭有郑，耻不能早服也。○杅不，音于。费，芳味反。**是以君子笃于礼而薄于利，**笃，厚也。不惜杅皮之费，而贵朝聘征伐者，厚于礼义，薄于财

---

❶ "旟"，原作"旗"，据阮刻本校勘记改。
❷ "旐"，原作"旗"，据阮刻本改。

利。**要其人而不要其土，** 本所以伐郑者，欲要其人服罪过耳，不要取其土地，犹古朝聘欲厚礼义，不顾枉皮。**告从，** 从，服从。**不赦，不详。** 善用心曰详。**吾以不详道民，灾及吾身，何日之有？"** 何日之有，犹无有日。**既则晋师之救郑者至，** 荀林父也。**曰："请战。"** 荀林父请战。**庄王许诺。将军子重谏曰："晋，大国也。** 国大众强。**王师淹病矣，** 淹，久也。诸大夫厮役死者是。**君请勿许也。"庄王曰："弱者吾威之，强者吾辟之，是以使寡人无以立乎天下。"** 以是故，必使寡人无以立功名于天下。**令之还师而逆晋寇。** 言还者，时庄王胜郑去矣，会晋师至，复还战也。言寇者，传序经意，谓晋如寇虏。**庄王鼓之，晋师大败。晋众之走者，舟中之指可掬矣。** 时晋乘舟度郯水战，兵败反走，欲急去，先入舟者，斩后扳舟者指，指隋舟中，身隋郯水中而死。可掬者，言其多也。以两手曰掬。礼，天子造舟，诸侯维舟，卿大夫方舟，士特舟。○可掬，九六反，注同。扳，普颜反，又必颜反。造，七报反。**庄王曰："嘻！吾两君不相好，** 敌大夫战，言两君者，林父本以君命来。**百姓何罪？"令之还师，而佚晋寇。** 佚犹过，使得过渡郯水去也。晋见庄王行义于陈，功立威行，嫉妒欲败之，救郑虽解，犹击之不止，为其欲坏楚善行，以求上人，故夺不使与楚成礼，而序林父于上，罪起其事。言及者，以臣及君，不嫌晋直，明晋汲汲欲败楚尔。陆战当举地，而举水者，大庄王闵隋水而佚晋寇。○而佚，音逸，注同。坏，音怪。

秋，七月。

冬，十有二月，戊寅，楚子灭萧。日者，属上有王言，今反灭人，故深责之。

晋人、宋人、卫人、曹人同盟于清丘。

宋师伐陈。

卫人救陈。

十有三年，春，齐师伐卫。

夏，楚子伐宋。

秋，螽。先是新饥，而使归父会齐人伐莒，赋敛不足，国家遂虚，下求不已之应。○螽，音终。

冬，晋杀其大夫先縠。

十有四年，春，卫杀其大夫孔达。

夏，五月，壬申，曹伯寿卒。日者，公子喜时父也，缘臣子尊荣，莫不欲与君父共之，故加录之，所以养孝子之志。许人子者，必使人❶父也。

晋侯伐郑。

秋，九月，楚子围宋。月者，恶久围宋，使易子而食之。○恶，乌路反。

葬曹文公。

冬，公孙归父会齐侯于縠。

十有五年，春，公孙归父会楚子于宋。宋见围不得与会。地以宋者，善内为救宋行，虽不能解，犹为见人之厄则矜之，故养遂其善意，不嫌与实解宋同文者，平事见刺皆可知。○与，音预。

---

❶ "人"字原无，据阮刻本校勘记补。

夏，五月，宋人及楚人平。

外平不书，此何以书？据上楚、郑平不书。大其平乎己也。己，二大夫。何大乎其平乎己？据大夫无遂事。庄王围宋，军有七日之粮尔，尽此不胜，将去而归尔。于是使司马子反乘堙而窥宋城，宋华元亦乘堙而出见之。堙，距堙，上城具。司马子反曰："子之国何如？"华元曰："惫矣。"曰："何如？"问惫意也。○惫，皮诫反。曰："易子而食之，析骸而炊之。"析，破。骸，人骨也。司马子反曰："嘻！甚矣惫。虽然，虽如所言。吾闻之也，围者，古有见围者。柑马而秣之，秣者，以粟置马口中。柑者，以木衔其口，不欲令食粟，示有畜积。○柑，其廉反，以木衔马口。使肥者应客，示饱足也。是何子之情也？"犹曰何大露情。华元曰："吾闻之，君子见人之厄则矜之，矜，闵。小人见人之厄则幸之。幸，侥幸。吾见子之君子也，是以告情于子也"。司马子反曰："诺。诺者，受语辞。勉之矣！勉，犹努力。使努力坚守之。吾军亦有七日之粮尔，尽此不胜，将去而归尔。"揖而去之，反于庄王。反报于庄王。庄王曰："何如？"司马子反曰："惫矣！"曰："何如？"曰："易子而食之，析骸而炊之。"庄王曰："嘻！甚矣惫。虽然，虽已惫。吾今取此，然后而归尔。"意未足也。司马子反曰："不可。臣已告之矣，军有七日之粮尔。"庄王怒曰："吾使子往视之，子曷为告之？"司马子反曰："以区区之宋，区区，小貌。犹有不欺人之臣，可以楚而无乎？是以告之也。"庄王曰："诺。先以诺受，绝子反语。舍而止。受命筑舍而止，示无去计。**虽然，**虽宋已知我粮短。**吾犹取此，然后归尔。"**欲征粮待胜也。司马子反曰："**然则君请处于此，臣请归尔。"庄王曰："子去我而归，吾孰与处于此？吾亦从子而归尔。"引师而去之。故君子大其平乎己也。**大其有仁恩。**此皆大夫也，其称人何？贬。曷为贬？**据大其平。**平者在下也。**言在下者，讥二子在君侧，不先以便宜反报，归美于君，而生事专平，故贬称人。等不物贬，不言遂者，在君侧无遂道也。以主坐在君侧遂为罪也，知经不以文实贬也。凡为文实贬者，皆以取专事为罪。**月者，专平不易。**

六月，癸卯，晋师灭赤狄潞氏，以潞子婴儿归。

潞何以称子？据其灭称氏。**潞子之为善也，躬足以亡尔。**躬，身。**虽然，君子不可不记也。离于夷狄，**疾夷狄之俗而去离之，故称子。**而未能合于中国，**未能与中国合同礼义，相亲比也，故犹系赤狄。**晋师伐之，中国不救，狄人不有，是以亡也。**以去俗归义亡，故君子闵伤进之。日者，痛录之。名者，示所闻世始录小国也。录以归者，因可责而责之。责而加进之者，明不当绝，当复其氏。

秦人伐晋。

王札子杀召伯、毛伯。

王札子者何？长庶之号也。天子之庶兄。札者，冠且字也。礼，天子庶兄冠而不名，所以尊之。子者，王子也。天子不言子弟，故变文，王札系先王以明之。不称伯仲者，辟同母兄弟，起其为庶兄也。主书者，恶天子不以礼尊之而任以权，至令杀尊卿二人。不言其大夫者，絜也。恶二大夫居尊卿之位，为下所提挈而杀之。大夫相杀不称人者，正之。诸侯大夫顾弑君重，故降称人。王者至尊，不得顾。

秋，蝝。从十三年之后，上求未已，而又归父比年再出会，内计税亩，百姓动扰之应。

仲孙蔑会齐高固于牟娄。

初税亩。

初者何？始也。税亩者何？履亩而税也。时宣公无恩信于民，民不肯尽力于公田，故履践案行，择其善亩，谷最好者，税取之。初税亩，何以书？讥。何讥尔？讥始履亩而税也。何讥乎始履亩而税？据用田赋不言初，亦不言税亩。古者什一而藉。什一以借民力，以什与民，自取其一为公田。古者曷为什一而藉？据数非一。什一者，天下之中正也。多乎什一，大桀小桀；奢泰多取于民，比于桀也。寡乎什一，大貉小貉。蛮貉无社稷宗庙百官制度之费，税薄。○大貉，亡百反。费，芳味反。什一者，天下之中正也。什一行而颂声作矣。颂声者，太平歌颂之声，帝王之高致也。《春秋》经传数万，指意无穷状，相须而举，相待而成，至此独言颂声作者，民以食为本也。夫饥寒并至，虽尧、舜躬化，不能使野无寇盗。贫富兼并，虽皋陶制法，不能使强不陵弱，是故圣人制井田之法，而口分之：一夫一妇，受田百亩，以养父母妻子，五口为一家，公田十亩，即所谓什一而税也。庐舍二亩半，凡为田一顷十二亩半，八家而九顷，共为一井，故曰井田。庐舍在内，贵人也。公田次之，重公也。私田在外，贱私也。井田之义：一曰无泄地气，二曰无费一家，三曰同风俗，四曰合巧拙，五曰通财货。因井田以为市，故俗语曰市井。种谷，不得种一谷，以备灾害。田中不得有树，以妨五谷。还庐舍种桑荻杂菜，畜五母鸡，两母豕，瓜果种疆畔，女工蚕织，老者得衣帛焉，得食肉焉，死者得葬焉。多于五口名曰余夫，余夫以率受田二十五亩。十井共出兵车一乘。司空谨别田之高下善恶，分为三品：上田一岁一垦，中田二岁一垦，下田三岁一垦。肥饶不得独乐，墝埆不得独苦，故三年一换土易居，财均力平，兵车素定，是谓均民力，强国家。在田曰庐，在邑曰里。一里八十户，八家共一巷。中里为校室，选其耆老有高德者，名曰父老，其有辩护伉健者为里正，皆受倍田，得乘马。父老比三老孝弟官属，里正比庶人在官之吏。民春夏出田，秋冬入保城郭。田作之时，春，父老及里正旦开门坐塾上，晏出后时者不得出，莫不持樵者不得入。五谷毕入，民皆居宅，里正趋缉绩，男女同巷，相从夜绩，至于夜中，故女功一月，得四十五日作，从十月尽正月止。男女有所怨恨，相从而歌，饥者歌其食，劳者歌其事。男年六十，女年五十，无子者，官衣食之，使之民间求诗，乡移于邑，邑移于国，国以闻于天子，故王者不出牖户尽知天下所苦，不下堂而知四方。十月事讫，父老教于校室，八岁者学小学，十五者学大学，其有秀者移于乡学，乡学之秀者移于庠，庠之秀者移于国学。学于小学，诸侯岁贡小学之秀者于天子，学于大学，其有秀者命曰造士，行同而能偶，别之以射，然后爵之。士以才能进取，君以考功授官。三年耕余一年之畜，九年耕余三年之积，三十年耕有十年之储，虽遇唐尧之水，殷汤之旱，民无近忧，四海之内，莫不乐其业，故曰颂声作矣。○数，所主反。以食，音嗣。伉，苦浪反，一音苦杏反。塾，音淑。莫，音暮。

冬，蝝生。

未有言蝝生者，此其言蝝生何？ 蝝即蝝也，始生曰蝝，大曰蝝。○蝝，与专反。**蝝生不书，此何以书？幸之也。**幸，侥幸。**幸之者何？** 闻灾当惧，反喜，非其类，故执不知问。**犹曰受之云尔。受之云尔者何？上变古易常，**上，谓宣公。变易公田古常旧制而税亩。**应是而有天灾，**应是变古易常而有天灾蝝，民用饥。**其诸则宜于此焉变矣。**言宣公于此天灾饥后，能受过变寤，明年复古行中，冬大有年，其功美过于无灾，故君子深为喜而侥幸之。变蝝言蝝，以不为灾书，起其事。

饥。

十有六年，春，王正月，晋人灭赤狄甲氏，及留吁。言及者，留吁行微不进。

夏，成周宣谢灾。

成周者何？东周也。后周分为二，天下所名为东周。名为成周者，本成王所定名，天下初号之云尔。○宣谢灾，《左氏》作"宣谢❶火"。**宣谢者何？宣宫之谢也。**宣宫，周宣王之庙也。至此不毁者，有中兴之功。室有东西厢曰庙，无东西厢有室曰寝，无室曰谢。**何言乎成周宣谢灾？**据天子之居称京师，宋灾不别所烧。**乐器藏焉尔。**宣王中兴所作乐器。**成周宣谢灾，何以书？记灾也。外灾不书，此何以书？新周也。**新周故分别所灾，不与宋同也。孔子以《春秋》当新王，上黜杞，下新周而故宋，因天灾中兴之乐器，示周不复

---

❶ "谢"，原作"榭"，据阮刻本改。

兴，故系宣谢于成周，使若国文，黜而新之，从为王者后记灾也。

秋，郊伯姬来归。嫁不书者，为媵也。来归书者，后为嫡也。死不卒者，已弃，有更适人之道，或时为大夫妻，故不得待以初也。弃归例有罪时，无罪月。

冬，大有年。

十有七年，春，王正月，庚子，许男锡我卒。○锡，思历反。

丁未，蔡侯申卒。

夏，葬许昭公。

葬蔡文公。不月者，齐桓、晋文没后，先背中国与楚，故略之。与楚在文十年。

六月，癸卯，日有食之。是后邾娄人戕鄫子，四国大夫败齐师于鞌，齐侯逸获，君道微，臣道强之所致。○鞌，音安。

己未，公会晋侯、卫侯、曹伯、邾娄子同盟于断道。○断，音短，又大短反。

秋，公至自会。

冬，十有一月，壬午，公弟叔肸卒。称字者，贤之。宣公篡立，叔肸不仕其朝，不食其禄，终身于贫贱，故孔子曰："笃信好学，守死善道。危邦不入，乱邦不居。天下有道则见，无道则隐。"此之谓也。礼，盛德之士不名，天子上大夫不名。《春秋》公子不为大夫者不卒，卒而字者，起其宜为天子上大夫也。孔子曰："兴灭国，继绝世，举逸民，天下之民归心焉。"

十有八年，春，晋侯、卫世子臧伐齐。

公伐杞。

夏，四月。

秋，七月，邾娄人戕鄫子于鄫。

戕鄫子于鄫者何？残贼而杀之也。支解节断之，故变杀言戕。戕则残贼，恶无道也。言于鄫者，刺鄫无守备。小国本不卒，故亦不日。○断，音短。

甲戌，楚子旅卒。

何以不书葬？据日而名。**吴、楚之君不书葬，辟其号也。**旅，即庄王也。葬从臣子辞当称王，故绝其葬，明当诛之。至此卒者，因其有贤行。○行，下孟反。

公孙归父如晋。

冬，十月，壬戌，公薨于路寝。

归父还自晋，至柽，遂奔齐。

还者何？善辞也。何善尔？归父使于晋，上如晋是。**还自晋，至柽，闻君薨家遣，**家为鲁所逐遣，以先人弑君故也。**埠帷，**埠地曰埠，今齐俗名之云尔。将袒❶踊，故设帷重形。○埠帷，音善，扫地张帷。**哭君成踊，**踊，辟踊也。礼必踊者，如婴儿之慕母矣。成踊，成三日五哭踊之礼。礼，臣为君本服斩衰，故成踊，比二日朝莫哭踊，三日朝哭踊，莫不复哭踊，去事之杀也。○杀，所戒反。**反命乎介，**因介反命。礼，卿出聘，以大夫为上介，以士为众介。**自是走之齐。**主书者，善其不以家见逐怨怼，成踊哭君，终臣子之道，起时莫

---

❶ "袒"，原作"祖"，据阮刻本改。

能然也。言至柽者，善其得礼于柽。言遂者，因介反命是也，不待报罪也。遂❶弑君本当绝，小善录者，本宣公同篡之人，又不当逐。不日者，伯讨❷可逐，故从有罪例也。○怼，直类反。

《春秋公羊》卷第七

经传叁阡捌伯丹陆字
注陆阡捌伯伍拾玖字
音义伍伯伍拾陆字
仁仲比校讫

---

❶ "遂"，原作"逐"，据阮刻本改。
❷ "讨"，原作"计"，据阮刻本改。

卷八

成公第八

元年，春，王正月，公即位。

二月，辛酉，葬我君宣公。

无冰。周二月，夏十二月，《尚书》曰："舒恒燠
若。"《易京房传》曰："当寒而温，倒赏也。"是时成公
幼少，季孙行父专权而委任之所致。○舒恒，如字，缓也。
《尚书》作"豫奥"，本又作"燠"，于六反，煖也。少，诗
召反。

三月，作丘甲。

何以书？讥。何讥尔？讥始丘使也。四井为邑，四邑
为丘。甲，铠也。讥始使丘民作铠也。古者有四民：一曰德能
居位曰士，二曰辟土殖谷曰农，三曰巧心劳手以成器物曰工，
四曰通财粥货曰商。四民不相兼，然后财用足。月者，重录
之。○铠，苦代反。辟，婢亦反。粥，羊六反。

夏，臧孙许及晋侯盟于赤棘。时者，谋结鞌之战不相
负也。后为晋所执。不日者，执在三年外寻旧盟后，非此盟所
能保。

秋，王师败绩于贸戎。

孰败之？盖晋败之。以晋比侵柳围郊，知王师讨晋而败
之。○贸戎，音茂，一音茅，《左氏》作"茅戎"。或曰贸

戎败之。以地贸戎故。**然则曷为不言晋败之？** 据侵柳围郊言晋。**王者无敌，莫敢当也。** 正其义，使若王自败于贸戎，莫敢当敌败之也。不日月者，深正之使若不战。

冬，十月。

二年，春，齐侯伐我北鄙。

夏，四月，丙戌，卫孙良夫帅师，及齐师战于新筑，卫师败绩。○筑，音竹。

六月，癸酉，季孙行父、臧孙许、叔孙侨如、公孙婴齐帅师，会晋郤克、卫孙良夫、曹公子手及齐侯战于鞌，齐师败绩。

曹无大夫，公子手何以书？ 据羁无氏。○公子手，一本作"午"，《左氏》作"首"，鞌，音安。**忧内也。** 《春秋》托王于鲁，因假以见王法，明诸侯有能从王者征伐不义，克胜有功，当褒之，故与大夫。大夫敌君不贬者，随从王者大夫，得敌诸侯也。不从内言败之者，君子不掩人之功，故从外言战也。鲁举四大夫，不举重者，恶内多虚，国家悉出用兵，重录内也。○以见，贤遍反，年末注同。恶，乌路反。

秋，七月，齐侯使国佐如师。已酉，及国佐盟于袁娄。

君不使乎大夫，此其行使乎大夫何？ 据高子来盟，鲁无君不称使。不从王者大夫称使者，实晋郤克为主，经先晋，传举郤克是也。○不使，所更反，下及注"使乎大夫"同。**佚获也。** 佚获者，已获而逃亡也。当绝贱，使与大夫敌体以起之。君获不言师败绩，等起不去师败绩者，辟内败文。○佚获，音逸，下同，一本作"失"。去，起吕反。**其佚获奈**

何？师还齐侯，还，绕。○还，音环，注同。**晋郤克投戟，**
逡巡再拜稽首马前。逢丑父者，顷公之车右也，人君骖
乘，有车右，有御者。○逡，七巡反。顷，音倾。乘，绳证
反。**面目与顷公相似，衣服与顷公相似，**礼，皮弁以征，
故言衣服相似。顷公有负晋、鲁之心，故特选丑父备急，欲以
自代。**代顷公当左。**升车象阳，阳道尚左，故人君居左，臣
居右。○尚，时亮反。**使顷公取饮，顷公操饮而至，**不知
顷公将欲坚敌意邪？势未得去邪？○公操，七刀反，持也。
曰："革取清者。"革，更也。军中人多水泉浊，欲使远
取清者，因亡去。**顷公用是佚而不反。**不书获者，内大恶
讳。**逢丑父曰："吾赖社稷之神灵，吾君已免矣。"郤**
克曰："欺三军者，其法奈何？"顾问执法者。**曰："法**
斫。"斫，斩。○斫，在[1]略反，又仕略反，斩也。**于是斫**
逢丑父。丑父死君，不贤之者，经有使乎大夫，于王法顷公
当绝。如贤丑父，是赏人之臣绝其君也。若以丑父故，不绝
顷公，是开诸侯战不能死难也。如以衰世无绝顷公者，自齐
所当善尔，非王法所当贵。○难，乃旦反。**己酉，及齐国佐**
盟于袁娄。曷为不盟于师而盟于袁娄？据国佐如师。**前此**
者，晋郤克与臧孙许同时而聘于齐。不书，耻之。**萧同**
侄子者，齐君之母也。萧同，国名。侄子者，萧同君侄娣
之子嫁于齐，生顷公。○侄，大结反，又丈乙反。**踊于棓而**
窥客，踊，上也。凡无高下，有绝加蹑板曰棓，齐人语。○
踊，音勇，上也。棓，普口反，又步侯反，高下有绝加蹑板

---

[1] "在"，原作"庄"，据阮刻本改。

曰楛。而窥，去规反，本又作"窥"。上，时掌反。蹑，女辄反。**则客或跛或眇。于是使跛者迓跛者，使眇者迓眇者。**迓，迎。卿主迎者也。聘礼，宾至，大夫帅迓❶于馆，卿致馆，宰夫朝服致飧饩。厥明讶于馆。○跛，布可反。眇，亡小反。迓，本又作"讶"，五嫁反，迎也。飧，音孙。饩，而审反。**二大夫出，相与蹐间而语，**间，当道门。闭一扇，开一扇，一人在外，一人在内，曰蹐间。将别，恨为齐所侮戏，谋伐之，而不欲使人听之。○蹐间，居倚反，蹐足也；又音於绮反，又初义反。何云："闭一扇，开一扇，一人在外，一人在内，曰蹐间。"**移日然后相去。齐人皆曰："患之起，必自此始。"**知必为国家忧，明刍荛之言不可废，且❷起顷公不觉寤。○刍，初俱反。荛，如遥反。**二大夫归，相与率师为鞌之战，齐师大败。齐侯使国佐如师，**怪师胜犹不解，往问之。**郤克曰："与我纪侯之甗，**齐襄公灭纪所得甗邑，其土肥饶，欲得之。或说甗，玉甑。○甗，音言，又鱼辇反，又音彦，邑也。**反鲁、卫之侵地，使耕者东亩，**使耕者东西如晋地。**且以萧同侄子为质。**见侮戏本由萧同侄子。○为质，音致，下注及下同。**则吾舍子矣。"国佐曰："与我纪侯之甗，请诺。反鲁、卫之侵地，请诺。使耕者东亩，是则土齐也。**则晋悉以齐为土地，是不可行。**萧同侄子者，齐君之母也。齐君之母，犹晋君之母也，不可。**言至尊不可为质。**请战。**如欲使耕

---

❶ "帅迓"，原作"率至"，据阮刻本校勘记改。
❷ "且"，原作"具"，据阮刻本改。

者东西亩，质齐君之母，当请战。**壹战不胜，请再。再战不胜，请三。**言齐虽败，尚可三战。**三战不胜，则齐国尽子之有也。何必以萧同侄子为质？"揖而去之。郤克昳鲁卫之使，使以其辞而为之请，**郤克耻伤其威，故使鲁卫大夫以国佐辞为国佐请。○昳，音舜，又玉乙反，又达结反。之使，所吏反。为之，于伪反，注皆同。**然后许之。逮于袁娄而与之盟。**逮，及也。追及国佐于袁娄也。传极道此者，本祸所由生，因录国佐受命不受辞，义可拒则拒，可许则许，一言使四国大夫汲汲追与之盟。

八月，壬午，宋公鲍卒。○鲍，白卯反。

庚寅，卫侯遫卒。○遫，音速。

取汶阳田。

汶阳田者何？窜之赂也。以国佐言反鲁卫之侵地请诺。本所侵地非一，总系汶阳者，省文也。不言取之齐者，耻内乘胜胁齐，求赂得邑，故讳使若非齐邑。○汶，音问。

冬，楚师、郑师侵卫。

十有一月，公会楚公子婴齐于蜀。

丙申，公及楚人、秦人、宋人、陈人、卫人、郑人、齐人、曹人、邾娄人、薛人、鄫人盟于蜀。

此楚公子婴齐也，其称人何？据会而盟一处，知一人也。○处，昌虑反。**得壹贬焉尔。**得一贬者，独此一事，得具见其恶，故贬之尔。不然，则当没公也，如齐高傒矣。不没公者，明不主为公故也。上会不序诸侯大夫者，婴齐，楚专政骄蹇臣也，数道其君率诸侯侵中国，故独先举于上，乃贬之，明本在婴齐，当先诛其本，乃及其末。○数道，所角反；下音导。

三年，春，王正月，公会晋侯、宋公、卫侯、曹伯伐郑。

辛亥，葬卫缪公。○缪，音穆。

二月，公至自伐郑。

甲子，新宫灾，三日哭。

新宫者何？宣公之宫也。以无新公❶，知宣公之宫庙。宣宫则曷为谓之新宫，不忍言也。亲之精神所依而灾，孝子隐痛，不忍正言也。谓之新宫者，因新入宫，易其西北角，示昭穆相继代，有所改更也。其言三日哭何？据桓、僖宫灾，不言三日哭。庙灾三日哭，礼也。善得礼，痛伤鬼神无所依归，故君臣素缟哭之。○缟，古老反。新宫灾何以书？记灾也。此象宣公篡立，当诛绝，不宜列昭穆。成公幼少，臣威大重，结怨强齐，将不得久承宗庙之应。○幼少，诗召反，下同。大重，音泰，一音他贺反。

乙亥，葬宋文公。

夏，公如晋。

郑公子去疾率师伐许。○去，起吕反。

公至自晋。

秋，叔孙侨如率师围棘。

棘者何？汶阳之不服邑也。棘民初未服于鲁。其言围之何？据国内兵不举。不听也。不听者，叛也。不言叛者，为内讳，故书围以起之。不先以文德来之，而便以兵围之，

---

❶ "公"，原作"宫"，据阮刻本校勘记改。

当与围外邑同罪，故言围也。得曰取，不得曰围。○为，于伪反。

大雩。成公幼少，大臣秉政，变乱政教，先是作丘甲，为鞌之战，伐郑围棘，不恤民之所生。

晋郤克、卫孙良夫伐将咎如。○将咎如，咎音古刀反，《左氏》作"廧咎如"。

冬，十有一月，晋侯使荀庚来聘。

卫侯使孙良夫来聘。

丙午，及荀庚盟。

丁未，及孙良夫盟。

此聘也，其言盟何？据不举重，嫌生事，故此以轻问❶重也。聘而言盟者，寻旧盟也。寻，犹寻绎也。以不举重，连聘而言之，知寻绎旧故约誓也。书者，恶之。《诗》曰："君子屡盟。乱是用长。"二国既修礼相聘，不能相亲信，反复相疑，故举聘以非之。○绎，音亦。恶之，乌路反，下同。屡，力住反。用长，丁丈反。反复，扶又反。

郑伐许。谓之郑者，恶郑襄公与楚同心，数侵伐诸夏。自此之后，中国盟会无已，兵革数起，夷狄比周为党，故夷狄之。○数侵，所角反，下同。比，毗志反。

四年，春，宋公使华元来聘。

三月，壬申，郑伯坚卒。○伯坚❷，苦刃反，本或作

---

❶ "问"，原作"间"，阮刻本作"门"，据武英殿本改。
❷ "坚"，原作"叀"，据阮刻本改。

"臤"❶。

杞伯来朝。

夏，四月，甲寅，臧孙许卒。

公如晋。

葬郑襄公。

秋，公至自晋。

冬，城运。

郑伯伐许。未逾年君称伯者，时乐成君位，亲自伐许，故如其意以著其恶。

五年，春，王正月，杞叔姬来归。始归不书，与郯伯姬同。

仲孙蔑如宋。

夏，叔孙侨如会晋荀秀于谷。○荀秀，《左氏》作"荀首"。

梁山崩。

梁山者何？河上之山也。梁山崩，何以书？记异也。何异尔？大也。何大尔？梁山崩，雍河，三日不汋。故不日以起之，不书雍河❷者，举崩大为重。○雍，於勇反。汋❸，音流。**外异不书，此何以书？为天下记异也。**山者，阳精，德泽所由生，君之象。河者，四渎，所以通道中国，与王道同。记山崩雍河者，此象诸侯失势，王道绝，大夫擅恣，为

---

❶ "臤"，原作"坚"，据阮刻本改。
❷ "河"，原作"何"，据阮刻本改。
❸ "汋"，原作"不"，据阮刻本改。

海内害，自是之后，六十年之中，弑君十四，亡国三十二，故溴梁之盟，徧刺天下之大夫。○为天，于伪反。通道，音导。溴，古闃反。徧，音遍。

秋，大水。先是既有丘甲、鞌、棘之役，又重以城郓，民怨之所生。○重，直用反。

冬，十有一月，己酉，天王崩。定王。

十有二月，己丑，公会晋侯、齐侯、宋公、卫侯、郑伯、曹伯、邾娄子、杞伯同盟于虫牢。约备强楚。○虫牢，直弓反；下力刀反。

六年，春，王正月，公至自会。月者，前鲁大夫获齐侯，今亲相见，故危之。

二月，辛巳，立武宫。

武宫者何？武公之宫也。在春秋前。立者何？立者不宜立也。立武宫，非礼也。礼，天子诸侯立五庙，受命始封之君立一庙，至于子孙。过高祖，不得复立庙。周家祖有功，尊有德，立后稷、文、武庙，至于子孙。自高祖已下而七庙；天子卿大夫三庙，元士二庙；诸侯之卿大夫比元士二庙，诸侯之士一庙。立武宫者，盖时衰，多废人事，而好求福于鬼神，故重而书之。臧孙许伐齐有功，故立武宫。○复，扶又反。好，呼报反。

取鄟。

鄟者何？邾娄之邑也。曷为不系于邾娄？讳亟也。讳鲁背信亟也。属相与为虫牢之盟，旋取其邑，故使若非虫牢人矣。○鄟，市转反，又音专。亟，去异反，注同。背，音佩。属，音烛。

卫孙良夫率师侵宋。

夏，六月，邾娄子来朝。

公孙婴齐如晋。

壬申，郑伯费卒。不书葬者，为中国讳。虫牢之盟，约备强楚。楚伐郑丧，不能救，晋又侵之，故去葬，使若非伐丧。○费，音祕。为，于伪反。去，起吕反。

秋，仲孙蔑、叔孙侨如率师侵宋。

楚公子婴齐率师伐郑。

冬，季孙行父如晋。

晋栾书率师侵郑。

七年，春，王正月，鼷鼠食郊牛角。改卜牛，鼷鼠又食其角，乃免牛。鼷鼠者，鼠中之微者，角生上指，逆之象。《易京房传》曰："祭天不慎，鼷鼠食郊牛角。"书又食者，重录鲁不觉寤，重有灾也。不重言牛，独重言鼠者，言角，牛可知；食牛者未必故鼠，故重言鼠。○鼷，音兮。重有，直用反，下同。

吴伐郯。吴国见者，罕与中国交，至升平乃见，故因始见以渐进。○郯，音谈。见者，贤遍反，下同。

夏，五月，曹伯来朝。

不郊，犹三望。

秋，楚公子婴齐率师伐郑。公会晋侯、齐侯、宋公、卫侯、曹伯、莒子、邾娄子、杞伯救郑。八月，戊辰，同盟于马陵。公至自会。

吴入州来。

冬，大雩。先是公会诸侯救郑，承前不恤民之所致。

卫孙林父出奔晋。

八年，春，晋侯使韩穿来言汶阳之田，归之于齐。

来言者何？内辞也。胁我，使我归之也。以此经加之，知见使，即闻晋语，自归之，但当言归。曷为使我归之？据本鲁邑。鞌之战，齐师大败。齐侯归，吊死视疾，七年不饮酒，不食肉。晋侯闻之曰："嘻！奈何使人之君，七年不饮酒，不食肉，请皆反其所取侵地。"晋侯闻齐侯悔过自责，高其义，畏其德，使诸侯还鞌之所丧邑。鲁见使，卑有耻，故讳。不言使者，因两为其义，诸侯不得相夺土地。晋适可来议语之，鲁宜闻义自归之尔，不得使也。主书者，善晋之义齐。○嘻，许其反。丧，息浪反。语，鱼据反。

晋栾书帅师侵蔡。

公孙婴齐如莒。

宋公使华元来聘。

夏，宋公使公孙寿来纳币。

纳币不书，此何以书？据纪履緰来逆女，不书纳币。○緰，音须。录伯姬也。伯姬守节，逮火而死，贤，故详录其礼，所以殊于众女。

晋杀其大夫赵同、赵括。○括，古活反。

秋，七月，天子使召伯来锡公命。

其称天子何？据天王使毛伯来锡文公命，不称天子。元年春王正月，正也。正者，文不变也。其余皆通矣。其余谓不系于元年者。或言王，或言天王，或言天子，皆相通矣，以见刺讥是非也。王者，号也。德合元者称皇。孔子曰："皇象元，逍❶遥术，无文字，德明谥。"德合天者称帝，河洛受瑞可放。仁义合者称王，符瑞应，天下归往。天子者，爵称也，圣人受命，皆天所生，故谓之天子。此锡命称天子者，为王者长爱幼少之义，欲进勉幼君，当劳来与贤师良傅，如父教子，不当赐也。月者，例也，为鲁喜录之。○见，贤遍反。应，应对之应。爵称，尺证反。为王，于伪反，下"为鲁""为下"同。少，诗召反。劳来，力报反；下力代反。

冬，十月，癸卯，杞叔姬卒。弃而日❷卒者，为下胁杞归其丧张本，文使若尚为杞夫人。

晋侯使士燮来聘。

叔孙侨如会晋士燮、齐人、邾娄人伐郯。

卫人来媵。

媵不书，此何以书？据逆女不书媵也。言来媵者，礼，君不求媵，诸侯自媵夫人。○来媵，以证反，又绳证反。录伯姬也。伯姬以贤闻诸侯，诸侯争欲媵之，故善而详录之。媵例时。

九年，春，王正月，杞伯来逆叔姬之丧以归。

杞伯曷为来逆叔姬之丧以归？据已弃也。内辞也，胁而归之也。言以❸归者，与忿怒执人同辞，而不得专其本意，知其为胁也。已弃而胁归其丧，悖义，耻深恶重，故使若杞伯自来逆之。○悖，布内反。

---

❶ "逍"，原作"道"，据阮刻本改。
❷ "日"，原作"曰"，据武英殿本改。
❸ "以"，原作"已"，据阮刻本改。

公会晋侯、齐侯、宋公、卫侯、郑伯、曹伯、莒子、杞伯同盟于蒲。不日者，已得郑盟，当以备楚，而不以罪执之，旋使离①叛，楚缘隙溃莒，不能救，祸由中国无信，故讳为信辞。使若莒溃非盟失信，所以甚中国，因与下溃日相起。

公至自会。

二月，伯姬归于宋。

夏，季孙行父如宋致女。

未有言致女者，此其言致女何？录伯姬也。古者妇人三月而后庙见称妇，择日而祭于祢，成妇之义也。父母使大夫操礼而致之。必三月者，取一时足以别贞信，贞信著，然后成妇礼。书者，与上纳币同义。所以彰其洁，且为父母安荣之。言女者，谦不敢自成礼。妇人未庙见而死，归葬于女氏之党。○庙见，贤遍反，下同。操，七刀反。别，彼列反。且为，于伪反。

晋人来媵。

媵不书，此何以书？录伯姬也。义与上同。复发传者，乐道人之善。○复，扶又反。

秋，七月，丙子，齐侯无野卒。

晋人执郑伯。

晋栾书帅师伐郑。

冬，十有一月，葬齐顷公。

楚公子婴齐帅师伐莒。庚申，莒溃。日者，录责中国无信，同盟不能相救，至为夷狄所溃。○溃，户内反。

---

① "离"，原作"禽"，据阮刻本改。

楚人入运。

秦人白狄伐晋。

郑人围许。

城中城。

十年，春，卫侯之弟黑背率师侵郑。

夏，四月，五卜郊，不从，乃不郊。

其言乃不郊何。据上不郊不言乃，僖公不从，言免牲也。不免牲，故言乃不郊也。不免牲，当坐盗天牲，失事天之道，故讳使若重难不得郊。○难，乃旦反。

五月，公会晋侯、齐侯、宋公、卫侯、曹伯伐郑。不致者，成公数卜郊不从，怨怼，故不免牲，不但不免牲而已，故夺臣子辞以起之。○数，所角反。怼，直类反。

齐人来媵。

媵不书，此何以书？录伯姬也。三国来媵，非礼也。曷为皆以录伯姬之辞言之？妇人以众多为侈也。侈，大也。朝廷侈于炉上，妇人侈于炉下。伯姬以至贤为三国所争媵，故侈大其能容之。唯天子娶十二女。○侈，昌氏反，大也。炉，丁故反。取十，七住反，本或作“娶”。

丙午，晋侯獳卒。不书葬者，杀大夫赵同等。○獳，乃侯反。

秋，七月。

公如晋。如晋者，冬也。去冬者，恶成公，前既怨怼不免牲，今复如晋，过郊乃反，遂怨怼无事天之意，当绝之。○去，起吕反。恶，乌路反。复，扶又反。

十有一年，春，王三月，公至自晋。

275

晋侯使郤州来聘。○郤州，本亦作"犫"，尺由反。己丑，及郤州盟。

夏，季孙行父如晋。

秋，叔孙侨如如齐。

冬，十月。

十有二年，春，周公出奔晋。

周公者何？天子之三公也。王者无外，此其言出何？自其私土而出也。私土者，谓其国也。此起诸侯入为天子三公也，周公骄蹇不事天子，出居私土，不听京师之政。天子召之而出走，明当并绝其国，故以出国录也。不月者，小国也。

夏，公会晋侯、卫侯于沙泽。○沙泽，素禾反，又如字，二传作"琐泽"，定七年同。

秋，晋人败狄于交刚。

冬，十月。

十有三年，春，晋侯使郤锜来乞师。○郤锜，鱼绮反。

三月，公如京师。月者，善公尊天子。

夏，五月，公自京师，遂会晋侯、齐侯、宋公、卫侯、郑伯、曹伯、邾娄人、滕人伐秦。

其言自京师何？据僖公二十八年诸侯遂围许，不言自王所。公凿行也。以起公凿行也。凿，犹更造之意。○凿，在洛反，造意也。公凿行奈何？不敢过天子也。时本欲直伐秦，涂过京师，不敢过天子而不朝，复生事修朝礼而后行，故起时，善而褒成其意，使若故朝然后生事也。间无事，复出公者，善公凿行。○复出，扶又反。

曹伯庐卒于师。○庐，力吴反，本亦作"卢"。

秋，七月，公至自伐秦。月者，危公幼而远用兵。

冬，葬曹宣公。

十有四年，春，王正月，莒子朱卒。莒大于邾娄，至此乃卒者，庶其见杀不得卒。至此始卒，又不得日。

夏，卫孙林父自晋归于卫。

秋，叔孙侨如如齐逆女。凡娶早晚皆不讥者，从纪履緰一讥而已。○凡取，本又作"娶"。

郑公子喜率师伐许。

九月，侨如以夫人妇姜氏至自齐。

冬，十月，庚寅，卫侯臧卒。

秦伯卒。

十有五年，春，王二月，葬卫定公。

三月，乙巳，仲婴齐卒。

仲婴齐者何？疑仲遂后，故问之。公孙婴齐也。未见于经，为公孙婴齐，今为大夫死，见于经，为仲婴齐。○未见，贤遍反，下同，年末及注皆同。公孙婴齐，则曷为谓之仲婴齐？为兄后也。为兄后，则曷为谓之仲婴齐？据本公孙。为人后者，为之子也。更为公孙之子，故不得复氏公孙。○复氏，扶又反，年内同。为人后者为其子，则其称仲何？据氏非一。孙以王父字为氏也。谓诸侯子也。顾兴灭继绝，故纪族明所出。然则婴齐孰后？后归父也。归父使于晋而未反。宣公十八年，自晋至柽奔齐，讫今未还。○使于，所吏反，及下"使乎"同。何以后之？据已绝也。叔仲惠伯，傅子赤者也。叔仲者，叔彭生氏也。文家字积于叔，叔仲有长幼，故连氏之。经云仲者，明《春秋》质家，当积于仲。惠，谥也。○长，丁丈反。**文公死，子幼。**子赤幼也。**公子遂谓叔仲惠伯曰："君幼，如之何？愿与子虑之。"叔仲惠伯曰："吾子相之，老夫抱之，**礼，大夫七十而致事。若不得谢，则必赐之几杖，行役以妇人从，适四方，乘安车，自称曰老夫。○相之，息亮反，下同。**何幼君之有？"公子遂知其不可与谋，退而杀叔仲惠伯，弑子赤而立宣公。**杀叔仲惠伯不书者，举弑君为重。叔仲惠伯事，与荀息相类，不得为累者，有异也。叔仲惠伯直先见杀尔，不如荀息死之。○杀子，音弑。**宣公死，成公幼，臧宣叔者，相也。**臧孙许，宣谥。**君死不哭，聚诸大夫而问焉，曰："昔者叔仲惠伯之事，孰为之？"诸大夫皆杂然曰："仲氏也，其然乎？"于是遣归父之家，**时见君幼，欲以防示诸大夫。○杂，七合反，又如字。**然后哭君。归父使乎晋，还自晋，至柽，闻君薨家遣，墠帷哭君成踊，反命于介，自是走之齐。鲁人徐伤归父之无后也。**徐者，皆共之辞也，关东语。伤其先人为恶，身见逐绝，不忿怼也。**于是使婴齐后之也。**弟无后兄之义，为乱昭穆之序，失父子之亲，故不言仲孙，明不与子为父孙。

癸丑，公会晋侯、卫侯、郑伯、曹伯、宋世子成、齐国佐、邾娄人同盟于戚。○世子戌，音恤，本或作"成"。

晋侯执曹伯归之于京师。为篡喜时。○为，于伪反。

公至自会。

夏，六月，宋公固卒。不日者，多取三国媵，非礼，故略之。

楚子伐郑。

秋，八月，庚辰，葬宋共公。○共，音恭。

宋华元出奔晋。

宋华元自晋归于宋。不省文复出宋华元者，宋公卒，子幼，华元以忧国为大夫山所谮，出奔晋。晋人理其罪，宋人反华元诛山，故繁文大之也。言归者，明出入无恶。

宋杀其大夫山。不氏者，见杀在华元归后。嫌直自见杀者，故贬之，明以谮华元故。

宋鱼石出奔楚。与山有亲，恐见及也。后得言复入者，出无恶，知非君漏言，鱼石不杀山。

冬，十有一月，叔孙侨如会晋士燮、齐高无咎、宋华元、卫孙林父、郑公子鳎、邾娄人，会吴于钟离。

曷为殊会吴？据楚不殊。○燮，息协反。咎，其九反。鳎，音秋。外吴也。曷为外也？据襄五年不外之。《春秋》内其国而外诸夏，内诸夏而外夷狄。内其国者，假鲁以为京师也。诸夏，外土诸侯也。谓之夏者，大总下土言之辞也。不殊楚者，楚始见，所传闻世，尚外诸夏，未得殊也。至于所闻世可得殊，又卓然有君子之行。吴似夷狄差醇，而适见于可殊之时，故独殊吴。○传，直专反。行，下孟反。差醇，初卖反；下音纯。王者欲一乎天下，曷为以外内之辞言之？据大一统。言自近者始也。明当先正京师，乃正诸夏。诸夏正，乃正夷狄，以渐治之。叶公问政于孔子，孔子曰："近者说，远者来。"季康子问政于孔子，孔子曰："政者，正也。子帅以❶正，孰敢不正。"是也。月者，危录之。诸侯既委任

---

❶ "以"，原作"而"，据阮刻本改。

大夫，复命交接夷狄。○叶公，舒涉反，下文同。说，音悦。

许迁于叶。

十有六年，春，王正月，雨木冰。

雨木冰者何？雨而木冰也。何以书？记异也。木者，少阳，幼君大臣之象。冰者，凝阴，兵之类也。冰胁木者，君臣将执于兵之征也。○少，诗召反。

夏，四月，辛未，滕子卒。滕始卒于宣公，日于成公，不名。邾娄始卒于文公，日于襄公，名。俱葬于昭公，是以知滕小。

郑公子喜帅师侵宋。

六月，丙寅，朔，日有食之。是后楚灭舒庸，晋厉公见饿杀尤重，故十七年复食。○复，扶又反。

晋侯使栾黡来乞师。○栾，力官反。黡，於斩反。

甲午，晦。

晦者何？冥也。何以书？记异也。此王公失道，臣代其治，故阴代阳。○冥，亡定反，又亡丁反。治，直吏反。

晋侯及楚子、郑伯战于鄢陵，楚子、郑师败绩。

败者称师，楚何以不称师？据宋公战于泓，败绩称师。○鄢，於晚反，又於建反。泓，乌宏反。**王痍也。王痍者何？伤乎矢也。**时为飞矢所中。○痍，音夷，伤也。所中，丁仲反。**然则何以不言师败绩？**据王痍。**末言尔。**末，无也。无所取于言师败绩也。凡举师败绩，为重众。今亲伤人君，当举伤君为重。以言战，又言败绩，知非诈，当蒙上日也。○为重，于伪反。下"为代公"同。

楚杀其大夫公子侧。

秋，公会晋侯、齐侯、卫侯、宋华元、邾娄人于沙随。不见公。公至自会。

不见公者何？公不见见也。不见见者，恧乞师不得，欲执之。○恧，一睡反。公不见见，大夫执，何以致会？据不得意。扈之会公失序不致。不耻也。曷为不耻？据扈之会公失序耻。公幼也。因公幼杀耻为讳辞，不书行父执者，父不见见已重矣。

公会尹子、晋侯、齐国佐、邾娄人伐郑。

曹伯归自京师。

执而归者名，曹伯何以不名？而不言复归于曹何？据曹伯襄复归于曹。易也。易故末言之，不复举国名。○易，以豉反，注及下同。复，扶又反，下"而复"同。其易奈何？公子喜时在内也。公子喜时在内，则何以易？据本篡喜时也。○喜时，《左传》作"欣时"。公子喜时者，仁人也，内平其国而待之，和平其臣民，令专心于负刍。○令，力呈反。外治诸京师而免之。讼治于京师，解免使来归。其言自京师何？据僖二十八年晋人执卫侯归之于京师，后复归于卫，俱天子所归，不言自京师。不连归问者，嫌自京师天子有力文，言甚易，欲并问力文，与上说喜时错。言甚易也，舍是无难矣。言归自京师者，与内据臣子致公同文，欲言甚易也。舍此所从还，无危难矣。主所以见曹伯归，本据喜时平国反之书，非录京师有力也。执归书者，贤喜时为兄所篡，终无怨心，而复深推精诚，忧免其难，非至仁莫能行之，故书起其功也。○舍是，音捨，注同，下传"舍臣"放此。无难，乃旦反，注同。

九月，晋人执季孙行父，舍之于招丘。

执未有言舍之者，此其言舍之何？仁之也。曰在招丘，悕矣。悕，悲也。仁之者，若曰在招丘，可悲矣。闵录之辞。○招丘，章遥反，又上饶反，二传作"茖丘"。悕，音希，悲也。执未有言仁之者，此其言仁之何？代公执也。其代公执奈何？前此者，晋人来乞师而不与。不书者，不与无恶。公会晋侯，会沙随也。将执公。季孙行父曰："此臣之罪也。"于是执季孙行父。成公将会晋厉公，谓上伐郑也。言谥者，别婴齐所请也。明言公会晋侯者，婴齐所请事也，故下与婴齐传合同。○别，彼列反。会不当期，将执公。季孙行父曰："臣有罪，执其君；子有罪，执其父，此听失之大者也，今此臣之罪也，舍臣之身，而执臣之君，吾恐听失之，为宗庙羞也。"于是执季孙行父。善其过则称己，美则称君，累代公执，在危殆之地。故地言舍，而月之者，痛伤忠臣不得其所。为代公执不称行人者，在君侧，非出使。○出使，所吏反。

冬，十月，乙亥，叔孙侨如出奔齐。

十有二月，乙丑，季孙行父及晋郤州盟于扈。行父执释不致者，举公至为重。

公至自会。

乙酉，刺公子偃。

十有七年，春，卫北宫结率师侵郑。

夏，公会尹子、单子、晋侯、齐侯、宋公、卫侯、曹伯、邾娄人伐郑。

六月，乙酉，同盟于柯陵。○柯，古河反。

秋，公至自会。

齐高无咎出奔莒。

九月，辛丑，用郊。

用者何？用者不宜用也。九月，非所用郊也。周之九月，夏之七月，天气上升，地气下降，又非郊时，故加用之。**然则郊曷用？郊用正月上辛。**鲁郊博卜春三月，言正月者，因见百王正所当用也。三王之郊，一用夏正。言正月者，《春秋》之制也；正月者岁首，上辛尤始新，皆取其首先之意。日者，明用辛例，不郊则不日。○因见，贤遍反，下同。**或曰用然后郊。**或曰：用者，先有事，存后稷神名也。晋人将有事于河，必先有事于恶池。齐人将有事于泰山，必先有事于蜚林。鲁人将有事于天，必先有事于泮宫。九月郊尤悖礼，故言用，小大尽讥之，以不郊乃讥三望，知郊不得讥小也。又夕牲告牷后稷，当在日上，不得在日下。○恶，如字，又火吴反。池，如字，又大河反。蜚，芳尾反，又音配。泮，音判，本又作"郊"。牷，音全。

晋侯使荀罃来乞师。○罃，乙耕反。

冬，公会单子、晋侯、宋公、卫侯、曹伯、齐人、邾娄人伐郑。

十有一月，公至自伐郑。月者，方正下壬申，故月之。

壬申，公孙婴齐卒于狸轸。

非此月日也，曷为以此月日卒之？据下丁巳朔，知壬申在十月。○狸，力之反。轸，之忍反，《左氏》作"脤"，《穀梁》作"蜃"。**待君命然后卒大夫。曷为待君命然后卒大夫？**据昭公出奔卒叔孙舍。**前此者，婴齐走之晋。不**

书者，以为公请除出奔之罪也。○为，于伪反，下文"为公"同。**公会晋侯，将执公。婴齐为公请，公许之，反为大夫。归至于貍轸而卒。**十月壬申日。貍轸，鲁地。**无君命，不敢卒大夫。**国人未被君命，不敢使从大夫礼。**公至，**十一月至是也。**曰："吾固许之反为大夫。"**许反为大夫，即受命矣。**然后卒之。**善其不敢自专，故引其死日下就公至月卒之，起其事，所以激当世之骄臣。○激，古狄反。

十有二月，丁巳，朔，日有食之。

邾娄子貜且卒。○貜且，俱缚反；下子余反。

晋杀其大夫郤锜、郤州、郤至。

楚人灭舒庸。舒庸，东夷。道吴围巢。

十有八年，春，王正月，晋杀其大夫胥童。

庚申，晋弑其君州蒲。日者，二月庚申日。上系于正月者，起正月见幽，二月庚申日死也。厉公猥杀四大夫，臣下人人恐见及，以致此祸，故日起其事，深为有国者戒也。

齐杀其大夫国佐。

公如晋。

夏，楚子、郑伯伐宋。

宋鱼石复入于彭城。不书叛者，楚为鱼石，伐宋取彭城以封之。本受于楚，非得于宋，故举伐于上，起其意也。楚以封鱼石，复本系于宋。言复入者，不与楚专封，故从犯君录之。主书者，起其专封。○复入，扶又反，注同。为，于伪反，下"为失❶"同。

---

❶ "失"，原作"宋"，据阮刻本改。

公至自晋。

晋侯使士匄来聘。匄，古害反。

秋，杞伯来朝。

八月，邾娄子来朝。

筑鹿囿。

何以书？讥。何讥尔？有囿矣，又为也。刺奢泰妨民。天子囿方百里，公侯十里，伯七里，子、男五里，皆取一也。○鹿囿，音又。

己丑，公薨于路寝。

冬，楚人、郑人侵宋。

晋侯使士彭来乞师。○士彭，二传作"士鲂"，襄十二年同。

十有二月，仲孙蔑会晋侯、宋公、卫侯、邾娄子、齐崔杼同盟于虚朾。不日者，时欲行义，为宋诛鱼石，故善而为信辞，或丧盟略。○杼，直吕反。虚朾，起鱼反；下敕丁反。

丁未，葬我君成公。

《春秋公羊》卷第八

经传叁阡叁伯捌拾壹字
注肆阡叁伯叁拾伍字
音义壹阡玖拾柒字
仁仲比校讫

卷
九

襄公第九

元年，春，王正月，公即位。

仲孙蔑会晋栾黡、宋华元、卫甯殖、曹人、莒人、邾娄人、滕人、薛人围宋彭城。

宋华元曷为与诸侯围宋彭城？据晋赵鞅以地正国，加叛文。今此无加叛文，故问之。○殖，市力反。为宋诛也。故华元无恶文。○为宋，于伪反，下"为宋""楚为"并注同。其为宋诛奈何？鱼石走之楚，楚为之伐宋，取彭城以封鱼石。鱼石之罪奈何？以入是为罪也。说在成十八年。书者，善诸侯为宋诛。虽不能诛，犹有屈强臣之功❶。楚已取之矣，曷为系之宋？据莒人伐杞取牟娄，后莒牟夷以牟娄来奔，不系杞。不与诸侯专封也。故夺系于宋，使若宋邑者。楚救不书者，从封内兵也。

夏，晋韩屈帅师伐郑。

仲孙蔑会齐崔杼、曹人、邾娄人、杞人次于合。刺欲救宋而后不能也。知不救郑者，时郑背中国，不能救不得刺。○于合，二传作"鄑"。背，音佩。

---

❶ "功"，原作"助"，据阮刻本校勘记改。

秋，楚公子壬夫帅师侵宋。

九月，辛酉，天王崩。

邾娄子来朝。

冬，卫侯使公孙剽来聘。○剽，匹妙反。

晋侯使荀莹来聘。

二年，春，王正月，葬简王。

郑师伐宋。

夏，五月，庚寅，夫人姜氏薨。

六月，庚辰，郑伯睔卒。不书葬者，讳伐丧。○睔，古困反。

晋师、宋师、卫甯殖侵郑。

秋，七月，仲孙蔑会晋荀莹、宋华元、卫孙林父、曹人、邾娄人于戚。

己丑，葬我小君齐姜。

齐姜者何？齐姜与缪姜，则未知其为宣夫人与？成夫人与？齐姜者，宣公夫人。九年缪姜者，成公夫人也。传家依违者，襄公服缪姜丧，未逾年，亲自伐郑，有恶，故传从内义，不正言也。○缪，音穆。人与，音余，下同。

叔孙豹如宋。

冬，仲孙蔑会晋荀莹、齐崔杼、宋华元、卫孙林父、曹人、邾娄人、滕人、薛人、小邾娄人于戚，遂城虎牢。

虎牢者何？郑之邑也。以下成系郑。其言城之何？据外城邑不书。取之也。取之则曷为不言取之？据取牟娄。

为中国讳也。曷为为中国讳❶？○为中，于伪反，下及注并下文"郑为"皆同。讳伐丧也。曷为不系乎郑？为中国讳也。大夫无遂事，此其言遂何？归恶乎大夫也。使若大夫自生事取之者，即实遂，但当言取之。

楚杀其大夫公子申。

三年，春，楚公子婴齐帅师伐吴。

公如晋。

夏，四月，壬戌，公及晋侯盟于长樗。○樗，敕居反。

公至自晋。盟地者，不于都也。以晋致者，上盟不于都，嫌如晋不得入，故以晋致起之。不别盟得意者，成公比失意于晋，公独得容盟，得意亦可知。○别，彼列反。

六月，公会单子、晋侯、宋公、卫侯、郑伯、莒子、邾娄子、齐世子光。己未，同盟于鸡泽。盟下日者，信在世子光也。陈侯使袁侨如会。

其言如会何？据曹伯襄言会诸侯，鄫子言会盟。○侨，其骄反。后会也。不直言会盟者，时诸侯不亲与袁侨盟，又下方殊及之。

戊寅，叔孙豹及诸侯之大夫，及陈袁侨盟。

曷为殊及陈袁侨？据俱诸侯之大夫也。言之大夫者，辟诸侯与大夫皆盟。为其与袁侨盟也。陈、郑，楚之与国，陈侯有慕中国之心，有疾，使大夫会，诸侯欲附疏，不复备

---

❶ "中国讳"下原衍"据莒伐杞取牟娄不为中国讳"十二字，据阮刻本校勘记删。

责，遂与之盟，共结和亲，故殊之，起主为与袁侨盟也。复出陈者，喜得陈国也。不重出地，有诸侯在，臣系君，故因上地。○为其，于伪反，注同。不复，扶又反，下同。重，直用反。

秋，公至自会。

冬，晋荀䓨帅师伐许。

四年，春，王三月，己酉，陈侯午卒。

夏，叔孙豹如晋。

秋，七月，戊子，夫人弋氏薨。○弋氏，以职反，莒女也，《左氏》作"姒氏"。

葬陈成公。

八月，辛亥，葬我小君定弋。

定弋者何？襄公之母也。定弋，莒女也。襄公者，成公之妾子。○定弋，《左氏》作"定姒"。

冬，公如晋。

陈人围顿。

五年，春，公至自晋。

夏，郑伯使公子发来聘。

叔孙豹、鄫世子巫如晋。

外相如不书，此何以书？据晋郤克与臧孙许同时而聘于齐，不书。○巫，丘扶反。**为叔孙豹率而与之俱也。**以不殊鄫世子，俱言如也。○为，于伪反。**叔孙豹则曷为率而与之俱？**据非内大夫。**盖舅出也。**巫者，鄫前夫人、襄公母姊妹之子也，俱莒外孙，故曰舅出。**莒将灭之，故相与往殆乎晋也。**殆，疑。疑谮于晋，齐人语。○疑谮，鱼竭反。**莒将灭之，则曷为相与往殆乎晋？**据当以兵救之。**取后乎莒也。其取后乎莒奈何？莒女有为鄫夫人者，盖欲立其出也。**时莒女嫁为鄫后夫人，夫人无男有女，还嫁之于莒，有外孙。鄫子爱后夫人而无子，欲立其外孙，主书❶者善之。得为善者，虽扬父之恶，救国之灭者可也。

仲孙蔑、卫孙林父会吴于善稻。不殊卫者，晋侯欲会吴于戚，使鲁卫先通好，见使卑❷故不殊，盖起所耻。○善稻，《左氏》作"善道"。好，呼报反。

秋，大雩。先是襄公数用兵，围彭城，城虎牢。三年再会，四年如晋，逾年乃反。又赋敛重，恩泽不施之所致。○数，所角反。敛，力验反。

楚杀其大夫公子壬夫。

公会晋侯、宋公、陈侯、卫侯、郑伯、曹伯、莒子、邾娄子、滕子、薛伯、齐世子光、吴人、鄫人于戚。

吴何以称人？据上善稻之会不称人。**吴鄫人云则不辞。**孔子曰："言不顺，则事不成。"方以吴抑鄫，国列在称人上，不以顺辞，故进吴称人。所以抑鄫者，经书莒人灭鄫，文❸与巫诉，巫当存，恶鄫文不见，见恶必以吴者，夷狄尚知父死子继，故以甚鄫也。等不使鄫称国者，鄫不如夷狄，故不得与夷狄同文。○恶鄫，乌路反。不见，贤遍反。

公至自会。

---

❶ "书"，原作"者"，据阮刻本校勘记改。
❷ "卑"，原作"畀"，据武英殿本改。
❸ "文"，原作"又"，据阮刻本改。

292

冬，戍陈。

孰戍之？诸侯戍之。曷为不言诸侯戍之？据下救陈言诸侯。离至不可得而序，离至，离别前后至也。陈坐欲与中国，被强楚之害，中国宜杂然同心救之，乃解怠前后至，故不序，以刺中国之无信。○杂然，七合反，又如字，十年注同。解，古卖反。故言我也。言我者，以鲁至时书，与鲁微者同文。微者同文者，使若城楚丘，辟鲁独戍之。戍例时。

楚公子贞帅师伐陈。

公会晋侯、宋公、卫侯、郑伯、曹伯、莒子、邾娄子、滕子、薛伯、齐世子光救陈。十有二月，公至自救陈。

辛未，季孙行父卒。

六年，春，王三月，壬午，杞伯姑容卒。始卒，更①名日书葬者，新黜未忍便略也。

夏，宋华弱来奔。

秋，葬杞桓公。

滕子来朝。

莒人灭鄫。莒称人者，莒公子，鄫外孙。称人者，从莒无大夫也。言灭者，以异姓为后，莒人当坐灭也。不月者，取后于莒，非兵灭。

冬，叔孙豹如邾娄。

季孙宿如晋。

十有二月，齐侯灭莱。

---

❶ "更"，原作"便"，据阮刻本改。

曷为不言莱君出奔？据谭子言奔。○曷为，于伪反。国灭，君死之，正也。明国当存。不书杀莱君者，举灭国为重。○重，直用反。

七年，春，郯子来朝。○郯，音谈。

夏，四月，三卜郊，不从，乃免牲。

小邾娄子来朝。

城费。○费，音秘。

秋，季孙宿如卫。

八月，螽。先是郯、小邾娄来朝，有宾主之赋，加以城费，季孙宿如卫，烦扰之应。○螽，音终，一音钟。

冬，十月，卫侯使孙林父来聘。壬戌，及孙林父盟。

楚公子贞帅师围陈。

十有二月，公会晋侯、宋公、陈侯、卫侯、曹伯、莒子、邾娄子于鄬。○鄬，于委反，《字林》：凡吹反。郑伯髡原如会，未见诸侯。丙戌，卒于操。

操者何？郑之邑也。诸侯卒其封内不地，此何以地？据陈侯鲍卒不地。○髡原，苦门反，《左氏》作"髡顽"。操，七报反，一音七南反，《左氏》作"鄵"。隐之也。何隐尔？弑也。孰弑之，其大夫弑之。曷为不言其大夫弑之？据郑公子归生弑其君夷书。○杀也，音试，下及注皆同。为中国讳也。曷为为中国讳？据归生弑君，不为中国讳。○为中，于伪反，下及注皆同。郑伯将会诸侯于鄬，其大夫谏曰："中国不足归也，则不若与楚。"郑伯曰："不可。"其大夫曰："以中国为义，则伐我丧。"据城虎牢事。以中国为强，则不若楚。言楚属围陈，不能救。○属，

音烛。于是弑之。弑❶由中国无义，故深讳使若自卒。○弑
由，音祸。**郑伯髡原何以名？**据陈侯如会不名。**伤而反，未
至乎舍而卒也。**舍，昨日所舍止处也。以操郑邑，知伤而反
也。未见诸侯，尚往辞，知未至舍也。云尔者，古者保辜，诸
侯卒名，故于如会名之，明如会时为大夫所伤，以伤辜死也。
君亲无将，见辜者，辜内当以弑君论之，辜外当以伤君论之。
○处，昌虑反。见辜，贤遍反。**未见诸侯，其言如会何？致
其意也。**郑伯欲与中国，意未达而见弑，故养遂而致之，所
以达贤者之心。

陈侯逃归。起郑伯欲与中国，卒逢其祸，诸侯莫有恩痛
自疾之心，于是惧，然后逃归，故书以刺中国之无义。加逃
者，抑陈侯也。孔子曰："夷狄之有君，不如诸夏之亡。"不
当背也。○背，音佩。

八年，春，王正月，公如晋。月者，起鄬之会，郑伯
以弑，陈侯逃归，公独修礼于大国，得自安之道，故善录之。
○以杀，音试。

夏，葬郑僖公。

贼未讨，何以书葬？为中国讳也。探顺上事，使若无
贼然。不月者，本实当去葬责臣子，故不足也。○为中，于伪
反。去，起吕反。

郑人侵蔡，获蔡公子燮。

此侵也，其言获何？据宋师败绩，获宋华元，战乃言
获也。○燮，素协反。**侵而言获者，适得之也。**时适遇，值

---

❶ "弑"，原作"祸"，据阮刻本改。

其不备获得之，易，不言取之者，封内兵不书，嫌如子纠取一人，故言获，起有兵也。又将兵御难，不明候伺，虽不战斗，当坐获。○易，以豉反。难，乃旦反。伺，音司，又息嗣反。

季孙宿会晋侯、郑伯、齐人、宋人、卫人、邾娄人于邢丘。○邢，音刑。

公至自晋。

莒人伐我东鄙。

秋，九月，大雩。由城费，公比出会如晋，莒人伐我，动扰不恤民之应。

冬，楚公子贞帅师伐郑。

晋侯使士匄来聘。

九年，春，宋火。

曷为或言灾？或言火？大者曰灾，小者曰火。大者谓正寝❶、社稷、宗庙、朝廷也，下此则小矣。灾者，离本辞，故可以见大❷。○宋火，二传作"宋灾"。离，力智反。见，贤遍反。然则内何以不言火？据西宫灾不言火。内不言火者，甚之也。《春秋》以内为天下法，动作当先自克责，故小有火，如大有灾。何以书？记灾也。外灾不书，此何以书？为王者之后记灾也。是时周乐已毁，先圣法度浸疏远不用之应。○为王，于伪反。浸，子鸩反。

夏，季孙宿如晋。

五月，辛酉，夫人姜氏薨。

---

❶ "寝"，原作"侵"，据阮刻本改。
❷ "大"，原作"火"，据阮刻本校勘记改。

秋，八月，癸未，葬我小君缪姜。

冬，公会晋侯、宋公、卫侯、曹伯、莒子、邾娄子、滕子、薛伯、杞伯、小邾娄子、齐世子光伐郑。十有二月，己亥，同盟于戏。事连上伐，不致者，恶公服缪姜丧未逾年，而亲伐郑，故夺臣子辞。○戏，许宜反，恶，乌路反。

楚子伐郑。

十年，春，公会晋侯、宋公、卫侯、曹伯、莒子、邾娄子、滕子、薛伯、杞伯、小邾娄子、齐世子光会吴于相。○相，庄加反。

夏，五月，甲午，遂灭偪阳。○偪；音福，又彼力反。公至自会。灭日者，甚恶诸侯不崇礼义以相安，反遂为不仁，开道强夷灭中国。中国之祸，连蔓日及，故疾录之。灭比❶于取邑，例不当书致❷。书致者，深讳，使若公与上会，不与下灭。○恶，乌路反。道，音导。蔓，音万。公与，音预，下同。

楚公子贞、郑公孙辄帅师伐宋。

晋师伐秦。

秋，莒人伐我东鄙。

公会晋侯、宋公、卫侯、曹伯、莒子、邾娄子、齐世子光、滕子、薛伯、杞伯、小邾娄子伐郑。

冬，盗杀郑公子斐、公子发、公孙辄。不言其大夫者，降从盗，故与盗同文。○斐，芳尾反，《左氏》作"騑"。

---

❶ "比"，原作"止"，据阮刻本改。
❷ "致"，原作"晋"，据阮刻本校勘记改。

戍郑虎牢。

孰戍之？诸侯戍之。曷为不言诸侯戍之？离至不可得而序，故言我也。刺诸侯既取虎牢以为蕃蔽，不能杂然同心安附之。○为蕃，方元反。诸侯已取之矣，曷为系之郑？据莒牟夷以牟娄来奔，本杞之邑，不系于杞。诸侯莫之主有，故反系之郑。诸侯本无利虎牢之心，欲共以距楚尔，无主有之者，故不当坐取邑，故反系之郑，见其意也。所以见之者，上讳伐丧不言取，今刺戍之舒缓，嫌于义反，故正之云尔。○诸侯莫之主有，绝句。见其，贤遍反，下同。

楚公子贞帅师救郑。

公至自伐郑。

十有一年，春，王正月，作三军。

三军者何？三卿也。为军置三卿官也。卿大夫爵号。大同小异。方据上卿道中下，故总言三卿。○为军，于伪反，年末同。作三军，何以书？欲问作多书乎？作少书乎？故复全举句以问之。○复，扶又反。讥。何讥尔？古者上卿下卿，上士下士。说古制司马官数。古者诸侯有司徒、司空，上卿各一，下卿各二；司马事省，上下卿各一；上士相上卿，下士相下卿，足以为治。襄公委任强臣，国家内乱，兵革四起，军职不共，不推其原，乃益司马，作中卿官，逾王制，故讥之。言军者，本以军数置之。月者，重录之。○省，所景反。相上，息亮反，下同。治，直吏反。共，音恭。

夏，四月，四卜❶郊，不从，乃不郊。成公下文不致此

---

❶ "卜"，原作"十"，据阮刻本改。

致者，襄公但不免牲尔。不怨怼，无所起。○怼，直类反。

郑公孙舍之帅师侵宋。

公会晋侯、宋公、卫侯、曹伯、齐世子光、莒子、邾娄子、滕子、薛伯、杞伯、小邾娄子伐郑。

秋，七月，己未，同盟于京城北。○京城北，《左氏》作"亳城北"。

公至自伐郑。

楚子、郑伯伐宋。

公会晋侯、宋公、卫侯、曹伯、齐世子光、莒子、邾娄子、滕子、薛伯、杞伯、小邾娄子伐郑，会于萧鱼。

此伐郑也，其言会于萧鱼何？据伐郑常难，今有详录之文。○难，乃旦反。盖郑与会尔。中国以郑故，三年之中五起兵，至是乃服，其后无干戈之患二十余年，故喜而详录其会，起得郑为重。○与，音预。

公至自会。

楚人执郑行人良霄。○霄，音消。

冬，秦人伐晋。为楚救郑。

十有二年，春，王三月，莒人伐我东鄙，围台。

邑不言围，此其言围何？伐而言围者，取邑之辞也。伐而不言围者，非取邑之辞也。外取邑有嘉恶当书，不直言取邑者，深耻中国之无信也。前九年伐得郑，同盟于戏。楚伐郑不救，卒为郑所背，中国以弱，蛮荆以强，兵革亟作。萧鱼之会，服郑最难，不务长和亲，复相贪犯，故讳而言围以起之。月者，加责之。○台，他来反，又音台。背，音佩。亟，去冀反。难，乃旦反。长，丁丈反。

季孙宿帅师救台，遂入运。入运者，讨叛也。封内兵书者，为遂举。讨叛恶遂者，得而不取，与不讨同，故言入起其事。

大夫无遂事，此其言遂何？公不得为政尔。时公微弱，政教不行，故季孙宿遂取郓以自益其邑。

夏，晋侯使士彭来聘。

秋，九月，吴子乘卒。至此卒者，与中国会同，本在楚后，贤季子，因始卒其父，是后亦欲见其迭为君。卒皆不日，吴远于楚。○迭，大结反。

冬，楚公子贞帅师侵宋。

公如晋。

十有三年，春，公至自晋。

夏，取诗。

诗者何？邾娄之邑也。曷为不系乎邾娄？讳亟也。讳背萧鱼之会亟。○取诗，二传作"邿"。亟，去冀反，注同。背，音佩。

秋，九月，庚辰，楚子审卒。

冬，城防。

十有四年，春，王正月，季孙宿、叔老会晋士匄、齐人、宋人、卫人、郑公孙囆、曹人、莒人、邾娄人、滕人、薛人、杞人、小邾娄人，会吴于向。月者，危刺诸侯委任大夫交会强夷，臣日以强，三年之后，君若赘旒然。○囆，敕迈反，二传作"虿"。向，舒亮反。缀流，知锐反，又作丁悦反，一本作"赘旒"。

二月，乙未，朔，日有食之。是后卫侯为强臣所逐出奔。溴梁之盟，信在大夫。

夏，四月，叔孙豹会晋荀偃、齐人、宋人、卫北宫结、郑公孙囆、曹人、莒人、邾娄人、滕人、薛人、杞人、小邾娄人伐秦。

己未，卫侯衎出奔齐。日者，为孙氏、甯氏所逐，后甯氏复纳之，出纳之者同，当相起，故独日也。不书孙、甯逐君者，举君绝为重，见逐说在二十七年。○复，扶又反。

莒人侵我东鄙。

秋，楚公子贞帅师伐吴。

冬，季孙宿会晋士匄、宋华阅、卫孙林父、郑公孙囆、莒人、邾娄人于戚。○阅，音悦。

十有五年，春，宋公使向戌来聘。○戌，音恤。二月，己亥，及向戌盟于刘。

刘夏逆王后于齐。

刘夏者何？天子之大夫也。刘者何？邑也。其称刘何？据宰渠伯纠系官。○刘夏，户雅反。以邑氏也。诸侯入为天子大夫，不得氏国，称本爵，故以所受采邑氏，称子。所谓采者，不得有其土地人民，采取其租税尔。《礼记·王制》曰："天子三公之田视公侯，卿视伯，大夫视子男，元士视附庸。"称子者，参见义。顾为天子大夫，亦可以见诸侯不生名，亦可以见爵，亦可以见大夫称，传曰"天子大夫"是也。不称刘子而名者，礼，逆王后当使三公，故贬去大夫，明非礼也。○采邑，七代反，下"谓采"同。租税，子奴反；下舒锐反。见义，贤遍反，下同。大夫称，尺证反。去，起吕反。外逆女不书，此何以书？过我也。明鲁当共送迎之礼。○过，古禾反。共，音恭。

夏，齐侯伐我北鄙，围成。俱犯萧鱼。此不月，十二年
月者，疾始可知。**公救成，至遇。**

其言至遇何？据季孙宿救台，不言所至。**不敢进也。**兵
不敌，不敢进也。不言止次，如公次于郎以刺之者，量力不责
重民也，故与至携同文。封内兵书者，为不进张本。○携，户
圭反，又囚兖反。为，于伪反。

季孙宿、叔孙豹帅师城成郛。○郛，芳夫反。

秋，八月，丁巳，日有食之。是后溴梁之盟，信在大
夫，齐、蔡、莒、吴、卫之祸，遍满天下。

邾娄人伐我南鄙。

冬，十有一月，癸亥，晋侯周卒。○周，一本作
"雕"。

十有六年，春，王正月，葬晋悼公。

三月，公会晋侯、宋公、卫侯、郑伯、曹伯、莒子、
邾娄子、薛伯、杞伯、小邾娄子于溴梁。○溴❶，本又作
"昊"❷，古阒反。戊寅，大夫盟。

诸侯皆在是，其言大夫盟何？据葵丘之盟诸侯皆在，
有大夫，不言大夫盟。信在大夫也。故书大夫盟，不言诸
侯之大夫者，起信在大夫。何言乎信在大夫？据上三年戊
寅不起。偏刺天下之大夫也。曷为偏刺天下之大夫？据
戊寅不刺之。○偏刺，音遍，下及下注同。君若赘旒然。

---

❶ "溴"，原作"昊"，据阮刻本改。
❷ "昊"，原作"溴"，据阮刻本改。

旒，旂旒。赘，系属之辞，若今俗名就婿为赘婿矣。以旂旒
喻者，为下所执持东西。旒者，其数名。《礼记·玉藻》
曰：“天子旂十有二旒，诸侯九，卿大夫七，士五。”不言
诸侯之大夫者，明所刺者非但会上大夫，并遍刺天下之大
夫。不殊内大夫者，欲一其文，见恶同也。至此所以遍刺之
者，萧鱼之会，服郑最难，诸侯劳倦，莫肯复出，而大夫
常行，三委于臣而君遂失权，大夫故得信在，故孔子曰：
“唯器与名，不可以假人。”不重出地者，与三年鸡泽大夫
盟同义。○赘，章锐反，本又作“缀”，丁卫反，又丁劣
反，系属也。旒，音留，本又作“流”，旌旗之旒。属，
音烛。见恶，贤遍反。难，乃旦反。复，扶又反。重，直
用反。

晋人执莒子、邾娄子以归。录以归者，甚恶晋。有罪无
罪，皆当归京师，不得自治之。○恶，乌路反。

齐侯伐我北鄙。

夏，公至自会。

五月，甲子，地震。是时溴梁之盟，政在臣下，其后
叛臣二，弑君五，楚灭舒鸠，齐侯袭莒，乖离出奔，兵事
最甚。

叔老会郑伯、晋荀偃、卫甯殖、宋人伐许。

秋，齐侯伐我北鄙，围成。

大雩。先是伐许，齐侯围成，动民之应。

冬，叔孙豹如晋。

十有七年，春，王二月，庚午，邾娄子瞷卒。○瞷，
音闲，或下奸反，《左氏》作“牼”。

宋人伐陈。

夏，卫石买帅师伐曹。

秋，齐侯伐我北鄙，围洮。○洮，他刀反，《左氏》作"桃"。

齐高厚帅师伐我北鄙，围防。

九月，大雩。比年仍见围，不暇恤民之应。

宋华臣出奔陈。

冬，邾娄人伐我南鄙。

十有八年，春，白狄来。

白狄者何？夷狄之君也。何以不言朝？不能朝也。○言朝，直遥反，下同。

夏，晋人执卫行人石买。

秋，齐师伐我北鄙。

冬，十月，公会晋侯、宋公、卫侯、郑伯、曹伯、莒子、邾娄子、滕子、薛伯、杞伯、小邾娄子同围齐。曹伯负刍卒于师。

楚公子午帅师伐郑。

十有九年，春，王正月，诸侯盟于祝阿。下有执，不日者，善同伐齐，故褒与信辞。○祝阿，二传作"祝柯"。晋人执邾娄子，公至自伐齐。

此同围齐也，何以致伐？据诸侯围许致围。未围齐也。故致伐起。未围齐，则其言围齐何？抑齐也。曷为抑齐？据侵蔡伐楚犹不抑。为其亟伐也。或曰为其骄蹇，使其世子处乎诸侯之上也。以下葬略，或说是也。亟伐者，并数尔。加围者，明当从灭死二等，夺其爵土。○为其，于伪反，下同。亟，去冀反，注同。骄❶寨，纪桥反，本又作"桥"❷；下纪辇反。并数，必政反；下所主反，下"数年"同。

取邾娄田，自漷水。

其言自漷水何？据齐人取济西田，不言自济水。○漷，火虢反，徐音郭。取济，子礼反，下同。**以漷为竟也。何言乎以漷为竟？** 据取邑未尝道竟界。**漷移也。** 鲁本与邾娄以漷为竟，漷移入邾娄界，鲁随而有之。诸侯土地，本有度数，不得随水。随水有之，当坐取邑，故云尔。

季孙宿如晋。

葬曹成公。

夏，卫孙林父帅师伐齐。

秋，七月，辛卯，齐侯瑷卒。○瑷，于眷反，一音环，二传作"环"。

晋士匄帅师侵齐，至穀，闻齐侯卒，乃还。

还者何？善辞也。何善尔？大其不伐丧也。此受命乎君而伐齐，则何大乎其不伐丧？ 据公子买戍卫不卒戍，言戍卫遂公意。**大夫以君命出，进退在大夫也。** 礼，兵不从中御外，临事制宜，当敌为师，唯义所在。士匄闻齐侯卒，引师而去，恩动孝子之心，义服诸侯之君，是后兵寝数年，故起时善之。言乃者，士匄有难重废君命之心，故见之。言至穀者，未侵齐也。言闻者，在竟外。举侵者，张本。○难，乃旦反。

---

❶ "骄"，原作"憍"，据阮刻本改。
❷ "桥"，原作"骄"，据阮刻本改。

见，贤遍反。

八月，丙辰，仲孙蔑卒。

齐杀其大夫高厚。

郑杀其大夫公子喜。○喜，二传作"嘉"。

冬，葬齐灵公。不月者，抑其父，嫌子可得无过，故夺臣子恩，明光代父从政，处诸侯之上，不孝也。

城西郛。言西郛者，据都城录道东西。

叔孙豹会晋士匄于柯。○柯，古河反。

城武城。

二十年，春，王正月，辛亥，仲孙遬会莒人盟于向。○遬，音速。

夏，六月，庚申，公会晋侯、齐侯、宋公、卫侯、郑伯、曹伯、莒子、邾娄子、滕子、薛伯、杞伯、小邾娄子盟于澶渊。○澶，市然反。

秋，公至自会。

仲孙遬帅师伐邾娄。

蔡杀其大夫公子爕。

蔡公子履出奔楚。

陈侯之弟光出奔楚。为二庆所谮，还在二十三年。○弟光，《左氏传》作"弟黄"。

叔老如齐。

冬，十月，丙辰，朔，日有食之。自溴梁之盟，臣恣日甚，故比年日食。

季孙宿如宋。

二十有一年，春，王正月，公如晋。月者，溴梁之盟后，中国方乖离，善公独能与大国。

邾娄庶其以漆、闾丘来奔。

邾娄庶其者何？邾娄大夫也。邾娄无大夫，此何以书？据快无氏。○漆，音七。闾，力於反。快，苦夬反。**重地也。**恶受❶叛臣邑，故重而书之。不言叛者，举地言奔，则鲁坐受，与庶其叛，两明，故省文也。○恶，乌路反。

夏，公至自晋。

秋，晋栾盈出奔楚。

九月，庚戌，朔，日有食之。

冬，十月，庚辰，朔，日有食之。

曹伯来朝。

公会晋侯、齐侯、宋公、卫侯、郑伯、曹伯、莒子、邾娄子于商任。○任，音壬。

十有一月，庚子，孔子生。时岁在己卯。○庚子孔子生，传文上有十月庚辰，此亦十月也；一本作"十一月庚子"，又本无此句。

二十有二年，春，王正月，公至自会。月者，危公。前强随溙有邾娄地，又受其叛臣邑，而今与会，不于上会月者，与日食同月，不得复见。○与，音预。见，贤遍反。

夏，四月。

秋，七月，辛酉，叔老卒。

冬，公会晋侯、齐侯、宋公、卫侯、郑伯、曹伯、莒子、邾娄子、滕子、薛伯、杞伯、小邾娄子于沙随。公至

---

❶ "受"下原有"人"字，据阮刻本删。

自会。

楚杀其大夫公子追舒。

二十有三年，春，王二月，癸酉，朔，日有食之。

三月，己巳，杞伯匄卒。○匄，古害反。

夏，邾娄鼻我来奔。

邾娄鼻我者何？邾娄大夫也。邾娄无大夫，此何以书？以近书也。以奔无他义，知以治近升平书也。所传闻世，见治始起，外诸夏，录大略小，大国有大夫，小国略称人；所闻之世，内诸夏，治小如大，廪廪近升平，故小国有大夫，治之渐也。见于邾娄者，自近始也。独举一国者，时乱实未有大夫，治乱不失其实，故取足张法而已。○鼻我，二传作"畀我"。以治，直吏反。下"见治""治之渐"同。近升平，附近之近，下"近升"同。传，直专反。见治，贤遍反，下同。

葬杞孝公。

陈杀其大夫庆虎及庆寅。

陈侯之弟光，自楚归于陈。前为二庆所谮，出奔楚，楚人治其罪，陈人诛二庆，反❶光，故言归。宋大夫山谮华元贬，此不贬者，杀二庆而光归，谮光可知。○谮，侧鸩反。

晋栾盈复入于晋，入于曲沃。

曲沃者何？晋之邑也。其言入于晋，入于曲沃何？据当举重。○复入，扶又反，注同。栾盈将入晋，晋人不纳，由乎曲沃而入也。栾盈本欲入晋篡大夫位，晋人不纳，更入于曲沃，得其士众以入晋国，曲沃大夫当坐，故复言入。篡大

---

❶ "反"，原作"及"，据阮刻本改。

夫位例时。

秋，齐侯伐卫，遂伐晋。八月，叔孙豹帅师救晋，次于雍渝。

曷为先言救而后言次？据次于聶北救邢。○渝，羊朱反，《左氏》作"榆"。聶，女辄反。先通君命也。恶其不遂君命而专止次，故先通君命言救。○恶，乌路反。

己卯，仲孙邀卒。

冬，十月，乙亥，臧孙纥出奔邾娄。○纥，恨发反。

晋人杀栾盈。

曷为不言杀其大夫？据篡得大夫之位。非其大夫也。明非君所置，不得为大夫。无大夫文而杀之称人者，从讨贼辞，大其除乱也。

齐侯袭莒。

二十有四年，春，叔孙豹如晋。

仲孙羯帅师侵齐。○仲孙偈，本又作"褐"，亦作"羯"，同，居谒反。

夏，楚子伐吴。

秋，七月，甲子，朔，日有食之。既。是后楚灭舒鸠，齐崔杼、卫甯喜弑其君。

齐崔杼帅师伐莒。

大水。前此叔孙豹救晋，仲孙羯侵齐，比❶兴师众，民怨之所生。

八月，癸巳，朔，日有食之。与甲子同。

---

❶ "比"，原作"此"，据阮刻本校勘记改。

公会晋侯、宋公、卫侯、郑伯、曹伯、莒子、邾娄子、滕子、薛伯、杞伯、小邾娄子于陈仪。○陈仪，二传作"夷仪"，二十五年同。

冬，楚子、蔡侯、陈侯、许男伐郑。

公至自会。

陈鍼宜咎出奔楚。○咸，本又作"鍼"，其廉反。咎，其九反。

叔孙豹如京师。

大饥。有死伤曰大饥，无死伤曰饥。

二十有五年，春，齐崔杼帅师伐我北鄙。

夏，五月，乙亥，齐崔杼弑其君光。

公会晋侯、宋公、卫侯、郑伯、曹伯、莒子、邾娄子、滕子、薛伯、杞伯、小邾娄子于陈仪。

六月，壬子，郑公孙舍之帅师入陈。日者，陈、郑俱楚之与国，今郑背楚入陈，明中国当忧助郑以离楚弱陈，故为中国忧录之。○背，音佩。为，于伪反。

秋，八月，己巳，诸侯同盟于重丘。会盟再出，不举重者，起诸侯欲诛崔杼，故详录之。○重，直龙反。

公至自会。

卫侯入于陈仪。

陈仪者何？卫之邑也。曷为不言入于卫？据与郑突入栎同。○栎，力狄反。谖君以弑也。以先言入，后言弑也。时卫侯为剽所篡逐，不能以义自复，诈愿居是邑为剽臣，然后候间伺便，使甯喜弑之。君子耻其所为，故就为臣以谖君恶之。未得国，言入者，起诈篡从此始。○谖，况元反。以弑，音试，注同，后年放此。伺便，音司；下婢面反。恶，乌路反。

楚屈建帅师灭舒鸠。○屈，居勿反。

冬，郑公孙囆帅师伐陈。

十有二月，吴子谒伐楚，门于巢卒。

门于巢卒者何？入门乎巢而卒也。入门乎巢而卒者何？入巢之门而卒也。以先言门，后言于巢。吴子欲伐楚过巢，不假涂，卒暴入巢门，门者以为欲犯巢而射杀之。君子不怨所不知，故与巢得杀之，使若吴为自死文，所以强守御也。书伐者，明持兵入门，乃得杀之。○谒，《左氏》作"遏"。卒暴，七忽反。射，食亦反。**吴子谒何以名？**据诸侯伐人不名。**伤而反，未至乎舍而卒也。**以名卒，间无事，知以伤辜死，还就张本文，伐名，知伤而反，卒系巢，知未还至舍。巢不坐杀，复见辜者，辜内当以弑君论之，辜外当以伤君论之。○复，扶又反。

二十有六年，春，王二月，辛卯，卫甯喜弑其君剽。甯喜为卫侯衎弑剽。不举衎弑剽者，谖成于喜。○剽，匹妙反。喜为，于伪反，下文"为恶""曷为"同。

卫孙林父入于戚以叛。衎盗国，林父未君事衎。言叛者，林父本逐衎，衎入故叛。衎得诛之，犹定公得诛季氏，故正之云尔。

甲午，卫侯衎复归于卫。

此谖君以弑也，其言复归何？据齐阳生至陈乞家，时书入于齐，不书复归。复归者，入无恶文。**恶剽也。**主恶剽，卫侯入无恶，则剽恶明矣。○恶剽，乌路反，注及下"恶剽""以恶"并上注"故恶""反恶""恶轻""以恶"皆同。**曶为恶剽**。据齐阳生不书归恶舍。**剽之立，于是未有说也**。凡篡立，皆缘亲亲也。剽以公孙立于是位，尤非其次，故卫人未有说，喜由此得成谖祸，故恶以为戒也。篡重不书，反恶此者，因重不得书，故得恶轻，亦欲以见重。○有说，音悦，注同。以见，贤遍反，下"出见"同。**然则曶为不言剽之立？**据卫人立晋。**不言剽之立者，以恶卫侯也**。欲起卫侯失众出奔，故不书剽立。剽立无恶，则卫侯恶明矣。日者，起甯氏复纳之，故出入同文也。甯喜弑君而卫侯归，则甯氏纳之明矣。以归出奔俱日，知出纳之者同。卫侯归而孙氏叛，孙氏本与甯氏共逐之亦可知也。名者，起盗国；盗国明，则复归为恶剽出见矣。○复纳，扶又反。

夏，晋侯使荀吴来聘。

公会晋人、郑良霄、宋人、曹人于澶渊。

秋，宋公杀其世子痤。痤有罪，故平公书葬。○痤，在禾反。

晋人执卫甯喜。

此执有罪，何以不得为伯讨？据甯喜弑君者，称人而执，非伯讨。**不以其罪执之也**。明不得以为功，当坐执人。

八月，壬午，许男甯卒于楚。○甯，乃定反。

冬，楚子、蔡侯、陈侯伐郑。

葬许灵公。

二十有七年，春，齐侯使庆封来聘。

夏，叔孙豹会晋赵武、楚屈建、蔡公孙归生、卫石恶、陈孔瑗、郑良霄、许人、曹人于宋。○孔瑗，二传作

"孔夐"。

卫杀其大夫甯喜。卫侯之弟鱄出奔晋。

卫杀其大夫甯喜，则卫侯之弟鱄曷为出奔晋？据与射姑同。○鱄，市转反，又音专，一音直转反。射，音亦，又音夜。为杀甯喜出奔也。曷为为杀甯喜出奔？据非同姓。○为杀，于伪反，下"为杀"、"为我"、"为卫"、注"深为"皆同。卫甯殖与孙林父逐卫侯而立公孙剽。甯殖病将死，谓喜曰："黜公者，非吾意也，孙氏为之。黜，犹出逐。○黜公，敕律反，下文注同。我即死，女能固纳公乎？"固，犹必也。喜者，殖子。殖本与孙氏共立剽，而孙氏独得其权，故有此言。○女，音汝。喜曰："诺。"甯殖死，喜立为大夫，使人谓献公曰："黜公者，非甯氏也，孙氏为之。吾欲纳公，何如？"献公曰："子苟欲纳我，吾请与子盟。"盟者，欲坚固喜意。喜曰："无所用盟，时喜见献公多诈，欲使公子鱄保之，故辞不肯盟，曰："臣纳君，义也。无用为盟矣。"请使公子鱄约之。"喜素信鱄，以为鱄能保献公。献公谓公子鱄曰："甯氏将纳我，吾欲与之盟，其言曰：'无所用盟，请使公子鱄约之。'子固为我与之约矣。"公子鱄辞曰："夫负羁绁，绁，马绊也。○羁绁，本又作"靾"，下陟立反，马绊也。绊，音半。执铁锧，从君东西南北，则是臣仆庶孽之事也。仆，从者。庶孽，众贱子，犹树之有孽生。○铁，音甫，又方于反。锧，之实反。从君，才用反，又如字，注同。孽，鱼列反，又五割反，注及下同。若夫约言为信，则非臣仆庶孽之所敢与也。"鱄见献公多诈，不敢保。○与，音预。**献公怒曰："黜我者，非宁氏与孙氏，凡在尔。"** 欲以此语迫从，令必约之。○令，力呈反。**公子鱄不得已而与之约。已约，归至，杀宁喜。** 献公归至国，背约杀宁喜。○背约，音佩，下同。**公子鱄挈其妻子而去之。** 惭恚不能保献公。○挈，苦结反。恚，一睡反。**将济于河，携其妻子。** 携，犹提也。**而与之盟，** 恐乘舟有风波之害，己意不得展，故将济，豫与之盟。**曰："苟有履卫地，食卫粟者，昧雉彼视。"** 昧，割也。时割雉以为盟。犹曰视彼割雉，负此盟则如彼矣。传极道此者，见献公无信，刺鱄兄为强臣所逐，既不能救，又移心事剽，背为奸约。献公虽复因喜得反，诛之，小负未为大恶，而深以自绝，所谓守小信而忘大义，拘小介而失大忠。不为君漏言者，即漏言，当坐杀大夫，不得以正葬，正葬明喜有罪。○昧，旧音刎，亡粉反，一音未❶，又音蔑，割也。见献，贤遍反，下"见此"同。复，扶又反。介，音界。

秋，七月，辛巳，豹及诸侯之大夫盟于宋。

曷为再言豹？ 据盟于首戴❷，不再出公。**殆诸侯也。** 殆，危也。危诸侯，故再出豹，惧录之。**曷为殆诸侯？** 据首戴不殆。**为卫石恶在是也，曰恶人之徒在是矣。** 卫侯衎不信，而使恶臣石恶来，故深为诸侯危，惧其将负约为祸原。先见此者，衎负鱄杀喜得书葬，嫌于义绝可，欲起其小负。会盟再出，不举重者，方再出豹也。石恶恶者，下出奔是也。

---

❶ "未"，原作"末"，据阮刻本改。

❷ "戴"，原作"载"，下注同，据阮刻本改。

冬，十有二月，乙亥，朔，日有食之。是后阖杀吴子余祭，蔡世子般弑其君，莒人弑其君之应。○阖杀，音昏；下音弑，二十九年同。祭，侧界反。

二十有八年，春，无冰。豹、羯为政之所致。

夏，卫石恶出奔晋。

邾娄子来朝。

秋，八月，大雩。公方久如楚，先是豫赋于民之所致。

仲孙羯如晋。

冬，齐庆封来奔。

十有一月，公如楚。如楚皆月者，危公朝夷狄也。

十有二月，甲寅，天王崩。灵王。

乙未，楚子昭卒。乙未与甲寅相去四十二日，盖闰月也。葬以闰数，卒不书闰者，正取朞月。明朞三年之丧，始死得以闰数，非死月不得数闰。○闰数，所主反❶，下同。期月，居其反，又❷作"朞"。

二十有九年，春，王正月，公在楚。

何言乎公在楚？据成十一年正月公在晋，不书。**正月以存君也。**正月，岁终而复始，臣子喜其君父，与岁终而复始，执贽存之，故言在。在晋不书，在楚书者，恶襄公久在夷狄，为臣子危录之。○而复，扶又反，下皆同。恶襄，乌路反，下"恶以"同。为臣，于伪反，下"故为"、"为季子"、传"凡为"同。

---

❶ 原无"反"字，据阮刻本补。

❷ 原无"又"字，据阮刻本补。

夏，五月，公至自楚。

庚午，卫侯衎卒。

阍弑吴子余祭。

阍者何？门人也。守门人号。刑人也。以刑为阍。古者肉刑：墨、劓、膑、宫与大辟而五。孔子曰："三皇设言民不违，五帝画象世顺机，三王肉刑揆渐加，应世黠巧奸伪多。"○劓，鱼器反。膑，毗忍反。辟，婢亦反。画象，音获。应世，应对之应。黠，闲八反。刑人则曷为谓之阍？据非刑人名。刑人非其人也。以刑人为阍，非其人，故变盗言阍。君子不近刑人，近刑人则轻死之道也。刑人不自赖，而用作阍，由之出入，卒为所杀，故以为戒。不言其君者，公家不畜，士庶不友，放之远地，欲去听所之，故不系国，不系国，故不言其君。○不近，附近之近，下同。

仲孙羯会晋荀盈、齐高止、宋华定、卫世叔齐、郑公孙段、曹人、莒人、邾娄人、滕人、薛人、小邾娄人城杞。书者，杞时微，善能成王者后。

晋侯使士鞅来聘。○鞅，於丈反。

杞子来盟。贬称子者，微弱不能自城，危社稷宗庙，当坐。善诸侯城之，复贬者，诸侯自闵而城之，非杞能以善道致诸侯。

吴子使札来聘。

吴无君，无大夫，此何以有君，有大夫？据向之会称国。○札，侧八反。贤季子也。何贤乎季子？据聘不足贤，而使贤有君有大夫，荆人来聘是也。让国也。其让国奈何？谒也、余祭也、夷昧也，与季子同母者四。与，并也，并季子四人。**季子弱而才，兄弟皆爱之，同欲立之以为君，**谒曰："今若是迮而与季子国，迮，起也，仓卒意。○迮，子各反，起也。卒，七忽反。**季子犹不受也，请无与子而与弟，弟兄迭为君，**迭，犹更也。○迭，大结反，更也。更也，音庚。**而致国乎季子。"皆曰："诺。"故诸为君者，皆轻死为勇，饮食必祝，**祝，因祭祝也。《论语》曰"虽疏食菜羹，瓜祭"是也。○祝，之又反，又之六反，注同。疏食，音嗣。**曰："天苟有吴国，**犹曰天诚欲有吴国，当与贤弟。**尚速有悔于予身。"**尚，犹努力。速，疾也。悔，咎。予，我也。欲急致国于季子意。**故谒也死，余祭也立。**故迭为君。**余祭也死，夷昧也立。夷昧也死，则国宜之季子者也。季子使而亡焉。僚者，长庶也，即之。**缘兄弟相继而即位，所以不书僚篡者，缘季子之心，恶以己之是，扬兄之非，故为之讳，所以起至而君之。○季子使，所吏反，下同。僚者，力彫反。长庶，丁丈反，下注同。**季子使而反，至而君之尔。**不为让国者，僚已得国，无让也。**阖庐曰："先君之所以不与子国，而与弟者，凡为季子故也。将从先君之命与？则国宜之季子者也。如不从先君之命与？则我宜立者也。僚恶得为君乎？"于是使专诸刺僚。**阖庐，谒之长子光。专诸，膳宰。僚耆炙鱼，因进鱼而刺之。○阖，户腊反。庐，力居反。命与，音余，下"命与"同。僚焉，於虔反，本又作"恶"，音乌。刺僚，七赐反，又七亦反，注同。耆，市志反。**而致国乎季子，季子不受，曰："尔弑吾君，吾受尔国，是吾与尔为篡也。尔杀吾兄，吾又杀尔，是父子兄弟相杀，终身**

无已也。"兄弟相杀者，谓阖庐为季子杀僚。○尔杀吾君，申志反，注"杀僚"同。篡，初患反。**去之延陵，**延陵，吴下邑。礼，公子无去国之义，故不越竟。**终身不入吴国。**不入吴朝，既不忍讨阖庐，义不可留事。**故君子以其不受为义，以其不杀为仁。**故大其能去，以其不以贫贱苟止，故推二事与之。**贤季子，则吴何以有君有大夫？**据其本不贤其君。**以季子为臣，则宜有君者也。**方以季子贤，许使有臣有大夫，故宜有君。**札者何？吴季子之名也。《春秋》贤者不名，此何以名？许夷狄者，不壹而足也。**故降字而名。**季子者，所贤也，曷为不足乎季子？许人臣者必使臣，许人子者必使子也。**缘臣子尊荣，莫不欲与君父共之。字季子，则远其君，夷狄常例，离君父辞，故不足以隆父子之亲，厚君臣之义。季子让在杀僚后，豫于此贤之者，移讳于阖庐，不可以见让，故复因聘起其事。○远，于万反。见，贤遍反。

秋，九月，葬卫献公。

齐高止出奔北燕。○燕，音烟。

冬，仲孙羯如晋。

三十年，春，王正月，楚子使薳颇来聘。月者，公数如晋，希见答。今见聘，故喜录之。○薳，于委反。颇，音皮，又音彼，一音普何反；一本作"跛"者，音同；二传作"薳罢"。数，所角反。

夏，四月，蔡世子般弑其君固。不日者，深为中国隐痛有子弑父之祸，故不忍言其日。○般，音班。深为，于伪反，下"为伯""不为""为中国"同。

五月，甲午，宋灾。伯姬卒。伯姬守礼，含悲极思之所生。外灾例时，此日者，为伯姬卒日。○思，息更反。

天王杀其弟年夫。王者得专杀。书者，恶失亲亲也。未三年不去王者，方恶不思慕而杀弟，不与子行也。不从直称君者，举重也。莒杀意恢，以失子行录。设但杀弟，不能书是也。不为讳者，年夫有罪。○年夫，音佞，又如字，二传作"佞夫"。恶失，乌路反，下皆同。去，起吕反。子行，下孟反，下"子行其行"同。

王子瑕奔晋。称王子者，恶天子重失亲亲。○重，直用反，又直勇反。

秋，七月，叔弓如宋，葬宋共姬。

外夫人不书葬，此何以书？隐之也。何隐尔？宋灾，伯姬卒焉。说在下也。○共，音恭。其称谥何？据葬纪伯姬不言谥。贤也。何贤尔？宋灾，伯姬存焉。有司复曰："火至矣！请出。"伯姬曰："不可。吾闻之也，妇人夜出，谓有事宗庙。不见傅母不下堂。礼，后夫人必有傅母，所以辅正其行，卫其身也。选老大夫为傅，选老大夫妻为母。○傅母，如字，又武候反，本又作"姆"，同。傅至矣，母未至也。"逮乎火而死。故贤而录其谥。

郑良霄出奔许，自许入于郑。郑人杀良霄。

冬，十月，葬蔡景公。

贼未讨，何以书葬？君子辞也。君子为中国讳，使若加弑。月者，弑父比髡原耻尤重，故足讳辞。○加杀，音试，下同。

晋人、齐人、宋人、卫人、郑人、曹人、莒人、邾娄

人、滕人、薛人、杞人、小邾娄人会于澶渊。宋灾故。

宋灾故者何？诸侯会于澶渊，凡为宋灾故也。会未有言其所为者，此言所为何？录伯姬也。重录伯姬之贤，为诸侯所闵忧。○凡为，于伪反，下及注"所为"同。**诸侯相聚，**聚，敛也。相聚敛财物。**而更宋之所丧，**更，复也。如今俗名解浣衣复之为更衣。○更宋，音庚，又古孟反，复也，偿也。所丧，息浪反，下注同。浣，户管反。**曰死者不可复生，尔财复矣。**复者，如故时。诸侯共偿复其所丧。○复生，扶又反。偿，常亮反。**此大事也，曷为使微者？**据详录所为故。**卿也。卿则其称人何？贬。曷为贬？**据善事也。**卿不得忧诸侯也。**时虽名诸侯使之，恩实从卿发，故贬起其事，明大夫之义，得忧内，不得忧外，所以抑臣道也。宋忧内，并贬者，非救危亡，禁作福也。

三十有一年，春，王正月。

夏，六月，辛巳，公薨于楚宫。公朝楚，好其宫，归而作之，故名之云尔。作不书者，见者不复见。○好其，呼报反。见者，贤遍反，下同。

秋，九月，癸巳，子野卒。

己亥，仲孙羯卒。

冬，十月，滕子来会葬。此书者与叔服同义。

癸酉，葬我君襄公。

十有一月，莒人弑其君密州。莒子纳去疾，及展立，莒子废之。展因国人攻莒子，杀之。去疾奔齐。称人以弑者，莒无大夫，密州为君恶，民所贱，故称国以弑之。

《春秋公羊》卷第九

经传肆阡玖伯柒拾玖字

注伍阡贰伯柒拾捌字

音义壹阡陆伯贰拾伍字

卷十

昭公第十

元年，春，王正月，公即位。

叔孙豹会晋赵武、楚公子围、齐国酌、宋向戌、卫石恶、陈公子招、蔡公孙归生、郑轩虎、许人、曹人于漷。戌、恶皆与君同名，不正之者，正之当贬，贬之嫌触大恶，方讥二名为讳，义当正亦可知。○国酌，二传作"国弱"。招，上遥反。轩虎，轩依字，许言反，旧音罕，二传作"罕虎"。漷，音郭，又音虢，《左氏》作"虢"，《穀梁》作"郭"。

此陈侯之弟招也，何以不称弟？据八年称弟。贬。曷为贬？据八年杀偃师犹不贬。为杀世子偃师贬，曰陈侯之弟招杀陈世子偃师。大夫相杀称人，此其称名氏以杀何？难八年事。○为杀，于伪反，下注"为内""为仕"皆同。难八，乃旦反，二年注同。言将自是弑君也。明其欲弑君，故令与弑君而立者同文。孔瑗弑君，本谋在招。○令，力呈反。今将尔，词曷为与亲弑者同？君亲无将，将而必诛焉。然则曷为不于其弑焉贬？据未弑也。以亲者弑，然后其罪恶甚。《春秋》不待贬绝而罪恶见者，不贬绝以见罪恶也。招杀偃师是也。○见者，贤遍反，下同。贬绝然后罪恶见者，贬绝以见罪恶也。招称公子，及楚人讨夏征舒贬，皆是也。**今招之罪已重矣，曷为复贬乎此？** 据弃疾不豫贬。○复，扶又反。**著招之有罪也。何著乎招之有罪？** 据弃疾不著。**言楚之托乎讨招以灭陈也。** 起楚托讨招以灭陈意也。所以起之者，八年先言灭，后言执，托讨招不明，故豫贬于此，明楚先以正罪讨招，乃灭陈也。

三月，取运。

运者何？内之邑也。其言取之何？ 据自鲁之有。**不听也。** 不听者，叛也。不言叛者，为内讳，故书取以起之。不先以文德来之，而便以兵取之，当与外取邑同罪，故书取。月者，为内喜得之。

夏，秦伯之弟针出奔晋。

秦无大夫，此何以书？仕诸晋也。 为仕之于晋书。○针，其廉反。**曷为仕诸晋？** 据国地足以禄之。**有千乘之国，** 十井为一乘，公侯封方百里，凡千乘；伯四百九十乘；子男二百五十乘。时秦侵伐自广大，故曰千乘。○千乘，绳证反，注同。**而不能容其母弟，故君子谓之出奔也。** 弟贤，当任用之；不肖，当安处之。乃仕之他国，与逐之无异，故云尔。

六月，丁巳，邾娄子华卒。

晋荀吴帅师败狄于大原。

此大卤也，曷为谓之大原？ 据读言大原也。○大原，音泰，下同。卤，力古反。**地物从中国，** 以中国形名言之，所以晓中国，教殊俗也。**邑人名从主人。** 邑人名，自夷狄所名也。不若他❶物有形名可得正，故从夷狄辞言之。**原者何？上**

---

❶ "他"，原作"地"，据阮刻本改。

平曰原，下平曰隰。分别之者，地势各有所生，原宜粟，隰宜麦，当教民所宜，因以制贡赋。○隰，音习。别，彼列反。

秋，莒去疾自齐入于莒。

莒展出奔吴。主书去疾者，重篡也。莒无大夫，书展者，起与去疾争篡，当国出奔。言自齐者，当坐有力也。皆不氏者，当国也。不从莒无大夫去氏者，莒杀意恢称公子，篡重，不嫌本不当氏。○去疾，起吕反。

叔弓帅师疆运田。

疆运田者何？与莒为竟也。疆，竟也。与莒是正竟界，若言城中丘。○疆运，居良反，下同。**与莒为竟，则曷为帅师而往？**据非侵伐。**畏莒也。**畏莒有贼臣乱子，而兴师与之正竟，刺鲁微弱失操，烦扰百姓。

葬邾娄悼公。

冬，十有一月，己酉，楚子卷卒。○卷，音权，《左氏》作"麇"。

楚公子比出奔晋。辟内难也。

二年，春，晋侯使韩起来聘。

夏，叔弓如晋。

秋，郑杀其大夫公孙黑。

冬，公如晋，至河乃复。

其言至河乃复何？据公如晋，次于乾侯，而还，言至自乾侯，不言至乾侯乃复。**不敢进也。**乃，难辞也。时闻晋欲执之，不敢往，君子荣见与，耻见距，故讳使若至河，河水有难而反。○乃难，奴旦反，下"有难"同。

季孙宿如晋。

三年，春，王正月，丁未，滕子泉卒。

夏，叔弓如滕。

五月，葬滕成公。月者，襄公上葬，诸侯莫肯加礼，独滕子来会葬，故恩录之，明公当自行，不当遣大夫，失礼尤重，以责内。

秋，小邾娄子来朝。

八月，大雩。先是公季孙宿比如晋。

冬，大雨雹。为季氏。○雨，于付反。雹，步角反。为，于伪反。

北燕伯款出奔齐。名者，所见世著治大平，责小国详录，出奔当诛。○治，直吏反。大，音泰。

四年，春，王正月，大雨雪。为季氏。○大雨雪，于付反，《左氏》作"大雨雹"。为季，于伪反，下文及注"为齐诛"并同。

夏，楚子、蔡侯、陈侯、郑伯、许男、徐子、滕子、顿子、胡子、沈子、小邾娄子、宋世子佐、淮夷会于申。不殊淮夷者，楚子主会行义，故君子不殊其类，所以顺楚而病中国。楚人执徐子。

秋，七月，楚子、蔡侯、陈侯、许男、顿子、胡子、沈子、淮夷伐吴，执齐庆封，杀之。

此伐吴也，其言执齐庆封何？为齐诛也。故系之齐。其为齐诛奈何？庆封走之吴，以襄公二十八年奔鲁，自是走之吴。不书者，以绝于齐，在鲁不复为大夫，贱，故不复录之。○不复，扶又反，下同。吴封之于防。不书入防者，使防系吴，嫌犯吴也。去吴，嫌齐邑也。○去，起吕反。然则曷为不言伐防？据防已为国。不与**诸侯专封也**。故夺言伐吴。**庆封之罪何？胁齐君而乱齐国也**。道为齐诛意也。称侯而执者，伯讨也。月者，善录❶义兵。**遂灭厉**。庄王灭萧日，此不日者，灵王非贤，责之略。○灭厉，如字，又音赖，《左氏》作"赖"。

九月，取鄫。

其言取之何？据国言灭。**灭之也**。灭之则其言取之何？**内大恶，讳也**。因鄫上有灭文，故使若取内邑。

冬，十有二月，乙卯，叔孙豹卒。

五年，春，王正月，舍中军。

舍中军者何？复古也。善复古也。○舍中，音捨，下及注同。**然则曷为不言三卿？**据上言作三军，等问不言军云卿者，上师解言三卿，因以为难。○为难，乃旦反，下同。**五亦有中，三亦有中**。此乃解上作三军时意，作时益中军，不可言中军者，五亦有中，三亦有中，不知何中也。今此据上作三军，不言中云三❷，则益三之中，舍三之中，皆可知也。弟子本据上言作三，难下中不言三也。如师解言本益中，故下言舍中，为其将复据下中，难上不言中，故解上以解下，如此，则下不言三亦可知也。不言卿者，欲同上下文以相起。传不足以解之者，以上解下，文当同亦可知。月者，善录之。○为，于伪反。复，扶又反。

楚杀其大夫屈申。

---

❶ 原无"录"字，据阮刻本校勘记补。
❷ 原无"云三"二字，据阮刻本校勘记补。

公如晋。

夏，莒牟夷以牟娄及防兹来奔。

莒牟夷者何？莒大夫也。莒无大夫，**此何以书？重地**也。其言及防兹来奔何？据漆闾丘不言及，高张言及。**不以私邑累公邑也。**公邑，君邑也。私邑，臣邑也。累，次也。义不可使臣邑与君邑相次序，故言及以绝之。

秋，七月，公至自晋。

戊辰，叔弓帅师败莒师于溃泉。

溃泉者何？直泉也。直泉者何？涌泉也。盖战而涌为异也。不传异者，外异不书。此象公在晋，臣下专受莒叛臣地，以兴兵战斗，百姓悲怨叹息，气逆之所致，故因以著战处，欲明天之与人，相报应之义。○溃泉，扶粉反。溃泉，踊泉也，《左氏》作"蚡泉"，《穀梁》作"贲泉"。处，昌虑反。应，应对之应。

秦伯卒。

何以不名？据诸侯名。**秦者，夷也。匿嫡之名也。**嫡子生，不以名令于四竟，择勇猛者而立之。○嫡之，丁历反，注及下同。其名何？据秦伯婴、稻名。**嫡得之也。**独婴、稻以嫡得立之。

冬，楚子、蔡侯、陈侯、许男、顿子、沈子、徐人、越人伐吴。吴未服庆封之罪故也。越称人者，俱助义兵，意进于淮夷，故加人以进之。义兵不月者，进越为义兵明，故省文。

六年，春，王正月，杞伯益姑卒。不日者，行微弱，故略之。上城杞已贬，复卒略之者，入所见世，责小国详，始录内行也。诸侯内行小失，不可胜书，故于终略责之，见其义。○复，扶又反。内行，下孟反，下同。胜，音升。见其❶，贤遍反。

葬秦景公。

夏，季孙宿如晋。

葬杞文公。

宋华合比出奔卫。○比，如字，又毗志反。

秋，九月，大雩。先是季孙宿如晋，是后叔弓与公比如楚，有豫赋之烦也。○赋敛，力验反，或无此字。

楚薳颇帅师伐吴。

冬，叔弓如楚。

齐侯伐北燕。

七年，春，王正月，暨齐平。书者，善录内也。不出主名者，君相与平，国中皆安，故以举国体言之。月者，刺内暨暨也。时鲁方结婚于吴，外慕强楚，故不汲汲于齐。○暨，其器反。

三月，公如楚。

叔孙舍如齐莅盟。○叔孙舍，二传作"婼"。

夏，四月，甲辰，朔，日有食之。是后楚灭陈、蔡❷，楚弑其君于乾谿。

秋，八月，戊辰，卫侯恶卒。

九月，公至自楚。

---

❶ 原无"其"字，据阮刻本补。
❷ 原无"蔡"字，据阮刻本校勘记补。

冬，十有一月，癸未，季孙宿卒。

十有二月，癸亥，葬卫襄公。当时而日者，世子辄有恶疾，不早废之，临死乃命臣下废之。自下废上，鲜不为乱，故危录之。○当，丁浪反，又如字。鲜，息浅反。

八年，春，陈侯之弟招，杀陈世子偃师。说在元年。变其言陈者，起招致楚灭陈，自此始，故重举国。○故重，直用反，年末同。

夏，四月，辛丑，陈侯溺卒。○溺，乃狄反。

叔弓如晋。

楚人执陈行人于征师杀之。

陈公子留出奔郑。

秋，蒐于红。

蒐者何？简车徒也。徒，众。○廋，所留反，本亦作"蒐"。何以书？盖以罕书也。说在桓六年。

陈人杀其大夫公子过。○过，音戈。

大雩。先是公如楚，半年乃归，费多赋重所致。○费，芳味反。

冬，十月，壬午，楚师灭陈。执陈公子招，放之于越。杀陈孔瑗。

葬陈哀公。日者，疾诈谖灭人也。不举灭为重，复书三事言执者，疾谖托义，故列见之。托义不先书者，本怀灭心。重举陈者，上已言灭，不复重举，无以明。○谖，况元反。复书，扶又反，下同。见，贤遍反。

九年，春，叔弓会楚子于陈。陈已灭，复见者，从地名录，犹宋郜以邑录。不举小地者，顾后当存。○复见，扶又反，下同；下贤遍反。

许迁于夷。

夏，四月，陈火。

陈已灭矣，其言陈火何？据灾异为有国者戒。○陈火，《左氏》作"灾"。**存陈也。**陈已灭，复火者，死灰复燃之象也。此天意欲存之，故从有国记灾。**曰存陈恔矣。**书火存陈者，若曰陈为天所存，悲之。○恔，音希，悲也。**曷为存陈？**据灾非一，天意曷为悲陈而存之？**灭人之国，执人之罪人，**罪人，招也。**杀人之贼，**孔瑗，弑君贼也。**葬人之君，若是则陈存恔矣。**楚为无道，托讨贼行义，陈臣子辟门虚心待之，而灭其国。若是，则天存之者，悲之也。不书孔瑗弑君者，本为招弑，当举招为重，方不与楚讨贼，故没招正贼文，以将与上贬起之。月者，闵之。○辟，婢亦反，开也。本为，于伪反。

秋，仲孙貜如齐。○貜，具缚反，又居碧反。

冬，筑郎囿。○囿，音又。

十年，春，王正月。

夏，晋栾施来奔。○晋栾施，《左氏》作"齐栾施"。

秋，七月，季孙隐如、叔弓、仲孙貜帅师伐莒。○隐如，《左氏》作"意如"。

戊子，晋侯彪卒。○彪，彼虬反。

九月，叔孙舍如晋。

葬晋平公。

十有二月，甲子，宋公戌卒。去冬者，盖昭公取吴孟子之年，故贬之。○宋戌，读《左传》者音成，何云向戌与君同名，则宜音恤。去，起吕反。

十有一年，春，王正月，叔弓如宋。

葬宋平公。

夏，四月，丁巳，楚子虔诱蔡侯般，杀之于申。

楚子虔何以名？据诱戎曼子不名。○戎曼，音蛮。绝也❶。曷为绝之？据俱诱之。为其诱讨也。使不自知而死，故加诱。○为，于伪反。此讨贼也。蔡侯般弑父而立。虽诱之，则曷为绝之？据与庄王外讨，晋文谲尊。○谲，古穴反。怀恶而讨不义，君子不予也。内怀利国之心，而外托讨贼，故不与其讨贼，而责其诱诈也。地者，起以好会诱之。○好，呼报反。

楚公子弃疾帅师围蔡。

五月，甲申，夫人归氏薨。

大蒐于比蒲。

大蒐者何？简车徒也。何以书？盖以罕书也。说在桓六年。○比，音毗。

仲孙貜会邾娄子盟于侵羊。不日者，盖讳丧盟，使若议结善事。○侵羊，二传作“祲祥”。

秋，季孙隐如会晋韩起、齐国酌、宋华亥、卫北宫佗、郑轩虎、曹人、杞人于屈银。○佗，大河反。屈银，并如字，二传作“厥憖”。

九月，己亥，葬我小君齐归。

齐归者何？昭公之母也。归氏，胡女，襄公嫡夫人。○

---

❶ 原无“也”字，据阮刻本校勘记补。

嫡，丁历反。

冬，十有一月，丁酉，楚师灭蔡。执蔡世子有以归，
用之。

此未逾年之君也，其称世子何？据陈子也。**不君灵
公，不成其子也。**灵公，即般也。不君，不与，灵公坐弑父
诛，不得为君也。不成其子，不成有得称子继父也。上不与楚
诱讨，嫌有不当绝，故正之云耳。**不君灵公，则曷为不成其
子？**据恶恶止其身。**诛君之子不立。**虽不与楚诱讨，其恶坐
弑父诛，当以诛君论之，故云尔。言执者，时楚托义灭之。**非
怒也，无继也。**父诛，子当绝。**恶乎用之？用之防也。其
用之防奈何？盖以筑防也。**持其足，以头筑防，恶不以道。
孔子曰："人而不仁，疾之已甚，乱也。"曰者，疾谖灭人。
○恶乎，音乌。恶不，乌路反。

十有二年，春，齐高偃帅师，纳北燕伯于阳。

伯于阳者何？即纳上伯款，非犯父命，不当言于阳。又
微国，出入不两书，伯不当再出，故断三字问之。○断，丁
管反，又丁乱反。**公子阳生也。子曰："我乃知之矣。"**
子谓孔子。乃，乃是岁也。时孔子年二十三，具知其事，后
作《春秋》，案史记，知"公"误为"伯"，"子"误为
"于"，"阳"在，"生"刊灭阙。○刊，苦于反。**在侧者
曰："子苟知之，何以不革？"曰："如尔所不知何？**
如，犹奈也。犹曰奈女所不知何？宁可强更之乎？此夫子欲为
后人法，不欲令人妄亿措。"子绝四：毋意、毋必、毋固、毋
我"。○女，音汝。强，其丈反。令，力呈反，下"令楚"
同。亿，於力反。错，七故反，或七各反，字或作"措"。

《春秋》之信史也。其序，则齐桓、晋文，唯齐桓、晋文，会能以德优劣、国大小相次序。**其会，则主会者为之也，**非齐桓、晋文，则如主会者为之，虽优劣大小相越，不改更，信史❶也。**其词，则丘有罪焉耳。**"丘，孔子名。其贬绝讥刺之辞。有所失者，是丘之罪。圣人德盛尚谦，故自名尔。主书者，恶纳篡也。不书所篡出奔者，微国虽未逾年君犹不录。不足阳下言于北燕者，史文也。北燕本在上，从史文也。○恶纳，乌路反。

三月，壬申，郑伯嘉卒。

夏，宋公使华定来聘。

公如晋，至河乃复。

五月，葬郑简公。

楚杀其大夫成然。○成然，《左氏》作"成熊"。

秋，七月。

冬，十月，公子慭出奔齐。○慭，之领反，或作"憖"，鱼觐反。

楚子伐徐。

晋伐鲜虞。谓之晋者，中国以无义，故为夷狄所强。今楚行诈灭陈、蔡，诸夏惧然去而与晋，会于屈银，不因以大绥诸侯，先之以博爱，而先伐同姓，从亲亲起，欲以立威行霸，故狄之。

十有三年，春，叔弓帅师围费。○费，音祕。

夏，四月，楚公子比自晋归于楚，弑其君虔于乾谿。

---

❶ "史"，原作"文"，据阮刻本改。

此弑其君，其言归何？据齐阳生入恶不言归。○谿，苦兮反。归无恶于弑立也。归无恶于弑立者何？灵王为无道，作乾谿之台，三年不成，楚公子弃疾胁比而立之。然后令于乾谿之役曰："比已立矣，后归者不得复其田里。"众罢而去之，灵王经而死。时弃疾诈告比得晋力可以归，至而胁立之。比之义，宜效死不立，而立，君因自经，故加弑也。言归者，明其本无弑君而立之意，加弑，责之尔。不日者，恶灵王无道。封内地者，起祸所由，因以为戒。○罢，音皮。恶灵，乌路反。

楚公子弃疾弑公子比。

比已立矣，其称公子何？据齐公子商人弑其君舍。其意不当也。据上传知其胁。其意不当，则曷为加弑焉尔？据王子朝不贬。○朝，如字。比之义，宜乎效死不立。大夫相杀称人，此其称名氏以弑何？据经言弑公子比也。言将自是为君也。故使与弑君而立者同文也。不言其者，比实已立，嫌触实公子，弃疾则楚子居也。

秋，公会刘子、晋侯、齐侯、宋公、卫侯、郑伯、曹伯、莒子、邾娄子、滕子、薛伯、杞伯、小邾娄子于平丘。八月，甲戌，同盟于平丘。不举重者，起诸侯欲讨弃疾，故详录之。不言刘子及诸侯者，间无异事可知矣。公不与盟。○与，音预，注二"不肯与"及下文"不与焉"，注"公不与""不宜与"皆同。晋人执季孙隐如以归，公至自会。

公不与盟者何？公不见与盟也。时晋主会，疑公如楚，不肯与公盟，故讳使若公自不肯与盟。公不见与盟，大

夫执，何以致会？据得意乃致会。不耻也。曷为不耻？据
厉之会公失序，耻之。诸侯遂乱，反陈、蔡，君子不耻不
与焉。时诸侯将征弃疾，弃疾乃封陈、蔡之君，使说诸侯，诸
侯从陈、蔡之君言，还反不复讨楚，楚乱遂成，故云尔。公不
与盟，不书成楚乱者，时不受盟也。诸侯实不与公盟，而言公
不与盟者，遂乱，虽见与，公犹不宜与也，故因为公张义。○
复，扶又反。为公，于伪反。

蔡侯庐归于蔡。

陈侯吴归于陈。

此皆灭国也，其言归何？据归者，有国辞。○庐，力
吴反。不与诸侯专封也。故使若有国自归者也。名者，专受
其封，当诛。书者，因以起楚封之。所以能起之者，上有存陈
文，陈见灭，无君所责。又蔡本以篡见杀，但不成其子，不绝
其国，即诸侯存之，当有文实也。

冬，十月，葬蔡灵公。书葬者，经不与楚讨，嫌本可责
复仇，故书葬，明当从诛君论之，不得责臣子。

公如晋，至河乃复。

吴灭州来。不日者，略两夷。

十有四年，春，隐如至自晋。

三月，曹伯滕卒。

夏，四月。

秋，葬曹武公。

八月，莒子去疾卒。入昭公卒不日。不书葬者，本篡，
故因不序。○去，起吕反。

冬，莒杀其公子意恢。莒无大夫，书杀公子者，未逾年

而杀其君之子，不孝尤甚，故重而录之。称氏者，明君之子。○恢，苦回反。

十有五年，春，王正月，吴子夷昧卒。○夷昧，音末，本亦作"末"。

二月，癸酉，有事于武宫。籥入，叔弓卒，去乐卒事。

其言去乐卒事何？据入者言万，去籥言名，不言卒事。○籥，羊略反。去乐，起吕反。注"去籥"及下文❶"去乐"同。礼也。以加录卒事，即非礼，但当言去乐而已，若去籥矣，总言乐者，明悉去也。君有事于庙，闻大夫之丧，去乐，恩痛不忍举。卒事。毕竟祭事。大夫闻君之丧，摄主而往。主，谓己主祭者。臣闻君之丧，义不可以不即行，故使兄弟若宗人，摄行主事而往。不废祭者，古礼也。古有分土，无分民，大夫不世，己父未必为今君臣也。《孝经》曰："资于事父以事君而敬同。"大夫闻大夫之丧，尸事毕而往。宾尸事毕而往也。日者，为卒日。○为，于伪反。

夏，蔡昭吴奔郑。不言出者，始封名言归，嫌与天子归有罪同，故夺其有国之辞，明专封。○昭吴，《左氏》作"朝吴"。

六月，丁巳，朔，日有食之。并十七年食，盖与孛于大辰同占。

秋，晋荀吴帅师伐鲜虞。

冬，公如晋。

---

❶ "文"，原作"又"，据阮刻本改。

十有六年，春，齐侯伐徐。

楚子诱戎曼子杀之。

楚子何以不名？据诱蔡侯名。○戎曼，音蛮，又音万，二传作"戎蛮"，哀四年同。夷狄相诱，君子不疾也。曷为不疾？据俱诱也。若不疾，乃疾之也。以为固当常然者，乃所以为恶也，顾以无知薄责之。戎曼称子者，入昭公，见王道大平，百蛮贡职，夷狄皆进至其爵。不日者，本不卒。不地者，略也。○见，贤遍反。

夏，公至自晋。

秋，八月，己亥，晋侯夷卒。

九月，大雩。先是公数如晋。○数如，音朔。

季孙隐如如晋。

冬，十月，葬晋昭公。

十有七年，春，小邾娄子来朝。

夏，六月，甲戌，朔，日有食之。

秋，郯子来朝。

八月，晋荀吴帅师灭贲浑戎。○贲浑，音六；下户门反。

冬，有星孛于大辰。

孛者何？彗星也。三孛皆发问者，或言入，或言于，或言方，嫌为孛异，犹问录之。○星孛，音佩。彗，息遂反，又囚岁反。其言于大辰何？据北斗言入于，大辰非常名。在大辰也。大辰者何？大火也。大火谓心。大火为大辰，伐为大辰，伐，谓参伐也。大火与伐，天所以示民时早晚，天下所取正，故谓之大辰。辰，时也。○参，所林反。北辰亦为大辰。北辰，北极，天之中也。常居其所，迷惑不知东西者，须视北辰以别心伐所在，故加亦。亦者，两相须之意。○别，彼列反。**何以书？记异也。**心者，天子明堂布政之宫，亦为字。彗者，邪乱之气，扫故置新之象，是后周分为二，天下两主，宋南里以亡。○邪，似嗟反。

楚人及吴战于长岸。

诈战不言战，此其言战何？据于越败吴于檇李。○檇李，音醉，本或作"醉"。**敌也。**俱无胜负，不可言败，故言战也。不月者，略两夷。

十有八年，春，王三月，曹伯须卒。

夏，五月，壬午，宋、卫、陈、郑灾。

何以书？记异也。何异尔？异其同日而俱灾也。外异不书，此何以书？为天下记异也。《诗》云："其仪不忒，正是四国。"四国，天下象也。是后王室乱，诸侯莫肯救，故天应以同日俱灾，若曰无天下云尔。○为，于伪反。忒，他得反。应，应对之应。

六月，邾娄人入鄅。○鄅，音禹，又音矩。

秋，葬曹平公。

冬，许迁于白羽。

十有九年，春，宋公伐邾娄。

夏，五月，戊辰，许世子止弑其君买。蔡世子般弑父不忍日，此日者，加弑尔，非实弑也。

己卯，地震。季氏稍盛，宋南里以叛，王室大乱，诸侯莫肯救，晋人围郊，吴胜鸡父，尹氏立王子朝之应。

秋，齐高发帅师伐莒。

冬，葬许悼公。

贼未讨，何以书葬？不成于弑也。曷为不成于弑？据将而诛之。○于杀，音试，下"于杀""加杀"皆同。止进药而药杀也，时悼公病，止进药，悼公饮药而死。止进药而药杀，则曷为加弑焉尔？据意善也。讥子道之不尽也。其讥子道之不尽奈何？曰："乐正子春之视疾也，乐正子春，曾子弟子，以孝名闻。复加一饭，则脱然愈；复损一饭，则脱然愈；复加一衣，则脱然愈；复损一衣，则脱然愈。"脱然，疾除貌也。言消息得其节。○复加，扶又反，下同。一饭，扶晚反，下同。止进药而药杀，是以君子加弑焉尔。失其消息多少之宜，曰许世子止弑其君买，是君子之听止也。听，治止罪。葬许悼公，是君子之赦止也。原止进药，本欲愈父之病，无害父之意，故赦之。赦止者，免止之罪辞也。明止但得免罪，不得继父后，许男斯代立无恶文是也。

二十年，春，王正月。

夏，曹公孙会自鄸出奔宋。

奔未有言自者，此其言自何？据始出奔未有言此者，与宋华亥入宋南里复出奔异。○鄸，音蒙，又亡忠反，又亡贡反，一音亡增反。者此，旧于"此"下有"比"者，非。复，扶又反。畔也。时会盗鄸以奔宋。畔则曷为不言其畔？言叛者，当言以鄸，如邾娄庶期。为公子喜时之后讳也。《春秋》为贤者讳，讳使若从鄸出奔者，故与自南里同文。○为公子，于伪反，下"为贤""为会""为之讳"同。何贤乎公子喜时？据喜时不书。让国也。其让国奈何？曹伯庐卒

于师，在成十三年。**则未知公子喜时从与？**喜时，曹伯庐弟。○从与，才用反；下音余，下"从与"同。**公子负刍从与，**负刍，喜时庶兄。**或为主于国，或为主于师。**古者诸侯师出，世子率与守国。次宜为君者，持棺絮从，所以备不虞，或时疾病相代行，本史文不具，故传疑之。○絮从，女居反。《说文》云："絮，缊也。一曰敝絮也。"**公子喜时见公子负刍之当主也，逡巡而退。贤公子喜时，则曷为为会讳？君子之善善也长，恶恶也短。恶恶止其身，**不迁怒也。○逡，七旬反。恶恶，并如字，一读上乌路反，下同。**善善及子孙。贤者子孙，故君子为之讳也。**君子不使行善者有后患，故以喜时之让，除会之叛。不通酆为国，如通滥者，喜时本正当立，有明王兴，当还国，明叔术功恶相除，裁足通滥尔。○滥，力甘反，又力暂反。

秋，盗杀卫侯之兄辄。

母兄称兄，兄何以不立？据立嫡以长。○辄，《左氏》作"絷"。嫡，丁历反。长，丁丈反。**有疾也。何疾尔？恶疾也。**恶疾，谓喑、聋、盲、疠、秃、跛、伛，不逮人伦之属也。书者，恶卫侯兄有疾，不怜伤厚遇，营卫不固，至令见杀，失亲亲也。公子不言之，兄弟言之者，敌体辞，嫌于尊卑不明，故加之以绝之，所以正名也。○喑，於今反。聋，路工反。疠，力世反，又力夫[1]反。秃，吐木反。跛，布可反。伛，於矩反。恶，乌路反。令，力呈反。

冬，十月，宋华亥、向宁、华定出奔陈。月者，危三

---

[1] "夫"，原作"大"，据阮刻本改。

大夫同时出奔，将为国家患，明当防之。○向甯，二传作"向宁"。

十有一月，辛卯，蔡侯庐卒。

二十有一年，春，王三月，葬蔡平公。

夏，晋侯使士鞅来聘。

宋华亥、向甯、华定，自陈入于宋南里以畔。

宋南里者何？若曰因诸者然。因诸者，齐故❶刑人之地。公羊子，齐人，故以齐喻也。宋乐世❷心自曹入于萧，不言宋。南里者，略。叛臣从刑人，于国家尤危，故重举国。○重，直用反。

秋，七月，壬午，朔，日有食之。是后周有篡祸。

八月，乙亥，叔痤卒。○叔痤，在禾反，《左氏》作"叔辄"。

冬，蔡侯朱出奔楚。出奔者，为东国所篡也。大国奔例月，此时者，恶❸背中国而与楚，故略之。○恶背，乌路反；下音佩。

公如晋，至河乃复。

二十有二年，春，齐侯伐莒。

宋华亥、向甯、华定，自宋南里出奔楚。前出奔已绝贱，复录者，以故大夫专势入南里，犯君而出，当诛也。言自者，别从国去。○复，扶又反。别从，彼列反，下同。

---

❶ "故"，原作"放"，据阮刻本改。

❷ "世"，原作"大"，据阮刻本改。

❸ "恶"，原作"意"，据武英殿本改。

大蒐于昌奸。○大廋，所求反，本亦作"蒐"。昌奸，二传作"昌间"。

夏，四月，乙丑，天王崩。

六月，叔鞅如京师。

葬景王。

王室乱。谓王猛之事。

何言乎王室乱？据天子之居称京师，天王入于成周，天王出居于郑，不言乱。言不及外也。宫谓之室。刺周室之微，邪庶并篡，无一诸侯之助，匹夫之救，如一家之乱也，故变京师言王室。不言成周，言王室者，正王以责诸侯也。传不事事悉解者，言不及外，外当责之，故正王可知也。不为天子讳者，方责天下不救之。○邪庶，似嗟反。

刘子、单子以王猛居于皇。

其称王猛何？据未逾年已葬当称子。当国也。时欲当王者位，故称王猛见当国也。录居者，事所见也。不举猛为重者，时猛尚幼，以二子为计势，故加以。以者，行二子意辞也。二子不举重者，尊同权等。○见当，贤遍反，下同。

秋，刘子、单子以王猛入于王城。

王城者何？西周也。时居王城邑，自号西周主。其言入何？据非成周。篡辞也。时虽不入成周，已得京师地半，称王置官，自号西周，故从篡辞言入，起其事也。不言西周者，正之无二京师也。不月者，本无此国，无可与别轻重也。

冬，十月，王子猛卒。

此未逾年之君也，其称王子猛卒何？据子卒不言名，外未逾年君不当卒。不与当也。不与当者，不与当父死子继，兄死弟及之辞也。《春秋》篡成者，皆与使当君之，父死子继、兄死弟及者，篡所缘得，位成为君辞也。猛未悉得京师，未得成王，又外未逾年君，三❶者皆不当卒。卒又名者，非与使当成为君也。嫌上入无成周文，非篡辞，故从得位卒，明其为篡也。月者，方以得位明事，故从外未逾年君例。

十有二月，癸酉，朔，日有食之。是后晋人围郊，犯天子邑。

二十三年，春，王正月，叔孙舍如晋。

癸丑，叔鞅卒。

晋人执我行人叔孙舍。

晋人围郊。

郊者何？天子之邑也。天子间田，有大夫主之。○间，音闲。曷为不系于周？不与伐天子也。与侵柳同义。

夏，六月，蔡侯东国卒于楚。不日者，恶背中国而与楚，故略之。月者，比胐附父仇，责之浅也。不书葬者，篡也。篡不书者，以恶朱在三年之内，不共悲哀，举错无度，失众见篡。○恶背，乌路反，下同；背，音佩。共，音恭。错，七故反。

秋，七月，莒子庚舆来奔。

戊辰，吴败顿、胡、沈、蔡、陈、许之师于鸡父。胡子髡、沈子楹灭，获陈夏啮。

此偏战也，曷为以诈战之辞言之？据甲戌齐国书及吴战于艾陵，俱与夷狄言战，今此从诈战辞言败。○鸡父，音

---

❶ "三"，原作"二"，据阮刻本改。

甫。髡，苦门反。楹，音盈，《左氏》作"逞"，《穀梁》作"盈"。夏啮，户雅反；下五结反。艾，五盖反。**不与夷狄之主中国也。**序上言战，别客主人直不直也。今吴序上而言战，则主中国辞也。○别客，彼列反，下及传同。**然则曷为不使中国主之？**据齐国书主吴。**中国亦新夷狄也。**中国所以异于夷狄者，以其能尊尊也。王室乱莫肯救，君臣上下坏败，亦新有夷狄之行，故不使主之。不称国国出师者，贱略之。言之师者，辟许独称师，上五国称国之嫌。○之行，下孟反，下同。**其言灭获何？**据蔡公孙归生灭沈，以沈子嘉归杀之。国言灭，君言杀。又获晋侯言获，此陈夏啮亦言获，君大夫无别。**别君臣也。君死于位曰灭，生得曰获，大夫生死皆曰获。**大夫不世，故不别死位。**不与夷狄之主中国，则其言获陈夏啮何？**据荆败蔡师于莘，以蔡侯献舞归，不言获。○莘，所巾反。**吴少进也。**能结日偏战，行少进，故从中国辞治之。髡、楹下云灭者，死战当加礼，使若自卒相顺也。经先举败文，嫌败走及杀之，故以自灭为文，明本死位，乃败之尔。名者，从赴辞也。

天王居于狄泉。

此未三年，其称天王何？据毛伯来求金，不称天王。**著有天子也。**时庶孽并篡，天王失位徙居，微弱甚，故急著正其号，明天下当救其难而事之。○孽，鱼列反。难，乃旦反。**尹氏立王子朝。**贬言尹氏者，著世卿之权。尹氏贬，王子朝不贬者，年未满十岁，未知欲富贵，不当坐，明罪在尹氏。○子朝如字。

八月，乙未，地震。是时猛、朝更起，与王争入，遂至数年。晋陵周竟，吴败六国，季氏逐昭公，吴光弑僚灭徐，故日至三食，地为再动。○更，音庚。数，所主反。为，于伪反。

冬，公如晋。至河，公有疾，乃复。

何言乎公有疾乃复？据上比乃复，不言公，不言有疾。杀耻也。因有疾以杀畏晋之耻。举公者，重疾也。"子之所慎：斋❶、战、疾"。

二十有四年，春，王二月，丙戌，仲孙貜卒。

叔孙舍至自晋。

夏，五月，乙未，朔，日有食之。是后季氏逐昭公，吴灭巢，弑其君僚，又灭徐。

秋，八月，大雩。先是公如晋，仲孙貜卒，民被其役，时年叔倪出会，故秋七月复大雩。○被，皮寄反。

丁酉，杞伯郁釐卒。○郁氂，音来，又力之反，本亦作釐。二传作"郁釐"。

冬，吴灭巢。

葬杞平公。

二十有五年，春，叔孙舍如宋。

夏，叔倪会晋赵鞅、宋乐世心、卫北宫喜、郑游吉、曹人、邾娄人、滕人、薛人、小邾娄人于黄父。○倪，音诣，又五兮反，《左氏》作"诣"。乐世心，世如字，又以制反，《左氏》作"大心"。父，音甫。

有鸛鹆来巢。

---

❶ "斋"，原作"齐"，据阮刻本改。

何以书？记异也。何异尔？非中国之禽也，宜穴又巢也。非中国之禽而来居此国，国将危亡之象。鸜鹆，犹权欲。宜穴又巢，此权臣欲国，自下居上之征也，其后卒为季氏所逐。○鸜，音权，《左氏》作"鸛"，音劬。鹆，音欲。

秋，七月，上辛，大雩。季辛，又雩。

又雩者何？又雩者，非雩也，聚众以逐季氏也。一月不当再举雩。言又雩者，起非雩也。昭公依托上雩，生事聚众，欲以逐季氏。不书逐季氏者，讳不能逐，反起下孙，及为所败，故因雩起其事也。但举日，不举辰者，辰不同，不可相为上下。又日为君，辰为臣，去辰，则逐季氏意明矣。上不当日，言上辛者，为下辛张本。不言下辛，言季辛者，起季氏不执下而逐君。○下孙，音逊，下文同。去，起吕反。为下，于伪反，下"而为"同。

九月，己亥，公孙于齐，次于杨州。地者，臣子痛君失位，详录所舍止。○杨州，《左氏》作"阳州"。

齐侯唁公于野井。

唁公者何？昭公将弑季氏，传言弑者，从昭公之辞。○唁，音彦。将杀，音试，下及注同。告子家驹曰："季氏为无道，僭于公室久矣。诸侯称公室。吾欲弑之，何如？"昭公素畏季氏，意者以为如人君，故言弑。子家驹曰："诸侯僭于天子，大夫僭于诸侯，久矣。"昭公曰："吾何僭矣哉？"失礼成俗，不自知也。子家驹曰："设两观，礼，天子诸侯台门，天子外阙两观，诸侯内阙一观。○观，工乱反，注同。乘大路，礼，天子大路，诸侯路车，大夫大车，士饰车。朱干，干，楯也。以朱饰楯。楯，食允反，又音尹。

玉戚，戚，斧也。以玉饰斧。○玉戚，于寂反，以玉饰斧。
以舞《大夏》；《大夏》，夏乐也。周所以舞夏乐者，王者
始起，未制作之时，取先王之乐与己同者，假以风化天下。天
下大同，乃自作乐。取夏乐者，与周俱文也。王者，舞六乐于
宗庙之中。舞先王之乐，明有法也；舞己之乐，明有制也；舞
四夷之乐，大德广及之也。东夷之乐曰株离，南夷之乐曰任，
西夷之乐曰禁，北夷之乐曰昧。○大夏，户雅反，注同。株
离，音诛。禁，音金，又居鸩反。**八佾以舞《大武》，此皆**
天子之礼也。且夫牛马维娄，系马曰维，系牛曰娄。○佾，
音逸。且夫，音扶，下"有夫"并注同。娄，力主反。**委己者**
也，委食己者。○委己，于伪反，注同。己，音纪。委食，
音嗣，下同。**而柔焉。**柔，顺。**季氏得民众久矣，**季氏专赏
罚，得民众之心久矣，民顺从之，犹牛马之于委食己者。**君**
无多辱焉。"恐民必不从君命，而为季氏用，反逐君，故云
尔。子家驹上说正法，下引时事以谏者，欲使昭公先自正，乃
正季氏。**昭公不从其言，终弑之而败焉，**果反为季氏所逐。
走之齐。齐侯唁公于野井，吊亡国曰唁，吊死国曰吊，吊丧
主曰伤，吊所执绋曰綍。○绋，音弗。綍，音问。**曰："奈**
何君去鲁国之社稷？"昭公曰："丧人自谓亡人。○丧，
息浪反，下同，亡也。**不佞，**不善。**失守鲁国之社稷，执**
事以羞。"谦自比齐下执事，言以羞及君。○嗛自，音谦，
本亦作谦。**再拜颡，**颡者，犹今叩头矣。谢见唁也。○再拜
颡，息党反，拜而稽颡也。**庆子家驹，**庆，贺。**曰："庆子**
免君于大难矣。"子家驹曰："臣不佞，陷君于大难，
君不忍加之以铁锧，赐之以死。"铁锧，要斩之罪，即所

锡之以死。○大难，乃旦反，下同。铁，音甫，又方于反。锁，之实反。要，一遥反。**再拜颡**。谢为齐侯所庆。**高子执箪食，**箪，苇器也。圆曰箪，方曰笥。食，即下所致糗也。○箪，音丹，苇器。食，音嗣，注同。苇，于鬼反。笥，思嗣反。糗，丘九反，又昌绍反。**与四脡脯，**屈曰朐，申曰脡。○脡，他顶反，又大顶反。朐，其俱反。**国子执壶浆，**壶，礼器。腹方口圆曰壶，反之曰方壶，有爵饰。曰："**吾寡君闻君在外，馂饔未就，**馂，孰食。饔，孰肉。未就，未成也。解所以致糗意。○馂，音俊。**敢致糗于从者。**"糗，糒也。谦不敢斥鲁侯，故言从者。○于从，才用反，注及下皆同。糒，音备。昭公曰："**君不忘吾先君，延及丧人，锡之以大礼。**"**再拜稽首，以衽受。**衽，衣下裳当前者。乏器，谦不敢求索。○衽，而甚反，又而鸩反，掩裳际也。索，所白反。**高子曰："有夫不祥，**犹曰人皆有夫不善。**君无所辱大礼。**"礼，臣受君锡，答拜，谓之拜命之辱。高子见昭公拜辱大卑，故曰君无所辱大礼。○大卑，音泰，下"大学"同。**昭公盖祭而不尝。**食必祭者，谦不敢便尝，示有所先。不尝者，待礼让也。**景公曰："寡人有不腆先君之服，未之敢服；**腆，厚也。服，谓齐侯所著衣服也。言未敢服者，见鲁侯乃敢服之，谦辞也。礼，天子朝皮弁，夕玄端，朝服以听朝，玄端以燕，皮弁以征不义，取禽兽，行射；诸侯朝朝服，夕深衣，玄端以燕，禅冕以朝。天子以祭其祖祢，卿大夫冕服而助君祭，朝服祭其祖祢；士爵弁黻衣裳以助公祭，玄端以祭其祖祢。○腆，他典反，厚也。著，丁略反。禅，婢支反。黻，音弗。**有不腆先君之器，**器谓上所执箪壶。**未之敢**

用，敢以请。"请行礼。昭公曰："丧人不佞，失守鲁国之社稷，执事以羞，敢辱大礼，敢辞。"不敢当大礼，故敢辞。景公曰："寡人有不腆先君之服，未之敢服；有不腆先君之器，未之敢用，敢固以请。"昭公曰："以吾宗庙之在鲁也，以我守宗庙在鲁时。有先君之服，未之能以服；有先君之器，未之能以出，敢固辞。"已有时未能以事人，今已无有，义不可以受人之礼。景公曰："寡人有不腆先君之服，未之敢服；有不腆先君之器，未之敢用，请以飨乎从者。"欲令受之，故益谦言从者。○令，力呈反。昭公曰："丧人其何称？"行礼，宾主当各有所称。时齐侯以诸侯遇礼接昭公，昭公自嫌失国，不敢以故称自称，故执谦问之。○故称，尺证反。景公曰："孰君而无称？"犹曰谁为君者而言无所称乎？昭公非君乎？昭公于是嘅然而哭，嘅然，哭声貌。感景公言而自伤。○嘅，古吊反，一音古狄反。诸大夫皆哭。鲁诸大夫从昭公者。既哭，以人为菑，菑，周垝垣也。所以分别内外，卫威仪，今大学辟雍作"侧"字。○菑，侧其反，又侧吏反。垝垣，力悦反；下音袁。别，彼列反。辟，音壁。以幦为席，幦，车覆笭❶。○幦，亡历反，车覆笭也；一音呼阒反。覆笭，力丁反。以鞍为几，以遇礼相见。以诸侯出相遇之礼相见。○鞍，音安。孔子曰："其礼与其辞足观矣。"言昭公素能若此，祸不至是。主书者，喜为大国所唁。地者，痛录公，明臣子当忧纳公也。

冬，十月，戊辰，叔孙舍卒。

---

❶ "笭"，原作"苓"，据阮刻本改。

十有一月，己亥，宋公佐卒于曲棘。

曲棘者何？宋之邑也。诸侯卒其封内不地，此何以地？忧内也。时宋公闻昭公见逐，欲忧纳之，至曲棘而卒，故恩录之。

十有二月，齐侯取运。

外取邑不书，此何以书？为公取之也。为公取运以居公，善其忧内，故书。不举伐者，以言语从季氏取之。月者，善录齐侯。○为公，于伪反，注同。

二十有六年，春，王正月，葬宋元公。

三月，公至自齐，居于运。月者，闵公失国居运。致者，明臣子当忧纳公，不当使居运。后不复月者，始录可知。○不复，扶又反，下同。

夏，公围成。书者，恶公失国，幸而得运，不修文德以来之，复扰其民围成。不从叛书者，本与国俱叛，故不得复以叛为重。不从定公，又以亲围下邑为讥者，昭无臣子，又即如定公当致也。○恶，乌路反。

秋，公会齐侯、莒子、邾娄子、杞伯盟于鄟陵。不月者，时诸侯相与约，欲纳公，故内喜为大信辞。○鄟，音专，本亦作"专"。公至自会，居于运。致会者，责臣子，明公已得意于诸侯，不忧助纳之，而使居于运。

九月，庚申，楚子居卒。

冬，十月，天王入于成周。

成周者何？东周也。是时王猛自号为西周，天下因谓成周为东周。其言入何？据入者篡辞。不嫌也。上言天王，著有天子已明，不嫌为篡，主言入者，起其难也。不言京师者，起正居在成周，实外之。月者，为天下喜录王者反正位。〇为天，于伪反。

尹氏、召伯、毛伯以王子朝奔楚。立王子朝独举尹氏，出奔并举召伯、毛伯者，明本在尹氏，当先诛渠帅，后治其党，犹楚婴齐。〇渠率，所类反，或作"帅"。

二十有七年，春，公如齐。公至自齐，居于运。

夏，四月，吴弑其君僚。不书阖庐弑其君者，为季子讳，明季子不忍父子兄弟自相杀，让国阖庐，欲其享之，故为没其罪也。不举专诸弑者，起阖庐当国，贱者不得贬，无所明文❶，方见为季子讳，本不出贼，以除阖庐罪，虽可贬，犹不举。月者，非失众见弑，故不略之。〇为季，于伪反，下同。见，贤遍反。

楚杀其大夫郤宛❷。〇郤宛，去逆反；下纡阮反。

秋，晋士鞅、宋乐祁犁、卫北宫喜、曹人、邾娄人、滕人会于扈。〇犁，力兮反，又力私反。

冬，十月，曹伯午卒。

邾娄快来奔。

邾娄快者何？邾娄之大夫也。邾娄无大夫，此何以书？以近书也。说与鼻我同义。〇邾娄快，本又作"哙"，苦夬反。

公如齐。公至自齐，居于运。

二十有八年，春，王三月，葬曹悼公。月者，为下出

---

❶ "文"，原作"又"，据阮刻本改。
❷ "郤宛"，原作"郤宛"，下同，据阮刻本改。

也。○为，于伪反。

公如晋，次于乾侯。乾侯，晋地名。月者，闵公内为强臣所逐，外如晋不见答，次于乾侯。不讳者，忧危不暇杀耻。后不月者，录始可知。

夏，四月，丙戌，郑伯甯卒。○伯甯，乃定反，下同，《左氏》并下滕子名并作"宁"。

六月，葬郑定公。

秋，七月，癸巳，滕子甯卒。

冬，葬滕悼公。

二十有九年，春，公至自乾侯，居于运。不致以晋者，不见容于晋，未至晋。

齐侯使高张来唁公。言来者，居运，从国内辞。书者，如晋不见答，喜见唁也。不月者，例时也。

公如晋，次于乾侯。

夏，四月，庚子，叔倪卒。

秋，七月。

冬，十月，运溃。

邑不言溃，此其言溃何？据国曰溃，邑曰叛。郛之也。郛，郭。曷为郛之？据成三年棘叛不言溃也。君存焉尔。昭公居之，故从国言溃，明罪在公也。不言国之，言郛之者，公失国也。不讳者，责臣子当忧而纳之，杀耻不如救危也。孔子曰："不患寡而患不均，不患贫而患不安。"其本乃由于围成，失大得小而不能节用。

三十年，春，王正月，公在乾侯。月者，闵公运溃，无尺土之居，远在乾侯，故以存君书，明臣子当忧纳之。

夏，六月，庚辰，晋侯去疾卒。○去，起吕反。

秋，八月，葬晋顷公。○顷，音倾。

冬，十有二月，吴灭徐。徐子章禹奔楚。至此乃月者，所见世始录夷狄灭小国也。不从上州来、巢见义者，固有出奔可责。○见，贤遍反。

三十有一年，春，王正月，公在乾侯。

季孙隐如会晋荀栎于適历。时晋侯使荀栎责季氏不纳昭公，为此会也。季氏负捶谢过，欲纳昭公，昭公创恶季氏不敢入。公出奔在外，无君命，所以书会，而殊外言来者，从王鲁录。讳亟取邑，卒大夫者，盈孙文。○荀栎，本又作"跞"，又作"泺"，示滴泺也。適，丁历反，一音狄。负篓，章蕊反，本又作"捶"。恶，乌路反。亟，去冀反。孙，音逊。

夏，四月，丁巳，薛伯谷卒。始卒便名日书葬者，薛比滕最小，迫后定、寅皆当略。

晋侯使荀栎唁公于乾侯。

秋，葬薛献公。

冬，黑弓以滥来奔。

文何以无邾娄？据读言邾娄。○黑弓，二传作"黑肱"。滥，力甘反，又力暂反。**通滥也。**通滥为国，故使无所系。**曷为通滥？**据庶其不通也。**贤者子孙，宜有地也。****贤者孰谓，谓叔术也。**叔术者，邾娄颜公之弟也，或曰群公子。**何贤乎叔术？**据叔术不书。**让国也。其让国奈何？当邾娄颜之时，**颜公时也。**邾娄女有为鲁夫人者，则未知其为武公与？懿公与？孝公幼，**不知孝公者，邾娄外孙邪？将妾子邪？○武公与，音余，下及注皆同。**颜淫九公子于宫中，所与淫公子凡九人。因以纳贼，则未知其为鲁公子与？邾娄公子与？臧氏之母，养公者也。君幼则宜有养者，大夫之妾，士之妻，礼也。则未知臧氏之母者，曷为者也？养公者必以其子入养。不离人母子，因以娱公也。臧氏之母闻有贼，以其子易公，抱公以逃。以身死公，则可以其子易公，非事夫之义，然而于王法当赏，以活公为重也。贼至，凑公寝而弑之。弑臧氏子也。不知欲弑孝公者，纳篡邪，将利其国也。○凑，七豆反。臣有鲍广父与梁买子者，闻有贼，趋而至。臧氏之母曰："公不死也，在是。吾以吾子易公矣。"于是负孝公之周，诉天子，天子为之诛颜而立叔术，反孝公于鲁。颜夫人者，妪盈女也，国色也，其言曰："有能为我杀杀颜者，吾为其妻。"杀颜者，鲍广父、梁买子也。妇人以贞一为行，云尔非也。○愬，音素，本亦作"诉"。为之，于伪反，下"为我""为之""则为"并同。妪，纡具反，一音纡羽反。为行，下孟反，下"杀颜者之行"亦[1]同。叔术为之杀杀颜者，而以为妻。利其色也。有子焉，谓之盱。夏父者，其所为有于颜者也。为颜公夫人时所生也[2]。○盱，许于反，又许孤反；本或作"旴"，一音夸。夏父，户雅反。盱及夏父，邾颜公之二子。盱幼而皆爱之，叔术、妪盈女皆爱盱。食必坐二子于其侧而食之。有珍怪之食，珍怪，犹奇异也。○而食，音嗣。盱必先取足焉。夏父曰："以来，犹曰以彼物来置我前。人未足，人，

---

❶ 原无"亦"字，据阮刻本补。
❷ "生也"上原衍"为颜公"三字，据阮刻本校勘记删。

夏父自谓也。**而盱有余。**"言盱所得常多。**叔术觉焉，**觉，悟也。知小争食，长必争国。《易》曰"君子见几而作""知几其神乎""几者，动之微，吉[1]事之先见"。○长，丁丈反。先见，贤遍反，下"欲见""见王者"同。**曰："嘻！此诚尔国也夫！"起而致国于夏父，夏父受而中分之。叔术曰："不可。"三分之，叔术曰："不可。"四分之，叔术曰："不可。"五分之，然后受之。**五分受其一。○曰嘻，许其反。也夫，音扶。**公扈子者，邾娄之父兄也。**当夫子作《春秋》时，于邾娄君为父兄之行。公扈者，氏也。○之行，户郎反。**习乎邾娄之故，**故，事也。道所以言也。**其言曰："恶有言人之国贤若此者乎？"**恶有，犹何有、宁有此之类也。言贤者，宁有反妻嫂，杀杀颜者之行乎？○恶有，音乌，注同。**诛颜之时，天子死，叔术起而致国于夏父。**言叔术本欲让，迫有诛颜天子在尔，故天子死则让，无妻嫂感儿争食之事。**当此之时，邾娄人常被兵于周，曰："何故死吾天子？"**犹曰何故死畜吾天子，违生时命而立夏父乎？此天子死则让之效也。夫子本所以如上传，贤者恶少功大也。犹律一人有数罪，以重者论之，《春秋》灭不言入是也。案叔术妻嫂，虽有过恶当绝，身无死刑，当以杀杀颜者为重。宋缪公以反国与与夷，除冯弑君之罪，死乃反国，不如生让之大也。冯杀与夷，亦不轻于杀杀颜者，比其罪不足而功有余，故得为贤。传复记公扈子言者，欲明天子本以上传通之，故公扈子有是言。○数，所主反。复，扶又反。**通滥，则文**

---

❶ "吉"，原作"者"，据阮刻本校勘记改。

何以无邾娄？据国未有口系于人。**天下未有滥也。**欲见天下实未有滥国，《春秋》新通之尔，故口系于邾娄。**天下未有滥，则其言以滥来奔何？**据上说天下实未有滥者，言《春秋》新通之也。《春秋》新通之，君文成矣，不言滥黑弓来奔，而反与大夫窃邑来奔同文。**叔术者，贤大夫也。绝之则为叔术不欲绝，不绝则世大夫也。**此解不言滥黑弓意。叔术者，贤大夫也。如不口系邾娄，文言滥黑弓来奔，则为叔术贤心，不欲自绝于国，又触天下实有滥，无以起新通之，文不可设也；如口不绝邾娄，文言滥黑弓来奔，则嫌氏邑，起本邾娄世大夫，《春秋》口系通之，文亦不可施。**大夫之义不得世，故于是推而通之也。**推犹因也，因就大夫窃邑奔文通之，则大夫不世，叔术贤心不欲自绝，两明矣。主书者，在《春秋》前，见王者起，当追有功，显有德，兴灭国，继绝世。

十有二月，辛亥，朔，日有食之。是后昭公死外，晋大夫专执，楚犯中国围蔡也。

三十有二年，春，王正月，公在乾侯。

取阚。

阚者何？邾娄之邑也。曷为不系乎邾娄？讳亟也。与取滥为亟。○阚，口暂反。亟，去冀反，注同。

夏，吴伐越。

秋，七月。

冬，仲孙何忌会晋韩不信、齐高张、宋仲幾、卫世叔申、郑国参、曹人、莒人、邾娄人、薛人、杞人、小邾娄人城成周。书者，起时善其修废职，有尊尊之意也。孔子曰：“谨权量，审法度，修废官，四方之政行焉。”言成❶周者，欲❷起正居，实外之。○量，音亮。

十有二月，己未，公薨于乾侯。

《春秋公羊》卷第十

经传肆阡捌伯玖拾柒字

注陆阡捌伯捌拾伍字

音义壹阡柒伯捌拾贰字

---

❶ “成”，原作“戌”，据阮刻本改。
❷ 原无“欲”字，据阮刻本校勘记补。

卷十一

定公第十一

○何以定公为昭公子，与《左氏》异。

元年，春，王。

定何以无正月？据庄公虽不书即位，犹书正月。正月者，正即位也。本有正月者，正诸侯之即位。定无正月者，即位后也。虽书即位于六月，实当如庄公有正月。今无正月者，昭公出奔，国当绝，定公不得继体奉正，故讳为微辞，使若即位在正月后，故不书正月。即位何以后？据正月正即位。昭公在外，昭公丧在外。得入不得入，未可知也。曷为未可知？据已称元年。在季氏也。今季氏迎昭公丧而事之，定公得即位；不迎而事之，则不得即位。定、哀多微辞。微辞，即下传所言者是也。定公有王无正月，不务公室，丧失国宝；哀公有黄池之会，获麟，故总言多。丧，息浪反。主人习其读而问其传，读谓经，传谓训诂，主人谓定公。言主人者，能为主人皆当为微辞，非独定公。则未知己之有罪焉尔。此假设而言之，主人谓定、哀也。设使定、哀习其经而读之，问其传解诂，则不知己之有罪于是。此孔子畏时君，上以讳尊隆恩，下以辟害容身，慎之至也。

三月，晋人执宋仲幾于京师。

仲幾之罪何？据言于京师，成伯讨辞，知有罪。○幾，本或作"机"。**不蘘城也。**若今以草衣城是也。礼，诸侯为天子治城，各有分丈尺，宋仲幾不治所主。○不蘘，素戈反，一或作"蘘"，一或音初危反。衣，于既反。为天，于伪反，下"善为"同。**其言于京师何？**据城言成周，执不地。**伯讨也。**大夫不得专执，执无称名氏，见伯讨例，故地以京师，明以天子事执之，得伯讨之义。○见，贤遍反。**伯讨则其称人何？**据城称名氏，诸侯伯执不称人也。复发此难者，弟子未解，嫌大夫称人相执，与诸侯同例。○复发，扶又反，下皆同。难，乃旦反。解，音蟹。**贬。**故称人尔，不以非伯讨故。**曷为贬？**据晋侯伯执称人，以他罪举。**不与大夫专执也。曷为不与？**据伯讨。实与言于京师是也。**而文不与。**文不与者，贬称人是也。**文曷为不与？大夫之义，不得专执也。**大夫不得专相执，辟诸侯也。不言归者，诸侯当决于天子，犯之恶甚，故录所归。大夫当决主狱尔，犯之，罪从外小恶，不复别也。无例不在常书，又月者，善为天子执之。○别，彼列反。

夏，六月，癸亥，公之丧至自乾侯。至自乾侯者，非公事齐不专，中去之晋，竟不见容，死于乾侯。

戊辰，公即位。

癸亥，公之丧至自乾侯，则曷为以戊辰之日然后即位？据癸亥得入已可知。**正棺于两楹之间，然后即位。**正棺者，象既小敛夷于堂。昭公死于外，不得以君臣礼治其丧，故示尽始死之礼。礼，始死于北牖下，浴于中溜，饭含于牖下，小敛于户内，夷于两楹之间；大敛于阼阶，殡于西阶之

上，祖于庭，葬于墓，夺孝子之恩动以远也。礼，天子五日小
敛，七日大敛；诸侯三日小敛，五日大敛；卿大夫二日小敛，
三日大敛，夷而绖，殡而成服，故戊辰然后即位。凡丧，三
日授子杖，五日授大夫杖，七日授士杖，童子、妇人不杖，
不能病故也。○小敛，力验反，下皆同。北墉，音容，本又
作"牖"。溜，力又反。饭，扶晚反。含，户暗反。阼，才故
反。**子沈子曰："定君乎国**，定昭公之丧礼于国。**然后即
位。"即位不日，此何以日？**据即位皆不日。**录乎内也。**
内事详录，善得五日变礼，或说危不得以逾年正月即位，故
日。主书者，重五始也。

秋，七月，癸巳，葬我君昭公。

九月，大雩。定公得立，尤喜而不恤民之应。

立炀宫。

炀宫者何？据十二公无炀公。○炀，余亮反。**炀公之宫
也。**春秋前炀公也。**立者何？立者不宜立也。立炀宫，非
礼也。**不日嫌得礼，故复问立也。不日者，所见之世讳深，使
若比武宫恶愈，故不日。

冬，十月，霣霜杀菽。

何以书？记异也。菽，大豆。时独杀菽，不杀他物，故
为异。○霣，于敏反。**此灾菽也，曷为以异书？**据无麦、苗
以灾书。**异大乎灾也。**异者，所以为人戒也。重异不重灾，
君子所以贵教化而贱刑罚也。周十月，夏八月，微霜用事，未
可杀菽。菽者，少类，为稼强，季氏象也。是时定公喜于得
位，而不念父黜逐之耻，反为淫祀立炀宫，故天示以当早诛
季氏。

二年，春，王正月。

夏，五月，壬辰，雉门及两观灾。

其言雉门及两观灾何？据桓宫、僖宫灾，不言及。不但问及者，方于下及间❶其文问之，故先俱张本于上。○两观，工唤反，下及注皆同。**两观微也。** 雉门两观，皆天子之制，门为其主，观为其饰，故微也。**然则曷为不言雉门灾及两观？** 据下"新作雉门及两观"，先言作者。**主灾者两观也。** 时灾从两观起。**主灾者两观，则曷为后言之？** 据欲使言两观灾及雉门，若言宋督弒其君与夷及其大夫孔父。**不以微及大也。何以书？** 不复言雉门及两观灾何以书者，上已问雉门两观灾，故但言何以书。○不复，扶又反，下同。**记灾也。** 此本子驹谏昭公所当先去以自正者，昭公不从其言，卒为季氏所逐，定公继其后，宜去其所以失之者，故灾亦云尔。立雉门两观不书者，僭天子不可言，虽在春秋中犹不书。○先去，起吕反，下同。

秋，楚人伐吴。

冬，十月，新作雉门及两观。

其言新作之何？据俱一门两观，如故常。**修大也。** 天灾之，当减损如诸侯制，而复修大，僭天子之礼，故言新作以见修大也。○见，贤遍反。**修旧不书，此何以书？** 据西宫灾复修不书。**讥，何讥尔？不务乎公室也。** 务，勉也。不务公室，亦可施于久不修，亦可施于不务如公室之礼，微辞也。月者，久也。当即修之，如诸侯礼。

---

❶ "间"，原作"闻"，据阮刻本校勘记改。

三年，春，王正月，公如晋，至河乃复。月者，内有强臣之仇，外不见答于晋，故危之。

三月，辛卯，邾娄子穿卒。

夏，四月。

秋，葬邾娄庄公。

冬，仲孙何忌及邾娄子盟于枝。后相犯。时者，讳公使大夫盟，又未逾年君，薄父子之恩，故为易辞，使若义结善事。○枝，二传作"拔"。易，以豉反。

四年，春，王二月，癸巳，陈侯吴卒。

三月，公会刘子、晋侯、宋公、蔡侯、卫侯、陈子、郑伯、许男、曹伯、莒子、邾娄子、顿子、胡子、滕子、薛伯、杞伯、小邾娄子、齐国夏于召陵，侵楚。月而不举重者，楚以一裘之故，拘蔡昭公数年，然后归之，诸侯杂然侵之，会同最盛，故善录其行义兵也。拘不书者，恶蔡侯吝一裘而见拘执，故匹夫之。执归不书者，从执例。○夏，户雅反。邵陵，上照反，本或作"召"，音同。数年，所主反，下"数年"皆同。杂，七合反，又如字。恶蔡，乌路反，年末同。吝，力刃反。

夏，四月，庚辰，蔡公孙归姓帅师灭沈，以沈子嘉归，杀之。为不会召陵故也。不举灭为重，书以归杀之者，责不死位也。日者，定、哀灭例日。定公承黜君之后，有强臣之仇，故有灭则危惧之，为定公戒也。○公孙归姓，二传无"归"字。姓，音生，又音性。为不，于伪反，下"为季""为下""为治""为蔡"同。

五月，公及诸侯盟于浩油。再言公者，昭公数如晋，不见答，卒为季氏所逐。定公初即位，得与诸侯盟，故喜录之。后楚复围蔡不救，不日者，善诸侯能翕然俱有疾楚之心，会同最盛，故褒与信辞。○浩油，户老反，又古老反；下音由，一音羊又反，二传作"皋鼬"。数，所主反。楚复，扶又反，下"而复""复讨"同。翕，许及反。**杞伯戊卒于会。**不日，与盟同日。○戊，音茂，又音恤，二传作"成"❶。

六月，葬陈惠公。

许迁于容城。

秋，七月，公至自会。月者，为下"刘卷卒"。月者，重录恩。○卷，音权。

刘卷卒。

刘卷者何？天子之大夫也。外大夫不卒，此何以卒？我主之也。刘卷，即上会刘子❷。我主❸之者，因上王鲁文主❹之，张义也。卒者，明主会者，当有恩礼也。言刘卷者，主起以大夫卒之，屈于天子也。不日者，比尹氏以天子丧为主重也，此卷主会轻，故不日。

葬杞悼公。

楚人围蔡。囊瓦称人者，楚为无道，拘蔡昭公数年，而复怒蔡归有言伐之，故贬，明罪重于围。

晋士鞅、卫孔圉帅师伐鲜虞。○圉，鱼吕反，《左氏》作"圉"。虞，本或作"吴"，音虞。

---

❶ "成"，原作"戍"，据武英殿本改。
❷ "刘子"下原有"也"字，据阮刻本删。
❸ "主"上原无"我"字，据阮刻本补。
❹ "主"，原作"王"，据阮刻本校勘记改。

367

葬刘文公。

外大夫不书葬，此何以书？录我主也。其实以主我恩录之，故云尔。举采者，礼，诸侯入为天子大夫，更受采地于京师，天子使大夫为治其国，有功而卒者，当益封其子。时刘卷以功益封，故不以故国而以采地书葬起其事，因恩以广义也。称公者，明本诸侯也。○举采，七代反，下"采地"同。

冬，十有一月，庚午，蔡侯以吴子及楚人战于伯莒，楚师败绩。

吴何以称子？据灭徐称国。○伯莒，《左氏》作"柏❶举"。**夷狄也，而忧中国。**言子，起忧中国，言以明为蔡故也，与桓十四年同。**其忧中国奈何？伍子胥父诛乎楚，挟弓而去楚，**挟弓者，怀格意也。礼，天子雕弓。诸侯彤弓，大夫婴弓，士卢弓。○挟弓，音协，又子协反。雕，下辽反。彤，大冬反。婴弓，於耕反，见《司马法》。卢，力吴反。**以干阖庐。**不待礼见曰干。欲因阖庐以复仇。○礼见，贤遍反，下"不见"同。**阖庐曰："士之甚，**言其以贤士之甚。**勇之甚！"将为之兴师而复仇于楚。伍子胥复曰："诸侯不为匹夫兴师，**必须因事者，其义可得；因公托私，而以匹夫兴师讨诸侯，则不免于乱。○将为，于伪反，下"不为也"、"不为匹"、"为是"、注"为子胥"同。**且臣闻之，事君犹事父也。亏君之义，复父之仇，臣不为也。"**于是止。蔡昭公朝乎楚，有美裘焉，囊瓦求之，昭公不与，为是拘昭公于南郢，数年然后归之。于其归焉，用事

---

❶ "柏"，原作"伯"，据阮刻本改。

乎河，时北如晋请伐楚，因祭河。○囊，乃郎反。郢，以井反，又以政反。曰："天下诸侯苟有能伐楚者，寡人请为之前列。"楚人闻之，怒。见侵后闻蔡有此言而怒。为是兴师，使囊瓦将而伐蔡。蔡请救于吴，伍子胥复曰："蔡非有罪也，楚人为无道，君如有忧中国之心，则若时可矣。"犹曰，若是时可兴师矣，激发初欲兴师意。○将，子匠反。激，古狄反。于是兴师而救蔡。不书与子胥俱者，举君为重。子胥不见于经，得为善者，以吴义文得成之也。虽不举子胥，为非怀恶而讨不义，君子不得不与也。曰：事君犹事父也，此其为可以复仇奈何？曰：父不受诛，不受诛，罪不当诛也。子复仇可也。《孝经》曰："资于事父以事君而敬同。"本取事父之敬以事君，而父以无罪为君所杀。诸侯之君，与王者异，于义得去，君臣已绝，故可也。《孝经》云："资于事父以事母。"庄公不得报仇文姜者，母所生，虽轻于父，重于君也。《易》曰："天地之大德曰生。"故得绝，不得杀。父受诛，子复仇，推刃之道也。子复仇，非当复讨其子，一往一来曰推刃。○当，丁浪反。复仇不除害，取仇身而已，不得兼仇子，复将恐害己而杀之。时子胥因吴之众，堕平王之墓，烧其宗庙而已。昭王虽可得杀，不除去。○堕，许规反。去，起吕反。朋友相卫，同门曰朋，同志曰友。相卫，不使为仇所胜。时子胥因仕于吴为大夫，君臣言朋友者，阖庐本以朋友之道为子胥复仇。孔子曰："益者三友，损者三友：友直，友谅，友多闻，益矣；友便辟，友善柔，友便佞，损矣。"○辟，婢亦反。辩佞，如字，本亦作"便佞"。而不相迿，迿出表辞，犹先也。不当先相击刺，所以伸孝子之恩。

○洵，音峻，又音巡，又玄遍反，先也。刺，七亦反。**古之道也。**

楚囊瓦出奔郑。

庚辰，吴入楚。

吴何以不称子？ 据狄人盟于邢，有进行称人。○行，下孟反。**反夷狄也。其反夷狄奈何？君舍于君室，大夫舍于大夫室，盖妻楚王之母也。** 舍其室，因其妇人为妻。日者，恶其无义。

五年，春，王正月，辛亥，朔，日有食之。 是后臣恣日甚，鲁失国宝，宋大夫叛。

夏，归粟于蔡。

孰归之？诸侯归之。曷为不言诸侯归之？ 据齐人来归卫宝。**离至不可得而序，故言我也。** 时为蔡新被强楚之兵，故归之粟，与戍陈同义。○为，于伪反。

于越入吴。

于越者何？越者何？ 不言或者，嫌两国。**于越者，未能以其名通也。越者，能以其名通也。** 越人自名于越，君子名之曰越。治国有状，能与中国通者，以中国之辞言之曰越；治国无状，不能与中国通者，以其俗辞言之，因其俗可以见善恶，故云尔。赤狄以赤进者，狄于北方总名，赤者其别，与越异也。吴新忧中国，士卒罢敝而入之，疾罪重，故谓之于越。○见，贤遍反。卒，子忽反。罢弊，音皮，弊亦作"敝"音同。

六月，丙申，季孙隐如卒。 仲遂以贬起弑，是不贬，著其逐君者，举君出为重，故从季辛起之，犹卫孙甯。○弑，音试。

秋，七月，壬子，叔孙不敢卒。

冬，晋士鞅帅师围鲜虞。

六年，春，王正月，癸亥，郑游遫帅师灭许，以许男斯归。

二月，公侵郑。月者，内有强臣之仇，不能讨，而外结怨，故危之。公至自侵郑。

夏，季孙斯、仲孙何忌如晋。

秋，晋人执宋行人乐祁犁。

冬，城中城。

季孙斯、仲孙忌帅师围运。

此仲孙何忌也，曷为谓之仲孙忌？讥二名。二名非礼也。为其难讳也。一字为名，令难言而易讳，所以长臣子之敬，不逼下也。《春秋》定、哀之间，文致大平，欲见王者治定，无所复为讥，唯有二名，故讥之，此《春秋》之制也。○为其，于伪反。令，力呈反。易，以豉反。长，丁丈反。大，音泰。见，贤遍反。治，直吏反。复，扶又反。

七年，春，王正月。

夏，四月。

秋，齐侯、郑伯盟于鹹。○鹹，音咸。

齐人执卫行人北宫结，以侵卫。

齐侯、卫侯盟于沙泽。

大雩。先是公侵郑，城中城，季孙斯、仲孙忌如晋围运，费重不恤民之应。○费重，芳味反，下同。

齐国夏帅师伐我西鄙。

九月，大雩。承前费重不恤民，又重之以齐师伐我，我自救之役。○重之，直用反。

冬，十月。

八年，春，王正月，公侵齐。公至自侵齐。

二月，公侵齐。三月，公至自侵齐。出入月者，内有强臣之仇，外犯强齐再出，尤危于侵郑，故知入亦当蒙上月。

曹伯露卒。

夏，齐国夏帅师伐我西鄙。

公会晋师于瓦。公至自瓦。此晋赵鞅之师也，但言晋师者，君不会大夫之辞也。公会大夫，不别得意，虽得意不致，此致者，讳公为大夫所会，故使若得意者。○别，彼列反。

秋，七月，戊辰，陈侯柳卒。

晋赵鞅帅师侵郑，遂侵卫。

葬曹靖公。○曹𩑛，才井反，本亦作"靖"。

九月，葬陈怀公。

季孙斯、仲孙何忌帅师侵卫。

冬，卫侯、郑伯盟于曲濮。○濮，音卜。

从祀先公。

从祀者何？顺祀也。复文公之逆祀。文公逆祀，去者三人。谏不从而去之。定公顺祀，叛者五人。谏不以礼而去曰叛。去与叛皆不书者，微也。不书禘者，后祫亦顺，非独禘也。言祀者，无已长久之辞。不言僖公者，闵公亦得其顺。

盗窃宝玉大弓。

盗者孰谓？微而窃大，可怪，故问之。谓阳虎也。阳虎者，曷为者也？季氏之宰也。季氏之陪臣为政者。季氏之宰，则微者也，恶乎得国宝而窃之？阳虎专季氏，季氏专鲁国。阳虎拘季孙，季氏逐昭公之后，取其宝玉，藏于其家。阳虎拘季孙，夺其宝玉。季孙取玉不书者，举逐君为重。○恶乎，音乌。孟氏与叔孙氏迭而食之，眣而锲其板，以爪刻其馈敛板。○迭，大结反，注同。食之，音嗣，下注"迭❶食"同。眣而，五多反，下同。锲，本又作"鐵"，七廉反，又且审反，以爪刻馈敛板也；本或作"鈠"，误。曰："某月某日，将杀我于蒲圃，力能救我则于是。"于是时。○圃，本又作"甫"，同布古反，又音布。至乎日❷若时而出。临南者，阳虎之出也，御之。为季孙御。于其乘焉，季孙谓临南曰："以季氏之世世有子，言我季氏累世有女以为臣。○其乘，绳证反，下皆同。女，音汝。子可以不免我死乎？"以义责之。临南曰："有力不足，臣何敢不勉？"阳越者，阳虎之从弟也，为右。为季孙车右，实卫之。○从弟，才用反，下同。诸阳之从者，车数十乘，至于孟衢，孟氏衢四达，可以横去。○数，所主反。临南投策而坠之，策，马捶也。见二家迭食之，欲将季孙由孟氏免之，恐阳越不听，故诈投策，欲使下车。○而坠，直类反。捶，章蕊反。阳越下取策，临南騑马，捶马衔走。○騑，本又作"揪"，字书无此字，相承用之，素动反。而由乎孟氏，阳虎从而射之，矢著于庄门。庄门，孟氏所入门名。

---

❶ "迭"，原作"佚"，据阮刻本改。
❷ "日"，原作"曰"，据阮刻本改。

言几中季孙，赖门闭，故著门。○射，食亦反。著，直略反，注同。庄，本或作"严"，亦音庄。几，音祈。中，丁仲反。**然而甲起于琴如，**甲，公敛处父所帅也。琴如，地名。二家知出期，故于是时起兵。**弑不成，却反舍于郊，皆说然息。**说，解舍。然，犹如。○杀不，音试，下同。郤反，去略反，本又作"却"。说然，本又作"税"，始锐反，又他会反，注同。说，解舍也。然，犹如也。**或曰："弑千乘之主，**时季氏邑至于千乘。**而不克，舍此可乎？"**嫌其近而无所依。**阳虎曰："夫孺子得国而已，**得免专国家而已。**如丈夫何？"**如，犹奈也。丈夫，大人称也。○称，尺证反。**睨而曰："彼哉！彼哉！**望见公敛处父师，而曰彼哉彼哉。再言之者，切遽意。○遽，其虑反。**趣驾。"**使疾驾。○趣，七欲反，一音七住反。**既驾，公敛处父帅师而至，**公敛处父，孟氏、叔孙氏将兵之将。**懂然后得免，自是走之晋。宝者何？璋判白，**判，半也。半圭曰璋，白藏天子，青藏诸侯，鲁得郊天，故锡以白。不言璋言玉者，起珪、璧、琮、璜、璋，五玉尽亡之也。传独言璋者，所以郊事天，尤重。《诗》云"奉璋峨峨，髦士攸宜"是也。礼，珪以朝，璧以聘，琮以发兵，璜以发众，璋以征召。○懂，其靳反。璋，音章。琮，在宗反。璜，音黄。峨峨，五多反，本又作"娥"。髦，音毛。**弓绣质，**质，拊也。言大者，力千斤。○拊，芳甫反，又方于反。**龟青纯。**纯，缘也。谓缘甲顿也。千岁之龟青髯，明于吉凶。《易》曰："定天下之吉凶，成天下之亹亹者，莫善乎蓍龟。"经不言龟者，以先知，从宝省文。谓之宝者，世世保用之辞，此皆鲁始封之锡。不言取而言窃者，正名也。定公从季孙假马，孔子曰："君之于臣，有取无假，而君臣之义立。"主书者，定公失政，权移陪臣，拘其尊卿，丧其五玉，无以合信天子，交质诸侯，当绝之。不书拘季孙者，举五玉为重。书大弓者，使若都以国宝书，微辞也。○青纯，之闰反，注同。纯缘，悦绢反，下同。頯，而占反。甎，亡匪反。著，音尸。丧，息浪反。

九年，春，王正月。

夏，四月，戊申，郑伯囆卒。○囆，敕迈反，《左氏》作"虿"。

得宝玉大弓。

何以书？国宝也。丧之书，得之书。微辞也，使若都以重国宝故书。不以罪定公者，其宝失之，当坐；得之，当除。以窃宝不月，知得例不蒙上月。○丧，息浪反。

六月，葬郑献公。

秋，齐侯、卫侯次于五氏。欲伐鲁也。善鲁能却难早，故书次而去。○却难，起略反；下乃旦反。却，亦作"却"。

秦伯卒。

冬，葬秦哀公。

十年，春，王三月，及齐平。月者，颊谷之会，齐侯欲执定公，故不易。○不易，以豉反，下同。

夏，公会齐侯于颊谷。公至自颊谷。上平为颊谷之会不易，故月。致地者，颊谷之会，齐侯作侏儒之乐，欲以执定公。孔子曰："匹夫而荧惑于诸侯者诛。"于是诛侏儒❶，首

---

❶ "侏儒"二字原叠，据阮刻本删。

足异处，齐侯大惧，曲节从教。得意故致地❶。○颊谷，古协反，《左氏》作"夹谷"。荧惑，音萤，一音于琼反。处，昌虑反。

晋赵鞅帅师围卫。

齐人来归运、讙、龟、阴田。

齐人曷为来归运、讙、龟、阴田？据齐尝取鲁邑。孔子行乎季孙，三月不违，孔子仕鲁，政事行乎季孙，三月之中不见违，过是违之也。不言政行乎定公者，政在季氏之家。齐人为是来归之。齐侯自颊谷会归，谓晏子曰："寡人获过于鲁侯，如之何？"晏子曰："君子谢过以质，小人谢过以文。齐尝侵鲁四邑，请皆还之。"归济西田不言来，此❷其言来者，已绝，鲁不应复得，故从外来常文，与齐人来归卫宝同，夫子虽欲不受，定公贪而受之，此违之验。○为，于伪反。复得，扶又反，年末及十一年同。

叔孙州仇、仲孙何忌帅师围郈。○郈，音后。

秋，叔孙州仇、仲孙何忌帅师围费。

宋乐世心出奔曹。

宋公子池出奔陈。○池，《左氏》作"地"。

冬，齐侯、卫侯、郑游遬会于鞌。○于鞌，《左氏》作"安甫"。

叔孙州仇如齐。

宋公之弟辰，暨宋仲佗、石彄出奔陈。复出宋者，恶

---

❶ "地"，原作"也"，据阮刻本校勘记改。
❷ "此"，原作"比"，下"此违之验"之"此"同，据阮刻本改。

仲佗悉欲帅国人去，故举国言之，公子池、乐世心、石𫘣从之皆是也。辰言暨者，明仲佗强与俱出也。三大夫出不月者，举国，危亦见矣。○暨，其器反。佗，大多反。𫘣，古侯反。恶，乌路反。强，其丈反。见，贤遍反。

十有一年，春，宋公之弟辰，及仲佗、石𫘣、公子池自陈入于萧，以叛。不复言宋仲佗者，本举国已明矣。辰言及者，后汲汲，当坐重。○复，扶又反。

夏，四月。

秋，宋乐世心自曹入于萧。不言叛者，从叛臣，叛可知。

冬，及郑平。

叔还如郑莅盟。还，音旋。

十有二年，春，薛伯定卒。不日月者，子无道，当废之，而以为后，未至三年，失众见弑，危社稷宗庙，祸端在定，故略之。○见杀，音试。

夏，葬薛襄公。

叔孙州仇帅师堕郈。○堕，许规反，下同。

卫公孟𫘣帅师伐曹。

季孙斯、仲孙何忌帅师堕费。

曷为帅师堕郈？帅师堕费？据城费。**孔子行乎季孙，三月不违，曰："家不藏甲，邑无百雉之城。"于是帅师堕郈，帅师堕费。**郈，叔孙氏所食邑。费，季氏所食邑。二大夫宰吏数叛，患之，以问孔子，孔子曰："陪臣执国命，采长数叛者，坐邑有城池之固，家有甲兵之藏故也。"季氏说其言而堕之。故君子时然后言，人不厌其言。书者，善定公任大圣，复古制，弱臣势也。不书去甲者，举堕城为重。○吏数，所角反，下同。采长，七代反；下丁丈反。说，音悦。厌，於艳反。去，起吕反。**雉者何？五板而堵，**八尺曰板，堵凡四十尺。○堵，丁古反。**五堵而雉，**二百尺。**百雉而城。**二万尺，凡周十一里三十三步二尺，公侯之制也。礼，天子千雉，盖受百雉之城十，伯七十雉，子男五十雉；天子周城，诸侯轩城。轩城者，缺南面以受过也。

秋，大雩。不能事事信用孔子，圣泽废。

冬，十月，癸亥，公会晋侯盟于黄。

十有一月，丙寅，朔，日有食之。是后薛弑其君比，晋荀寅、士吉射入于朝歌以叛。○射，食亦反，又食夜反。朝歌，如字。

公至自黄。

十有二月，公围成。公至自围成。成，仲孙氏邑。围成月又致者，天子不亲征下土，诸侯不亲征叛邑。公亲围成不能服，不能以一国为家，甚危，若从他国来，故危录之。

十有三年，春，齐侯、卫侯次于垂瑕。○垂瑕，如字，又音加，二传作"垂葭"。

夏，筑蛇渊囿。

大蒐于比蒲。○大廋，所求反，本又作"蒐"。比，音毗。

卫公孟彄帅师伐曹。

秋，晋赵鞅入于晋阳以叛。

冬，晋荀寅及士吉射入于朝歌以叛。

晋赵鞅归于晋。

此叛也，其言归何？ 据叛与出入恶同。**以地正国也。** 军以井田立数，故言以地。**其以地正国奈何？晋赵鞅取晋阳之甲，以逐荀寅与士吉射。荀寅与士吉射者，曷为者也？君侧之恶人也。此逐君侧之恶人，曷为以叛言之？无君命也。** 无君命者，操兵乡国，故初谓之叛，后知其意欲逐君侧之恶人，故录其释兵，书归赦之，君子诛意不诛事。晋阳之甲者，赵简子之邑，以邑中甲逐之。○操，七曹反。乡，许亮反。

薛弑其君比。

十有四年，春，卫公叔戍来奔。

晋赵阳出奔宋。 ○晋赵阳，《左氏》作“卫赵阳”。

二❶月，辛巳，楚公子结、陈公子佗人师师灭顿，以顿子牂归。 不别以归何国者，明楚、陈以灭人为重，顿子以不死位为重。○公子佗人，大河反，二传作“公孙佗人”。牂，七良反，二传作“牂”。别，彼列反。

夏，卫北宫结来奔。

五月，于越败吴于醉李。 月者，为下卒出。○醉李，本又作“隽”，音同。为，于伪反。

吴子光卒。

公会齐侯、卫侯于坚。 ○坚，如字，本又作“掔”，音牵，《左氏》作“牵”。**公至自会。**

秋，齐侯、宋公会于洮。 ○洮，他刀反。

---

❶ “二”，原作“三”，据阮刻本校勘记改。

天王使石尚来归脤。

石尚者何？天子之士也。天子上士，以名氏通。○脤，市轸反。脤者何？俎实也。实俎肉也。腥曰脤，熟曰燔。礼，诸侯朝天子，助祭于宗庙，然后受俎实。时鲁不助祭而归之，故书以讥之。○燔，本亦作"膰"，又作"繙"，音烦。

卫世子蒯聩出奔宋。主书者，子虽见逐，无去父之义。○蒯聩，苦怪反；下五怪反。

卫公孟彄出奔郑。

宋公之弟辰自萧来奔。

大蒐于比蒲。讥亟也。○亟，去冀反。

邾娄子来会公。书者，非邾娄子会人于都也。如入人都，当修朝礼。古者诸侯将朝天子，必先会间隙之地，考德行，一刑法，讲礼义，正文章，习事天子之仪，尊京师，重法度，恐过误。言公者，不受于庙。○间隙，音闲；下去逆反。

城莒父及霄。去冬者，是岁盖孔子由大司寇摄相事，政化大行，粥羔豚者不饰，男女异路，道无拾遗，齐惧北面事鲁，馈女乐以间之。定公听季桓子受之，三日不朝。当坐淫，故贬之。归女乐不书者，本以淫受之，故深讳其本，又三日不朝，孔子行。鲁人皆知孔子所以去。附嫌近害，虽可书犹不书。或说无冬者，坐受女乐，令圣人去。冬，阴，臣之象也。○父，音甫。去，起吕反。相，息亮反。粥羔，羊六反。间，间厕之间。近，附近之近。

十有五年，春，王正月，邾娄子来朝。

鼷鼠食郊牛，牛死，改卜牛。

曷为不言其所食？据食角。○鼷，音兮。漫也。漫者，遍食其身，灾不敬也。不举牛死为重，复举食者，内灾甚矣，录内不言火是也。○漫，亡半反，犹徧也。徧，音遍。复举，扶又反，下同。

二月，辛丑，楚子灭胡，以胡子豹归。

夏，五月，辛亥，郊。

曷为以夏五月郊？据鲁郊正当卜春三正也，又养牲不过三月。三卜之运也。运，转也。已卜春三正不吉，复转卜夏三月，周五月，得二吉，故五月郊也。《易》曰："再三渎，渎则不告。"不得其事，虽吉犹不当为也。不举卜者，从可知。

壬申，公薨于高寝。

郑轩达帅师伐宋。○轩达，《左氏》作"罕达"。

齐侯、卫侯次于籧篨。○籧篨，其居反；下直居反。

邾娄子来奔丧。

其言来奔丧何？据会葬以礼书，归含且赗不言来。○含，户暗反。赗，芳凤反。奔丧，非礼也。但解奔丧者，明言来者常文，不为早晚施也。礼，天子崩，诸侯奔丧会葬；诸侯薨，有服者奔丧，无服者会葬，邾娄与鲁无服，故以非礼书。礼有不吊者三：兵死，压死，溺死。○为，于伪反。厌死，於甲反。

秋，七月，壬申，姒氏卒。

姒氏者何？哀公之母也。姒氏，杞女。哀公者，即定公之妾子。何以不称夫人？据母以子贵。哀未君也。未逾年不称公。

八月，庚辰，朔，日有食之。是后卫蒯聩犯父命，盗杀蔡侯申，齐陈乞弑其君舍。

九月，滕子来会葬。

丁巳，葬我君定公。雨不克葬。戊午，日下昃，乃克葬。昃，日西也。《易》曰"日中则昃"是也。下昃，盖晡时。〇昃，音侧。晡，布吴反。

辛巳，葬定姒。

定姒何以书葬？据不称小君，子般不书葬。未逾年之君也。哀未逾年也。母以子贵，故以子正之。有子则庙，庙则书葬。如未逾年君之礼，称谥者，方当逾年称夫人。曾子问曰："并有丧，则如之何？何先何后？"孔子曰："葬，先轻而后重；其奠也，其虞也，先重而后轻，礼也。"

冬，城漆。〇漆，音七。

《春秋公羊》卷第十一

经传贰阡肆伯伍拾玖字
注肆阡贰伯柒拾肆字
音义壹阡壹伯伍拾玖字
仁仲比校讫

卷十二

哀公第十二

元年，春，王正月，公即位。

楚子、陈侯、随侯、许男围蔡。随，微国。称侯者，本爵俱侯，土地见侵削，故微尔。许男者，成也。前许男斯见灭以归，今成复见者，自复。斯不死位，自复无恶文者，从[1]灭以归可知。○复见，扶又反；下贤遍反。

鼷鼠食郊牛。灾不敬故。改卜牛。

夏，四月，辛巳，郊。

秋，齐侯、卫侯伐晋。

冬，仲孙何忌帅师伐邾娄。邾娄子新来奔丧，伐之不讳者，期外恩杀，恶轻，明当与根牟有差。○杀，所戒反。

二年，春，王二月，季孙斯、叔孙州仇、仲孙何忌帅师伐邾娄，取漷东田及沂西田。漷、沂，皆水名。邾娄子来奔丧，取其地不讳者，义与上同。○郭，火虢反，徐音郭。沂，鱼依反。癸巳，叔孙州仇、仲孙何忌及邾娄子盟于句绎。所以再出大夫名氏者，季孙斯不与盟。○句绎，古侯反；下音亦。与，音预。

夏，四月，丙子，卫侯元卒。

---

❶ 原无"从"字，据阮刻本校勘记补。

滕子来朝。

晋赵鞅帅师，纳卫世子蒯聩于戚。

戚者何？卫之邑也。曷为不言入于卫？据弗克纳，未入国文，言纳于邾娄，纳者入辞，故传言曷为不言入于卫。父有子，子不得有父也。明父得有子而废之，子不得有父之所有，故夺其国文，正其义也。不贬蒯聩者，下曼姑围戚无恶文，嫌曼姑可为辄诛其父，故明不得也。不去国见掔者，不言入于卫，不可醇无国文。辄出奔不书者，不责拒父也。主书者，与顿子同。○为，于伪反。去，起吕反。见掔，贤遍反；下去结反。

秋，八月，甲戌，晋赵鞅帅师，及郑轩达帅师，战于栗，郑师败绩。○栗，一本作"秩"，二传作"铁"。

冬，十月，葬卫灵公。

十有一月，蔡迁于州来。畏楚也。州来，吴所灭。蔡杀其大夫公子驷。称国以杀者，君杀大夫之辞。称公子者，恶失亲也。○恶，乌路反。

三年，春，齐国夏、卫石曼姑帅师围戚。

齐国夏曷为与卫石曼姑帅师围戚？据晋赵鞅以地正国，加叛文。今此无加文，故问之。伯讨也。方伯所当讨，故使国夏首兵。此其为伯讨奈何？曼姑受命乎灵公而立辄。灵公者，蒯聩之父。以曼姑之义，为固可以距之也。曼姑无恶文者，起曼姑得距❶之。曼姑臣也，距之者，上为灵

---

❶ "距"，原作"拒"，下同。当同传文作"距"，据阮刻本校勘记改。

公命，下为辄故，义不可以子诛父，故但得距之而已。传所以曼姑解伯讨者，推曼姑得距之，则国夏得讨之明矣。不言围卫者，顺上文辞围辄。○上为，于伪反，下"为辄""为卫""不为"同。**辄者曷为者也？蒯聩之子也。然则曷为不立蒯聩而立辄？**据《春秋》有父死子继。**蒯聩为无道，**行不中善道。○中，丁仲反。**灵公逐蒯聩而立辄，然则辄之义可以立乎？**辄之义不可以拒父，故但问可立与不。**曰可。其可奈何？不以父命辞王父命，**不以蒯聩命辞灵公命。**以王父命辞父命，**辞，犹不从。**是父之行乎子也。**是灵公命行乎蒯聩，重本尊统之义。**不以家事辞王事，**以父见废故，辞让不立，是家私事。**以王事辞家事，**听灵公命立者，是王事公法也。**是上之行乎下也。**是王法行于诸侯，虽得正，非义之高者也，故"冉有曰：'夫子为卫君乎？'子贡曰：'诺，吾将问之。'入曰：'伯夷、叔齐何人也？'曰：'古之贤人也。'曰：'怨乎？''求仁而得仁，又何怨？'出曰：'夫子不为也。'"主书者，善伯讨。

夏，四月，甲午，地震。此象季氏专政，蒯聩犯父命，是后蔡大夫专相放，盗杀蔡侯申，辟伯晋而京师楚，黄池之会，吴大为主。

五月，辛卯，桓宫、僖宫灾。

此皆毁庙也，其言灾何？据礼，亲过高祖，则毁其庙。**复立也。曷为不言其复立？**据立武宫言立。○复立，扶又反，下及注同。**《春秋》见者不复见也。**谓内所改作也，哀自立之，善恶独在哀，故得省文。○见者，贤遍反，下同。**何以不言及？**据雉门及两观。○观，工唤反。**敌也。**亲过高祖，亲疏适等。**何以书？**上已问此皆毁庙，其言灾何？故不复连桓宫僖宫。**记灾也。**灾不宜立。

季孙斯、叔孙州仇帅师城开阳。○开阳，《左氏》作"启阳"。开者，为汉景帝讳也。

宋乐髡帅师伐曹。○髡，苦昆反。

秋，七月，丙子，季孙斯卒。

蔡人放其大夫公孙猎于吴。称人者，恶大夫骄蹇，作威相放，当诛，故贬。○恶，乌路反。

冬，十月，癸卯，秦伯卒。哀公著治大平之终，小国卒葬，极于哀公者，皆卒日葬月。○治，直吏反。大，音泰。

叔孙州仇、仲孙何忌帅师围邾娄。

四年，春，王三月，庚戌，盗弑蔡侯申。

弑君贱者穷诸人，此其称盗以弑何？据宋人弑其君处臼称人。○盗杀，音弑，下同。**贱乎贱者也。**贱于称人者。**贱乎贱者孰谓？**据无主名。**谓罪人也。**罪人者，未加刑也。蔡侯近罪人，卒逢其祸，故以为人君深戒。不言其君者，方当刑放之，与刑人义同。○近，附近之近。

蔡公孙辰出奔吴。

葬秦惠公。

宋人执小邾娄子。

夏，蔡杀其大夫公孙归姓、公孙霍。

晋人执戎曼子赤归于楚。**赤者何？**欲以为戎曼子名，则晋人执曹伯言畀宋人，不言名归。欲言微者，则不当书，故以不知问也。○曼，音蛮。畀宋，必利反，下同。**戎曼子之名也。其言归于楚何？**据执曹伯畀宋人，不言归于宋。子北宫子曰："辟伯晋而京师楚也。"此解名而言归意也。前此楚比灭顿、胡，诸侯由是畏其威，从而围蔡，蔡迁于州来，遂张中国，京师自置，晋人执戎曼子，不归天子而归于楚，而不名而言归于楚，则与伯执归京师同文，故辟其文而名之，使若晋非伯执，而赤微者自归于楚。言归于楚者，起伯晋京师楚。主书者，恶晋背叛，当诛之。

城西郛。○郛，芳夫反。

六月，辛丑，蒲社灾。

蒲社者何？据鼓用牲于社，不言蒲。○蒲社，《左氏》作"亳社"。亡国之社也。蒲社者，先世之亡国，在鲁竟。社者，封也。封土为社。其言灾何？据封土非火所能烧。亡国之社盖掩之，掩其上而柴其下。故火得烧之。掩柴之者，绝不得使通天地四方，以为有国者戒。○掩，意冉反。蒲社灾，何以书？记灾也。戒社者，先王所以威示教戒诸侯，使事上也。灾者，象诸侯背天子，是后宋事强吴，齐、晋前驱，滕、薛侠毂，鲁、卫骖乘，故天去戒社，若曰王教灭绝云尔。○背，音佩。侠毂，古洽反；下古木反，十三年同。骖乘，绳证反，十三年同。去，起吕反。

秋，八月，甲寅，滕子结卒。

冬，十有二月，葬蔡昭公。贼已讨，故书葬也。不书讨贼者，明诸侯得专讨士以下也。

葬滕顷公。○顷，音倾。

五年，春，城比。○比，本又作"芘"，亦作"庇"，同音毗。《左氏》作"毗"。

夏，齐侯伐宋。

晋赵鞅师师伐卫。

秋，九月，癸酉，齐侯处臼卒。

冬，叔还如齐。

闰月，葬齐景公。

闰不书，此何以书？据楚子昭卒，不书闰。**丧以闰数**
也。谓丧服大功以下诸丧，当以闰月为数。○闰数，所主反，
下及注"月数""闰数"同。**丧曷为以闰数？**据卒不书闰。
丧数略也。略犹杀也。以月数，恩杀，故并闰数。

六年，春，城邾娄葭。城者，取之也。不言取者，鲁数
围取邾娄邑，邾娄未曾加非于鲁，而侮夺之不知足，有夷狄之
行，故讳之，明恶甚。○邾娄葭，音加，又音遐，《左氏》作
"邾瑕"。数，所角反。曾，才能反。行，下孟反。

晋赵鞅师师伐鲜虞。

吴伐陈。

夏，齐国夏及高张来奔。

叔还会吴于柤。○柤❶，庄加反。

秋，七月，庚寅，楚子轸卒。

齐阳生入于齐。

齐陈乞弑其君舍。

弑而立者，不以当国之辞言之，此其以当国之辞言
之何？据齐公子商人弑其君舍而立，氏公子。○君舍，二传
作"荼"，音舒。**为谖也。此其为谖奈何？**问其义。○谖，
况元反。景公谓陈乞曰："吾欲立舍，何如？"陈乞曰：

---

❶ "柤"，原作"租"，据武英殿本改。

"所乐乎为君者，欲立之则立之，不欲立则不立，贵自专也。君如欲立之，则臣请立之。"陈乞欲拒言不可，恐景公杀阳生。阳生谓陈乞曰："吾闻子盖将不欲立我也。"陈乞曰："夫千乘之主，将废正而立不正，必杀正者。晋世子申生是也。○乘，绳证反。吾不立子者，所以生子者也，走矣！"教阳生走。与之玉节而走之。节，信也。析玉与阳生，留其半，为后当迎之，合以为信，防称矫也。奔不书者，未命为嗣。○析，思历反。为后，于伪反，下"乞为"同。矫，居兆反。景公死而舍立，陈乞使人迎阳生于诸其家。于诸，置也，齐人语也。除景公之丧，期而小祥，服期者除。○期而，音基，下同。诸大夫皆在朝，陈乞曰："常之母，常，陈乞子。重难言其妻，故云尔。○难，乃旦反。有鱼菽之祭，齐俗妇人首祭事。言鱼豆者，示薄陋无所有。愿诸大夫之化我也。"言欲以薄陋余福共宴饮。诸大夫皆曰："诺。"于是皆之陈乞之家坐。陈乞曰："吾有所为甲，甲，铠。○铠，苦代反。请以示焉。"诸大夫皆曰："诺。"于是使力士举巨囊而至于中溜，巨囊，大囊。中央曰中溜。○囊，乃郎反，又音托。溜，力又反。诸大夫见之，皆色然而骇，色然，惊骇貌。○色然，如字，本又作"堪"，居委反，惊骇貌；本或作"危"。开之则闯然，闯，出头貌。○闯，丑鸩反，又丑甚反，一音丑今反，见貌。《字林》云："马出门貌，丑衽反。"公子阳生也。陈乞曰："此君也已。"诸大夫不得已，皆逡巡北面再拜稽首而君之尔。时舍未能得众，而阳生本正当立，诸大夫又见力士，知陈乞有备，故不得已，遂君之。○逡，七旬反。自是往弑舍。阳生先诈致诸大夫，立于陈乞家，然后往弑舍，故先书当国，起其事也。乞为阳生弑舍，不举阳生弑者，谖成于乞也。不日者，与卓子同。

冬，仲孙何忌帅师伐邾娄。

宋向巢帅师伐曹。

七年，春，宋皇瑗帅师侵郑。○瑗，于眷反。

晋魏曼多帅师侵卫。

夏公会吴于鄫。○鄫，似陵反。

秋，公伐邾娄。八月，己酉，入邾娄，以邾娄子益来。

入不言伐，此其言伐何？据当举入为重。内辞也，若使他人然。讳获诸侯，故不举重而两书，使若鲁公伐而去，他人入之以来者，醇顺他人来文。邾娄子益何以名？据以隈子归不名。○隈，五罪反。绝之❶。曷为绝之？据俱以归。获也。曷为不言其获？据获晋侯言获。内大恶讳也。故名以起之也。日者，恶鲁侮夺邾娄无已，复入获之。入不致者，得意可知例。○恶鲁，乌路反。复，扶又反。

宋人围曹。

冬，郑驷弘帅师救曹。

八年，春，王正月，宋公入曹，以曹伯阳归。

曹伯阳何以名？据以隈子归不名。绝。曷为绝之。据俱以归。灭也。曷为不言其灭？据灭隈也。讳同姓之灭也。故名以起之。何讳乎同姓之灭？据卫侯毁灭邢不讳。○

---

❶ 原无"之"字，据阮刻本校勘记补。

毁，况委反。**力能救之而不救也。**以属上力能获邾娄而不救曹，故责之。不日者，深讳之。定、哀灭例日。此不日者，讳使若不灭，故不日。

吴伐我。不言鄙者，起围鲁也。不言围者，讳使若伐而去。

夏，齐人取谨及僤。

外取邑不书，此何以书？所以赂齐也。曷为赂齐？据上无战伐之文。○僤，昌善反，一音昌然反，《字林》作"𡉴"，《左氏》作"阐"。**为以邾娄子益来也。**邾娄，齐与国，畏为齐所怒而赂之，耻甚，故讳使若齐自取。○为以，于伪反。

归邾娄子益于邾娄。获归不书，此书者，善鲁能悔过归之，嫌解邾娄子益无罪书，故复名之。○复，扶又反。

秋，七月。

冬，十有二月，癸亥，杞伯过卒。○过，古禾反。

齐人归谨及僤。书者，善鲁能悔过，归邾娄子益，所丧之邑，不求自得，故不言来，使若不从齐来，与归我济❶西田同文。○丧，息浪反。

九年，春，王二月，葬杞僖公。

宋皇瑗帅师，取郑师于雍丘。

其言取之何？据诈战言败也。○雍，於用反。**易也。其易奈何？诈之也。**诈谓陷阱奇伏之类。兵者，为征不义，不为苟胜而已。十三年诈反不月，知此不蒙上月，疾略之尔。○

---

❶ "济"，原作"侪"，据阮刻本改。

易也，以豉反，下同。阱，才性反。为征，于伪反。

夏，楚人伐陈。

秋，宋公伐郑。

冬，十月。

十年，春，王二月，邾娄子益来奔。月者，鲁前获而归之，今来奔，明当尤加礼厚遇之。

公会吴伐齐。

三月，戊戌，齐侯阳生卒。

夏，宋人伐郑。

晋赵鞅帅师侵齐。

五月，公至自伐齐。

葬齐悼公。

卫公孟彄自齐归于卫。

薛伯寅卒。卒、葬略者，与杞伯益姑同。○伯寅，二传作“伯夷”，同音，以尼反。

秋，葬薛惠公。

冬，楚公子结帅师伐陈，吴救陈。救中国不进者，陈，吴与国，救陈欲以备中国，故不进。

十有一年，春，齐国书帅师伐我。

夏，陈袁颇出奔郑。○颇，破多反。

五月，公会吴伐齐。甲戌，齐国书帅师及吴战于艾陵。○艾，五盖反。齐师败绩，获齐国书。战不言伐，举伐者，鲁与伐而不与战。不从内与伐，使吴为主者，吴主会，故不与夷狄主中国也。言获者，能结日偏战，少进也。○与伐，音预，下“不与伐”同。.

秋，七月，辛酉，滕子虞母卒。

冬，十有一月，葬滕隐公。

卫世叔齐出奔宋。

十有二年，春，用田赋。

何以书？据当赋税，为何书。○为何，于伪反，下"为同宗"同。讥，何讥尔？讥始用田赋也。田，谓一井之田。赋者，敛取其财物也。言用田赋者，若今汉家敛民钱，以田为率矣。不言井者，城郭里巷亦有井，嫌悉赋之。礼，税民公田，不过什一，军赋十井不过一乘。哀公外慕强吴，空尽国储，故复用田赋，过什一。○为率，音律，又音类。乘，绳证反。复，扶又反。

夏，五月，甲辰，孟子卒。

孟子者何？据鲁大夫无孟子。昭公之夫人也。其称孟子何？据不称夫人某氏。讳娶同姓，盖吴女也。礼，不娶同姓，买妾不知其姓，则卜之。为同宗共祖，乱人伦，与禽兽无别。昭公既娶，讳而谓之吴孟子。《春秋》不系吴者，礼，妇人系姓不系国，虽不讳，犹不系国也。不称夫人不言薨，不书葬者，深讳之。

公会吴于橐皋。○橐，章夜反，一音托。

秋，公会卫侯、宋皇瑗于运。○运，《左氏》作"郧"。

宋向巢帅师伐郑。

冬，十有二月，螽。

何以书？记异也。何异尔？不时也。螽者，与阴杀俱藏。周十二月，夏之十月，不当见，故为异。比年再螽者，天不能杀，地不能埋，自是之后，天下大乱，莫能相禁，宋国以亡，齐并于陈氏，晋分为六卿。○蟓，音终，本亦作"螽"，注同。见，贤遍反。

十有三年，春，郑轩达帅师取宋师于岩。

其言取之何？易也。其易奈何？诈反也。前宋行诈取郑师，今郑复行诈取之，苟相报偿，不以君子正道，故传言诈反。反，犹报也。○岩，五咸反，一音鱼及反。易，以豉反，下同。郑复，扶又反，秋以下注同。偿，时亮反。

夏，许男戌❶卒。比陈、蔡不当复卒，故卒葬略。○男戌，本亦作"成"。

公会晋侯及吴子于黄池。

吴何以称子？据救陈称国。吴主会也。以言及也。时吴强而无道，败齐临菑，乘胜大会中国。齐、晋前驱，鲁、卫骖乘，滕、薛侠毂而趋，以诸夏之众，冠带之国，反背天子而事夷狄，耻甚不可忍言，故深为讳辞，使若吴大以礼义会天下诸侯，以尊事天子，故进称子。○背，音佩。吴主会，则曷为先言晋侯？据申之会，楚子主会序上。不与夷狄之主中国也。明其实自以夷狄之强会诸侯尔，不行礼义，故序晋于上。其言及吴子何？据锺离之会殊会吴，不言及。僖五年公及齐侯，齐侯主会益明矣。会两伯之辞也。晋序上者，主会文也。吴言及者，亦人往为主之文也。方不与夷狄主中国，而又事实当见，不可醇夺，故张两伯辞。先晋，言及吴子，使若晋主会为伯，吴亦主会为伯，半抑半起，以夺见其事也。语在

---

❶ "戌"，原作"戍"，下同。据阮刻本改。

下。○当见，贤遍反，年内皆同。**不与夷狄之主中国，则曷为以会两伯之辞言之？**据伯主人。**重吴也。**其实重在吴，故言及。举晋者，讳而不盈。**曷为重吴？**据常殊吴。**吴在是，则天下诸侯莫敢不至也。**以晋大国，尚犹汲汲于吴，则知诸侯莫敢不至也。不书诸侯者，为微辞，使若天下尽会之，而鲁侯蒙俗会之者，恶愈也**❶**。齐桓兼举远明近，此但举大者，非尊天子，故不得褒也。主书者，恶诸侯君事夷狄。○恶诸，乌路反。

楚公子申帅师伐陈。

于越入吴。

秋，公至自会。有耻致者，顺讳文也。

晋魏多帅师侵卫。

此晋魏曼多也，曷为谓之晋魏多？据上七年言曼多。○魏多，《左氏》作"魏曼多"。**讥二名。二名非礼也。**复就晋见者，明先自正而后正人。正人当先正大以帅小。

葬许元公。

九月，蟓。先是用田赋，又有会吴之费。○之费，芳味反，下同。

冬，十有一月，有星孛于东方。

孛者何？彗星也。其言于东方何？据北斗言星名。○孛，音佩。彗星，囚岁反，又息遂反。**见于旦也。**旦者，日方出。时宿不复见，故言东方，知为旦。**何以书？记异也。**周十一月，夏九月，日在房心。房心，天子明堂布政之庭，于

---

❶ 原无"也"字，据阮刻本校勘记补。

此旦见，与日争明者，诸侯代王❶治，典法灭绝之象，是后周室遂微，诸侯相兼，为秦所灭，燔书道绝。○治，直吏反。燔，扶元反。

　　盗杀陈夏弫夫。○陈夏，户雅反，一本作"廉"。弫夫，苦侯反，又古侯反，一本作"妪"，音同，二传作"夏区夫"。

　　十有二月，螽。黄池之会，费重烦之所致。

　　十有四年，春，西狩获麟。

　　何以书？记异也。何异尔？非中国之兽也。然则孰狩之？称西言狩，尊卑未分，据无主名。○狩，手又反。麟，力人反。薪采者也。西者，据狩言方地，类贱人象也。金主芟艾，而正以春尽，木火当燃之际，举此为文，知庶人采樵薪者。○薪，音新。芟，所衔反。艾，鱼废反。樵，在焦反。薪采者，则微者也。曷为以狩言之？据天子诸侯乃言狩，天王狩于河阳，公狩于郎是也。河阳冬言狩，获麟春言狩者，盖据鲁变周之春以为冬，去周之正而行夏之时。○去周，起吕反。行夏，户雅反，下"于❷夏"同。大之也。使若天子诸侯。曷为大之？据略微。为获麟大之也。曷为为获麟大之？据鹳鹆俱非中国之禽，无加文。○为获，于伪反，下"为获""孰为"，注"为谁""知为"皆同。鹳，音权。鹆，音欲。麟者，仁兽也。状如麇，一角而戴肉，设武备而不为害，所以为仁也。《诗》云"麟之角，振振公族"是也。

---

❶ "王"，原作"主"，据阮刻本校勘记改。
❷ "于"，原作"子"，据阮刻本改。

○振，之人反。**有王者则至，**上有圣帝明王，天下大平，然后乃至。《尚书》曰："箫韶九成，凤皇来仪。击石拊石，百兽率舞。"《援神契》曰："德至鸟兽，则凤皇翔，麒麟臻。"○大平，音泰，下"大平"皆同。拊，芳甫反。援，音袁。麒，音其。**无王者则不至。**辟害远也。当春秋时，天下散乱，不当至而至，故为异。**有以告者曰："有麕而角者。"孔子曰："孰为来哉！孰为来哉！"**见时无圣帝明王，怪为谁来。○有麕，本又作"麇"，亦作"麠"，皆九伦反，獐也。**反袂拭面，涕沾袍。**袍，衣前襟也。夫子素案图录，知庶圣刘季当代周，见薪采者获麟，知为其出，何者？麟者，木精。薪采者，庶人燃火之意，此赤帝将代周居其位，故麟为薪采者所执。西狩获之者，从东方王于西也，东卯西金象也；言获者，兵戈文也：言汉姓卯金刀，以兵得天下。不地者，天下异也。又先是蠓虫冬踊，彗金精扫旦置新之象。夫子知其将有六国争强，从横相灭之败，秦项驱除，积骨流血之虐，然后刘氏乃帝，深闵民之离害甚久，故豫泣也。○袂，弥世反，衣袖也。涕，他礼反。袍，步刀反，又步报反，衣前襟也。襟，音金。王于，于况反，下"火王""而王""之王"同。从横，子容反。驱除，并如字，又上丘具反；下直据反。

颜渊死，子曰："噫！噫，咄嗟貌。○噫，於其反。咄，丁忽反。**天丧予！"**予，我。○丧，息浪反。予，羊汝反，我也。**子路死，子曰："噫！天祝予！"**祝，断也。天生颜渊、子路，为夫子辅佐，皆死者，天将亡夫子之证。○断，丁管反。**西狩获麟，孔子曰："吾道穷矣。"**加姓者，重终也。麟者，大平之符，圣人之类，时得麟而死，此亦天告夫子将没之征，故云尔。《春秋》何以始乎隐？据得麟乃作。祖之所逮闻也。托记高祖以来事，可及问闻知者，犹曰我但记先人所闻，辟制作之害。**所见异辞，所闻异辞，所传闻异辞。**所以复发传者，益师以臣见恩，此以君见恩，嫌义异：于所见之世，臣子恩其君父尤厚，故多微辞也；所闻之世，恩王父少杀，故立炀宫不日，武宫日是也；所传闻之世，恩高祖曾祖又杀，故子赤卒不日，子般卒日是也。○传，直专反，注"传闻"同。复，扶又反。臣见，贤遍反，下"欲见"同。少杀，所戒反，下同。般，音班。**何以终乎哀十四年？**据哀公未终也。**曰："备矣！"**人道浃，王道备，必止于麟者，欲见拨乱功成于麟，犹尧、舜之隆，凤皇来仪，故麟于周为异，《春秋》记以为瑞，明大平以瑞应为效也。绝笔于春，不书下三时者，起木绝火王，制作道备，当授汉也。又春者岁之始，能常法其始则无不终竟。○道浃，子协反，一本作"帀"。拨，卜末反，理也。应，应对之应。**君子曷为为《春秋》？**据以定作五经。**拨乱世，**拨，犹治也。**反诸正，莫近诸《春秋》，**得麟之后，天下血书鲁端门曰："趋作法，孔圣没，周姬亡，彗东出，秦政起，胡破术，书记散，孔不绝。"子夏明日往视之，血书飞为赤乌❶，化为白书，署曰《演孔图》，中有作图制法之状。孔子仰推天命，俯察时变，却观未来，豫解无穷，知汉当继大乱之后，故作拨乱之法以授之。○近，附近之近，又如字。演，以善反。**则未知其为是与？其诸君子乐道尧、舜之道与？**作传者谦不敢斥夫子所为作意也。尧、舜

---

❶ "乌"，原作"鸟"，据阮刻本改。

当古历象日月星辰，百兽率舞，凤皇来仪，《春秋》亦以王次春，上法天文，四时具然后为年，以敬授民时，崇德致❶麟，乃得称大平，道同者相称，德合者相友❷，故曰乐道尧、舜之道。○其为，于伪反，注"所为"同。是与，音余，下及注同。**末不亦乐乎尧、舜之知君子也？**末不亦乐，后有圣汉，受命而王，德如尧、舜之知孔子为制作。**制《春秋》之义以俟后圣，**待圣汉之王以为法。**以君子之为亦有乐乎此也。**乐其贯于百王而不灭，名与日月并行而不息。

《春秋公羊》卷第十二

经传贰阡贰拾壹字
注叁阡叁伯捌拾玖字
音义捌伯捌拾柒字
余仁仲刊于家塾
癸丑仲秋重校

---

❶ "致"，原作"政"，据阮刻本改。
❷ "友"，原作"反"，据阮刻本改。

黄丕烈跋

　　《九经三传沿革例》载有建余氏本，余所见残本《榖梁》，在周香严家，即万卷堂余仁仲校刻者也。此外有《周礼》，亦缺《秋官》，藏顾抱冲所。今秋得此《春秋公羊经传解诂》十二卷，完善无缺，实为至宝，得之价白金一百二十两，不特书估居奇，亦余之爱书有以致此。初，是书出镇江蒋春农家，书估以贱直购之，携至吾郡，叠为有识者称赞，故索价竟至不减。余务在必得，惜书而不惜钱物，书魔故智有如是者。《春秋》五传，邹、夹已亡。左、榖二家，仅存晋人之注，惟《公羊》注犹汉人，安得不以至宝视之？倘有余力，尚当付诸剞劂，以广其传焉。嘉庆戊辰秋七月，黄丕烈识。